わが家の宗教を知るシリーズ

うちのお寺は 真言宗

SHINGONSHU

弘法大師空海

双葉社

わが家の宗教を知るシリーズ

うちのお寺は
真言宗
SHINGONSHU

もくじ

第1章
ここを見ればすべてわかる
「真言宗早わかり」

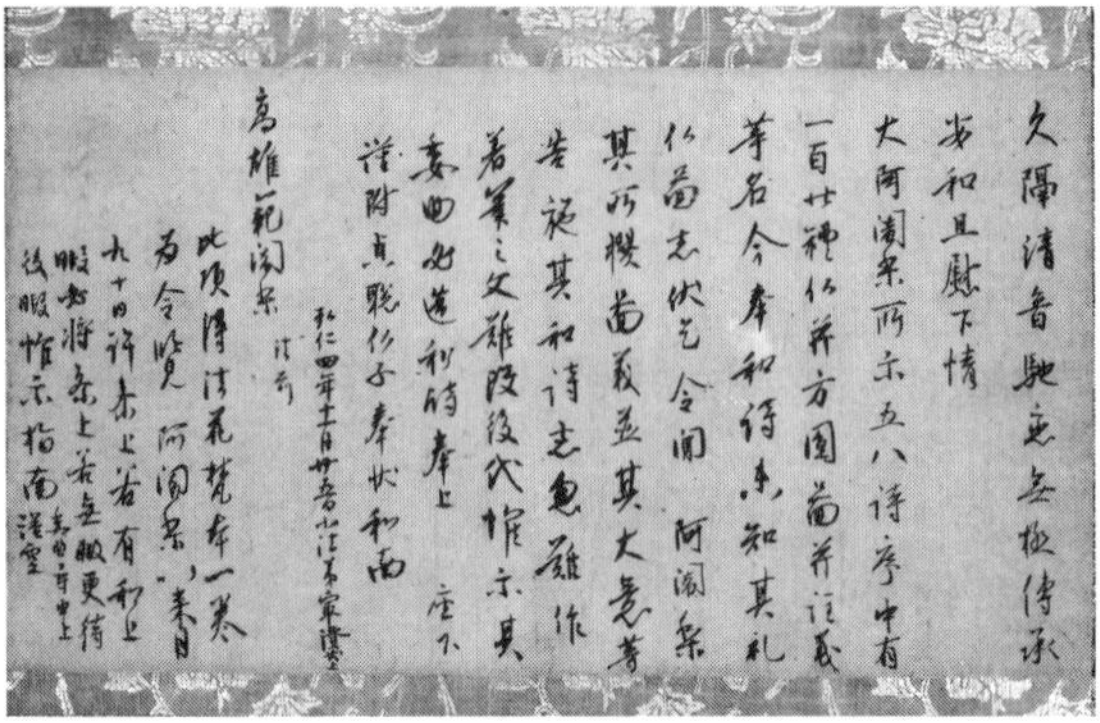

◎本書は『うちのお寺は真言宗』(1997年初版)を加筆・修正した新装版です。お寺の写真等は災害、改修などにより現状と異なる場合があります。

第4章
宗門史に名を残す
「真言宗の名僧たち」

第5章 ぜひ訪ねたい「真言宗ゆかりの名刹」

第6章

知っておきたい

「真言宗の仏事作法・行事」

福豆まき式

第1章

ここを見ればすべてわかる

「真言宗早わかり」

民衆仏教の開花
真言宗の特徴
密教の誕生
空海の遺産
空海と最澄
真言宗の発展

稚児大師像　香川・善通寺蔵

民衆仏教の開花

平安中期以降、戦乱・天災・疫病が続き世は乱れ、民衆は末法《まっぽう》の世におびえていた。そんななか天台宗《てんだいしゅう》・真言宗《しんごんしゅう》は国家権力からの自立をはかり、栄西《えいさい》や道元《どうげん》が宋《そう》から禅《ぜん》を伝え、浄土教の隆盛、法華《ほっけ》信仰もひろまって、新仏教が相次いで出現した。

平安時代
794〜
1185年

最澄《さいちょう》 766-822
805年（40歳）唐《とう》より帰国、
翌年、天台宗を開く

天台宗《てんだいしゅう》

空海《くうかい》 774-835
806年（33歳）唐《とう》より帰国、
真言宗を開く

真言宗《しんごんしゅう》

末法とは

お釈迦《しゃか》さまの死後を正法《しょうぼう》・像法《ぞうほう》・末《まっ》法《ぽう》の3つの時代に分ける仏教思想。お釈迦さまの教えが正しく行われている時代が正法で、やがて形だけの像法の時代となり、末法になると仏道修行をしても効果がないとされる。最澄《さいちょう》が書いた『末法灯明記《まっぽうとうみょうき》』には、1052（永承《えいしょう》7）年に末法に入るとあり、戦乱や災害が続く毎日に、貴族も僧も民衆もいよいよ危機感を抱いた。

最澄・空海の平安仏教

七九四（延暦《えんりゃく》一三）年、桓武《かんむ》天皇は腐敗した仏教界に毒された奈良時代の律令《りつりょう》体制《たいせい》の立て直しをはかり、都を平安京《へいあんきょう》（京都）に移す。

平城京《へいじょうきょう》（奈良）遷都《せんと》では有力寺院も新都に移されたが、平安京に移るときは寺院は奈良に残された。だが、宮廷貴族のあいだにはすでに呪術としての仏教が浸透していたため、南都（奈良）仏教に代わる新しい仏教が切望されていた。

そこへ登場したのが、唐《とう》から帰った最澄《さいちょう》と空海《くうかい》の二人の留学僧だ。

最澄が開いた天台宗《てんだいしゅう》と空海が開いた真言宗《しんごんしゅう》はともに鎮護《ちんご》国家の仏教としての役割を果たしたが、それだけではなく、得度《とくど》・授戒《じゅかい》の権限を国家から取り戻し、民衆救済の実践仏教の基盤となった。それは現代につながる日本仏教の源である。

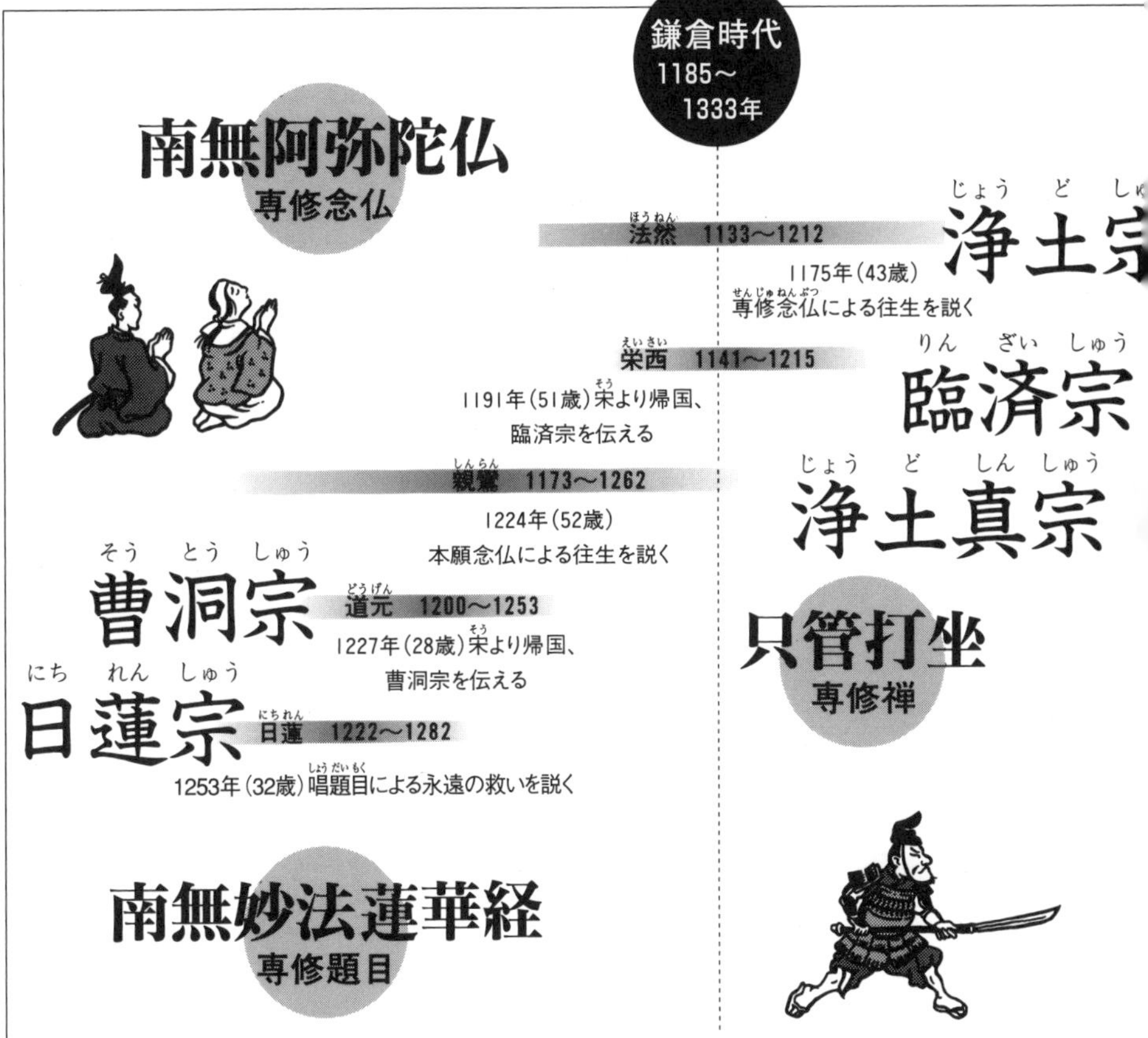
鎌倉時代
1185～
1333年
南無阿弥陀仏
専修念仏
法然《ほうねん》 1133～1212
浄土宗
1175年(43歳)
専修念仏《せんじゅねんぶつ》による往生を説く
栄西《えいさい》 1141～1215
臨済宗《りんざいしゅう》
1191年(51歳)宋《そう》より帰国、
臨済宗を伝える
親鸞《しんらん》 1173～1262
浄土真宗《じょうどしんしゅう》
1224年(52歳)
本願念仏による往生を説く
曹洞宗《そうとうしゅう》
道元《どうげん》 1200～1253
1227年(28歳)宋《そう》より帰国、
曹洞宗を伝える
只管打坐
専修禅
日蓮宗《にちれんしゅう》
日蓮《にちれん》 1222～1282
1253年(32歳)唱題目《しょうだいもく》による永遠の救いを説く
南無妙法蓮華経
専修題目

鎌倉新仏教の登場

鎌倉時代になると、浄土宗《じょうどしゅう》、臨済《りんざい》宗《しゅう》、曹洞宗《そうとうしゅう》、浄土真宗《じょうどしんしゅう》、日蓮宗《にちれんしゅう》など、わが国独自の仏教宗派が成立する。

念仏か禅か題目かどれか一つの行《ぎょう》を選んで行うこれらの仏教の教えはわかりやすく、だれにでもできることから民衆の心をつかんでいった。

万民を救済の対象としており、平安時代までの国家や貴族中心の「旧仏教」に対して「鎌倉新仏教」と呼ばれる。

また、開祖がいずれも天台宗比叡《ひえい》山《ざん》で修学し、そこから離脱して新しい教えを創立したのは興味深い。

鎌倉新仏教の特徴は、次の三つにまとめられる。

①みだりに時の政権に近づかなかったこと。②南都や比叡山など既成教学の権威によらなかったこと。③他行との兼修を否定したこと。

真言宗の特徴

平安時代初期、弘法《こうぼう》大師《だいし》空海《くうかい》によって伝えられた真言密教の教えは、我々人間が修行によって生きているあいだに、その身はそのままで仏になれる、つまり〝即身成仏《そくしんじょうぶつ》〟ということである。

Q そもそも密教って何?

A 密教とは〝秘密の仏教〟ということで、密教以外の仏教は顕教《けんぎょう》という。その違いは、密教が永遠不滅の絶対者である大日如来《だいにちにょらい》が説いた教えであるのに対し、顕教は衆生《しゅじょう》救済のために大日如来がお釈迦《しゃか》さまとなって現世に現われて説いた教えである。二つを比べると、顕教の教えは表層にとどまるとされる。

密教の秘密の教えには二つの意味があり、ひとつは人間は仏陀《ぶっだ》(悟った人)になれるのにそれに気づかずにいるという〈衆生秘密〉、もうひとつはお釈迦さまの教えは法を説く相手の宗教的素養に応じて説いているためにわかりやすいが、大日如来の教えは仏さまの世界の言葉であるため、ふつうの人間でははかり知ることができないという〈如来秘密〉である。

Q 真言とは?

A 真言《しんごん》とは、真実の言葉——つまり仏さま自身の言葉ということである。人間の心の内にあり、外からではわからない言葉といってもいい。もともとは梵語《ぼんご》(古代インドのサンスクリット)のマントラのこと。陀羅尼《だらに》(梵語のダーラーニー)も真言と同じ意味で「忘れないようにするもの」「記憶すべきもの」の意味。一般に真言は比較的短いものを、陀羅尼はやや長いものをさす。

真言は、弘法大師が「一字に千理を含む」といっているように、たったひと文字であっても大日如来《だいにちにょらい》の教える無限の真理を含んでいる。

Q 即身成仏の意味を教えて?

A 即身成仏《そくしんじょうぶつ》とはミイラ仏になることと誤解されることもあるが、そうではない。

いま生きているあいだに修行すれば、そのままで仏になることができるということである。

いいかえれば、仏さまと自分とが一体になった状態だ。

真言密教は、一心に修行をして祈り、仏さまと一体になることによって仏さまの加護を受ける教えであるともいえる。

Q 真言宗の本尊は？

A 真言宗で根本本尊としておまつりしているのは大日如来《だいにちにょらい》である。

大日如来は宇宙の真理を意味する法身仏《ほっしんぶつ》で、諸尊の一切は大日如来が教化《きょうけ》のために姿を変えたものであると考えられている。

また、大日如来の法を受けて現実世界で悟りを説いたのがお釈迦《しゃか》さまと考えられている。つまり、お釈迦さまは大日如来が現世に現われた姿ということだ。

空海は、真理そのものである大日如来《だいにちにょらい》の教えを理解するには、まず自分自身が仏になりきることだと説いた

そして、真言宗のお寺では大日如来以外に、その教えを説いた祖師弘法大師を本尊としたり、阿弥陀《あみだ》・薬《やく》師《し》などの如来、観音《かんのん》・文殊《もんじゅ》などの菩《ぼ》薩《さつ》のほか、いろいろな仏さまを本尊としている。

これも大日如来がその時と場所に応じて姿を変えて現われると考えられていることが理由だ。

Q よりどころとする経典は？

A 真言宗では『大日経《だいにちきょう》』と『金《こん》剛頂経《ごうちょうきょう》』の二つを〈両部の大経〉と呼んで根本経典としている。

『大日経』は、法身仏《ほっしんぶつ》である大日如来がその知恵によってすべてのものに慈悲の光をそそいで救済するという教えを説いたもので、『金剛頂経』は『大日経』で説かれた悟りの心、菩提心《ぼだいしん》を把握、実践するための教えが説かれている。

また、この二つに『蘇悉地経《そしつじきょう》』を加えて〈三部の秘経〉、さらに『瑜《ゆ》祇経《ぎきょう》』『要略念誦経《ようりゃくねんじゅきょう》』を加えて〈五部の秘経〉と呼ぶこともある。

Q 曼荼羅って何？

A 梵語の音写で「本質を有するもの」という意味。簡単にいえば、我々人間と仏さまとの交流を軸にして、仏さまの世界、宇宙の真理を描いたものが曼荼羅《まんだら》であり、図や絵だけでなく、さまざまなスタイルで描かれたものがある。

真言宗で尊ばれているのは、『大《だい》日経《にちきょう》』に基づく胎蔵曼荼羅《たいぞうまんだら》と『金剛《こんごう》頂経《ちょうぎょう》』に基づく金剛界曼荼羅《こんごうかいまんだら》だ。

胎蔵曼荼羅は大日如来《だいにちにょらい》の真実、理をあらわしたもので、金剛界曼荼羅はその真実、理にいたるまでの知恵と実践をあらわしたものであり、この二つは切り離せないものである。

そのため、ふつう、真言宗のお寺では本堂の東側に胎蔵曼荼羅を、西側に金剛界曼荼羅を掲げ、一対としている。

Q 真言宗と天台宗の違いは？

A 平安時代のはじめに、ともに唐へ渡った空海、最澄《さいちょう》によって開かれた真言宗と天台宗は、「東《とう》密《みつ》」「台密《たいみつ》」と呼ばれ、日本に密教の教えをもたらした。

両宗派の大きな違いは、真言宗では「顕教《けんぎょう》よりも密教がすぐれており、真言密教は宗派を超えた究極の境地である」と説いているのに対して、天台宗は「顕密一致＝顕教と密教は根本的に同じである」という考え方が基本にあることだ。

そのため、この両宗派を比べると、真言宗のほうがより密教的色彩が強い。

Q 印って何？

A 密教の行者が両手の指を組み合わせてつくる形を「印《いん》」と呼ぶ。

密教で印が重んじられるのは、印は密教にとりいれられているインド古来の神々や諸尊の象徴であり、印を結ぶことによって、諸尊・神々と人とが通いあうことができると考えられているからだ。

仏さまと人とは、身体・言葉・心の三方向からの交流が可能という〝身口意《しんくい》の三密〟の教えがあるが、印はこのうちの身密《しんみつ》なのである。

Q 真言宗のお寺の特徴は？

A 真言宗のお寺は、金堂《こんどう》（本堂）、講堂、御影堂《みえいどう》、護摩堂、五重塔、多宝塔などからなっている。御影堂は弘法大師をまつったものである。

　ほかの宗派のお寺には見られないのが、多宝塔（大塔）である。多宝塔があれば真言宗の寺院と思ってまず間違いない。

　多宝塔はもともと『法華経《ほけきょう》』見宝《けんほう》塔品《とうほん》第十一に説かれた、多宝如来（過去仏）をのせて大地からせり上がり、空中に現われるという七宝の塔のこと。

　真言宗では多宝塔を独立した建築物として存在させ、大日《だいにち》・阿閦《あしゅく》・宝生《ほうしょう》・阿弥陀《あみだ》・不空成就《ふくうじょうじゅ》の五如来、あるいは大日如来一仏をまつっている。

多宝塔

Q 真言宗の戒名の特徴は？

A　真言宗の戒名は「法名《ほうみょう》」「法号《ほうごう》」ともいって、仏道を信仰して、仏門に入った証《あかし》として、仏の戒法を授けられ、教法を伝授されたということで与えられる名前である。
　真言宗の戒名の特徴は戒名の上に大人の場合は梵字の𑖀（ア字）を書く。子供の場合は𑖎（カ字）になる。ア字は故人が大日如来の悟りに帰入することを、カ字は地蔵菩薩の導きに従うことを示している。

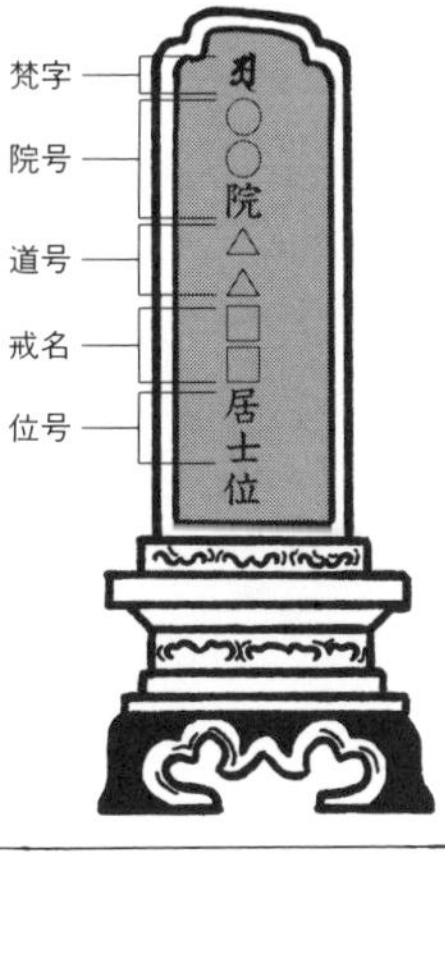

真言宗の僧侶の服装

お坊さんをなんと呼ぶ?

お坊さんはすべて「和尚《おしょう》」かと思ったら大間違い。「おしょう」と呼ぶのは一般的に禅宗だ。天台宗と真言宗でも和尚と書くが、それぞれ「かしょう」「わじょう」と読む。また、高僧は「阿闍《あじゃ》梨《り》」と呼ばれる。

日蓮宗や浄土宗は「上人《しょうにん》」といい、浄土真宗は、僧侶《そうりょ》同士では「和上《わじょう》」、檀家《だんか》は「御院《ごいん》さん」という。

Q 僧侶の服装の特徴は?

A いちばん下の白衣《はくえ》と白足袋《しろたび》は共通であるが、着用する法衣《ほうえ》はさまざまに組み合わせて用いられる。正式な儀式の場合は、法要の種類により、その上に直綴《じきとつ》・素絹《そけん》・袍裳《ほうも》のいずれかを用い、さらに割切《かっせつ》・威儀《いぎ》五条《ごじょう》・如法衣《にょほうえ》・七条袈裟《しちじょうげさ》のいずれかが着用される。

通常の服装の場合は、背と脇にひだのある改良服を着用し、その上に輪袈裟《わげさ》あるいは折五条《おりごじょう》をかける。

輪袈裟や折五条は、僧が通常のときに身につけているだけでなく、在家信者が日常のおつとめのときにも用いる。

Q 法具の特徴は?

A 真言宗の僧侶は、即身成仏《そくしんじょうぶつ》するために、さまざまな修法《しゅほう》を積み重ねていく。そのときに修法

真言宗の法具

金剛杵《こんごうしょ》

両端の形で呼び名が違い、ひとつの突起になったものを独鈷杵《とっこしょ》、三股を三鈷《さんこ》杵《しょ》、五股を五鈷杵《ごこしょ》という。用途によって使い分ける。図は五鈷杵

金剛鈴《こんごうれい》

一方が鈴で、もう一方が杵の形になっており、杵の形で呼び名が違う。独鈷鈴《とっこれい》、三鈷鈴《さんこれい》、五鈷鈴《ごこれい》、宝《ほう》珠鈴《じゅれい》、塔鈴《とうれい》の 5 種類ある。図は三鈷鈴

羯磨《かつま》

三鈷杵《さんこしょ》4つを十字に組み合わせた形のもの。修行の成就を祈願して修法壇の四隅に置く

輪宝《りんぼう》

もとは古代インドの武器。密教では、輪宝が回転することで心の煩悩を打ち砕き、迷える民衆を救うことを意味する

の象徴として、大きな力となるのが数々の法具である。

なかでも真言宗独特の法具としては、修法を行う場と修法者を守る金《こん》剛杵《ごうしょ》、羯磨《かつま》などがある。これらは修法を行う空間をつくり、修法者を守護する、つまり結界《けっかい》するための法具である。

古代インドの武器だった金剛杵、相手を打ち倒すための羯磨は、修法を妨害しようとする外敵を退け、自分の内にある煩悩《ぼんのう》にうち勝って結界を助けるための道具となる。

また密教では、歌謡や舞踊で仏さまを喜ばせることも重要とされ、金《こん》剛鈴《ごうれい》、鐃《にょう》、鈸《はち》、磬《けい》などがある。金剛鈴はその名のとおり、金剛杵と鈴が一体となったものだ。

このほかに自在に法を説くための法具として輪宝《りんぼう》がある。車輪に見たてたもので、仏法が自在に転じることを願っている。

密教の誕生

密教はインドで生まれ、中国へ伝えられた。空海《くうかい》は中国で恵果阿闍梨《けいかあじゃり》から両部の密教を授かる。その秘法は、空海の弟子から弟子へと嫡々《ちゃくちゃく》と相承され、真言宗の寺院に受け継がれている。

Q 密教の起源は?

A 密教の淵源は古く、呪文をとなえて除災招福《じょさいしょうふく》を祈る、印《いん》を結び吉凶禍福《きっきょうかふく》を占うといったことは、インドでは仏教が興るよりもはるか以前から、バラモン教をはじめ民間で行われていたといわれる。お釈迦《しゃか》さまはこうした呪術《じゅじゅつ》の使用を護身用以外には禁じていた。

しかし、仏教の発展の過程で、信者の現実的な悩みに対応するために、インド古来の呪術の要素が仏教にとりいれられ、密教となっていったのである。初期の密教は占い、おまじないといった要素も強く、これを雑《ぞう》部《ぶ》密教(雑密《ぞうみつ》)と呼び、七世紀後半以降、理論的に体系化されたものを正純密教(純密《じゅんみつ》)と呼んでいる。

第四祖 不空三蔵《ふくうさんぞう》
外縛印《げばくいん》を結んでいる

第八祖 弘法大師《こうぼうだいし》
五鈷杵《ごこしょ》を右手に持っている

Q 密教は、どのように空海に伝わったの?

A 密教はインドに生まれ、中国に伝わり、さらに日本へと伝わった。そのあいだには八人の代表的な人物がいる。

真言宗のお寺では、密教をひろめ、大切に守ってきた八人の高僧を〈伝《でん》持《じ》の八祖〉と呼び、まつっている。

その第一祖となっているのは龍猛《りゅうみょう》菩薩《ぼさつ》だ。大日如来《だいにちにょらい》の直弟子金剛薩埵《こんごうさった》から密教経典を授かって、世に伝えたといわれている。

第二祖龍智菩薩《りゅうちぼさつ》は、龍猛から密教を授かった。

第三祖金剛智三蔵《こんごうちさんぞう》は、インドで龍智から密教を学んだのち唐《とう》へ渡り、『金剛頂経《こんごうちょうきょう》』を伝える。

第四祖不空三蔵《ふくうさんぞう》は西域生まれ。貿易商の叔父に連れられて唐へ行き、長安《ちょうあん》で金剛智に入門。『金剛頂経』を漢語に翻訳し、灌頂《かんじょう》道場を開いた。

密教における伝持《でんじ》の八祖

密教をひろめるために功績があった八大祖師。
それぞれの持ち物は、悟りの本質をあらわしている。

第一祖 龍猛菩薩《りゅうみょうぼさつ》

三鈷杵《さんこしょ》を右手に持っている

第二祖 龍智菩薩《りゅうちぼさつ》

経文《きょうもん》を右手に持っている

第三祖 金剛智三蔵《こんごうちさんぞう》

数珠を右手に持っている

第五祖 善無畏三蔵《ぜんむいさんぞう》

右手の人さし指をたてている

第六祖 一行阿闍梨《いちぎょうあじゃり》

法衣《ほうえ》のなかで印《いん》を結んでいる

第七祖 恵果阿闍梨《けいかあじゃり》

椅子に座り、横に童《わらべ》を侍らせてい

第五祖善無畏三蔵《ぜんむいさんぞう》もインド生まれ。大乗仏教を学び、さらに密教を受け継ぐ。八〇歳になって唐に渡り、『大日経《だいにちきょう》』を伝えた。

第六祖一行阿闍梨《いちぎょうあじゃり》は中国生まれで、禅や天台教学、天文学、数学を学ぶ。長安で善無畏に入門し、善無畏の口述をもとに『大日経疏《だいにちきょうしょ》』を完成させた。

第七祖恵果阿闍梨《けいかあじゃり》も中国生まれ、金剛界《こんごうかい》・胎蔵界《たいぞうかい》両部の密教を受け継いだ。

第八祖は恵果阿闍梨から金剛・胎蔵両部を授けられ、日本に伝えて真言密教を開いた弘法大師空海《こうぼうだいしくうかい》だ。

一方、教主大日如来から金剛薩埵、龍猛菩薩、龍智菩薩、金剛智三蔵、不空三蔵、恵果阿闍梨、弘法大師空海まで連なる〈付法《ふほう》の八祖〉がある。こちらは血脈《けちみゃく》に書かれる師弟関係、つまり法の流れをあらわしたものである。

空海の遺産

空海《くうかい》は、唐《とう》から密教に関わる多くの仏典などをもたらし、日本の仏教に新しい時代を築いた。また、土木・建築・医学・文学などのさまざまな分野で、日本の文化に大きな影響を与えている。

Q 空海の著作は?

A 空海はその生涯に数多くの著作を残している。もちろん、その中心となっているのは、日本仏教史上屈指の名著とわれる『秘密曼荼羅十住心論《ひみつまんだらじゅうじゅうしんろん》』、密教の根本を説いた『即身成仏義《そくしんじょうぶつぎ》』など、密教に関するものだが、それ以外にも、日本文化に大きな足跡を残している。

まず、『篆隷万象名義《てんれいばんしょうみょうぎ》』は中国の辞典を集めて編纂《へんさん》した全三〇巻の大作で、日本最初の辞典といわれる。

『文鏡秘府論《ぶんきょうひふろん》』は空海の文章論、詩論であり、時代を代表するものとして評価されるものだ。この大作を要略した『文筆眼心抄《ぶんぴつがんしんしょう》』もある。

また、『三教指帰《さんごうしいき》』はわが国で最初に書かれた戯曲ともいわれている。

さらには、詩文集『遍照発揮性霊集《へんじょうほっきしょうりょうしゅう》』では見事な詩才を発揮している。

Q 「いろは歌」も、空海の作って本当?

A

色《いろ》は匂《にほ》へど散《ち》りぬるを
我《わ》が世《よ》誰《たれ》ぞ常《つね》ならむ
有為《うゐ》の奥山《おくやま》今日《けふ》越《こ》えて
浅《あさ》き夢《ゆめ》見《み》じ酔《ゑ》ひもせず

という「いろは歌」は、かつて読み書きの基本を教えるために使われたものだが、これも空海の作であるという説がある。

空海は、

諸行無常《しょぎょうむじょう》　是生滅法《ぜしょうめっぽう》
生滅滅已《しょうめつめつい》　寂滅為楽《じゃくめついらく》

という仏教の真髄であるお釈迦さまの四句の偈《げ》(韻文)を「いろは歌」にして、子供にも簡単にわかるように教えようとしたという。

また、空海は梵字から五〇音図をつくったともいわれる。

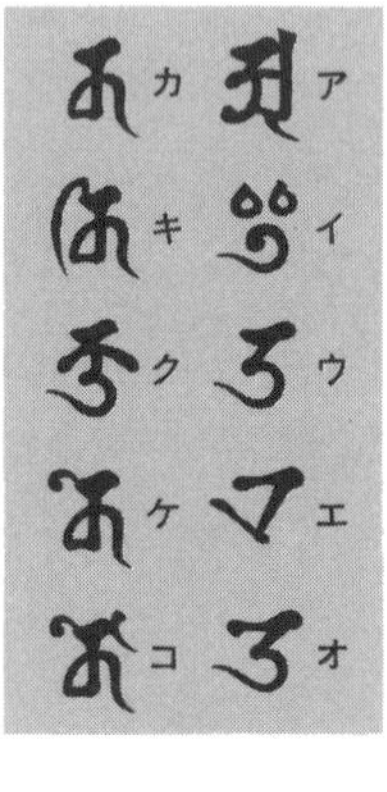

Q 庶民教育にも貢献したって?

A 密教に関するもののほか、さまざまな分野で活躍した空海は、教育にも非常に熱心だった。

その記念碑ともいえるのが、八二八(天長《てんちょう》五)年に開設された綜藝種智院《しゅげいしゅちいん》だ。

この綜藝種智院は、日本で最初に庶民に開放された学校として知られている。空海の死後、財政的な問題からいったん閉校したが、東寺《とうじ》（教《きょう》王護国寺《おうごこくじ》）の境内に種智院大学として再興され、いまに受け継がれている。

当時は、京の都には大学、地方には国学という国によってつくられた学校があったが、いずれも身分の高いものの師弟が対象で、身分の低い家柄の者には入学が許されなかった。また、有力貴族が開いた学校もあったが、それらも一門の師弟など、入学が可能な人は限られていた。

こうした当時の風潮に対して、空海は「みな等しく仏子である」という立場から、身分に関係なく平等に教育が受けられるようにと綜藝種智院を開いたのである。

空海がわずか３カ月で完成させた満濃池《まんのういけ》（香川県仲多度郡まんのう町）。当時の堤は水中に沈んでいるが、現在も日本一のため池として、灌漑《かんがい》面積3000ヘクタールをうるおしている

Q 世界に誇る土木技師だったんだって？

A 空海は治水事業でも多くの業績を残している。

八二一（弘仁《こうにん》一二）年には讃岐《さぬき》（香川県）満濃池《まんのういけ》の治水工事の指揮を朝廷から命じられ、それまで三年かかっても完成しなかった工事を、わずか三カ月で終わらせた。満濃池はいまも日本一のため池として、その役目を果たしている。

ほかにも、大和《やまと》（奈良県）益田池《ますだいけ》の改修工事に関与したり、摂津《せっつ》（大阪府）大輪田《おおわだ》に船瀬所を造るなど、土木事業の知識と技術にすぐれた能力を発揮した。

それら工事は、期間の短さと完成度の高さから、当時としては群を抜いたものであった。

空海と最澄

同じ遣唐使《けんとうし》として唐へと渡った二人だが、すでに名声を博していた最澄《さいちょう》と無名の修行僧空海《くうかい》とのあいだには、大きな立場の違いがあった。しかし、二人の立場はいつしか逆転していた。

Q 最澄ってどんな人?

A 空海よりも八歳年上の最澄《さいちょう》は、三九歳のときに空海と同じ遣唐使《けんとうし》の一員として唐へと渡った。近江国《おうみのくに》(滋賀県)の出身である最澄は、一三歳で近江の国分寺《こくぶんじ》に入り、一五歳で得度、二〇歳のときに東大寺《とうだいじ》で受戒。その後、一〇年あまり比叡山《ひえいざん》にこもって修行し、唐へ渡るときには天皇の護持僧《ごじそう》をつとめるほどになっていて、還学生《げんがくしょう》(国費留学生)という特権的な身分での入唐《にっとう》であった。

唐ではおもに天台の教学を学んで、一年後に多くの仏典や仏具(仏教で使われる道具)などを携えて帰国、桓武《かんむ》天皇の大歓迎を受けている。その後、天台宗《てんだいしゅう》を開き、国家公認を受けた。

そして、比叡山延暦寺《えんりゃくじ》の基礎固めや東国伝道の旅など、天台宗の布教につとめる一方、南都諸宗などと激しい論争を繰りひろげた。

八二二(弘仁《こうにん》一三)年に五七歳で入滅したが、生涯、信念を貫き通した高潔な人であった。

Q 最澄が空海の弟子だったって本当?

A 天台宗の開祖が真言宗の開祖の弟子という言い方はおかしいかもしれないが、最澄は空海から両部の灌頂《かんじょう》を受けているから、密教においての弟子という言い方はできる。

唐から帰国した最澄は、桓武《かんむ》天皇から天台宗の国家公認を受けるが、最澄がもっとも求められたものは、国家鎮護のための密教の教えであった。しかし、一年の滞唐で自分が修めた密教に不安をもった最澄は、正統密教の教えを授けられて帰国した空海に教えを請うことにした。

空海の滞唐も二年あまりであったが、恵果阿闍梨《けいかあじゃり》に見こまれて正統密教の後継者となった空海と天台の教学を中心に学んだ最澄とでは、密教の知識において大きな差があった。

そこで、最澄は年下の空海の門をたたき、八一二(弘仁三)年に両部の灌頂を受けることになったのである。

Q 最澄と空海はどうして絶交したの?

コラム ①

大師といえば〝弘法大師〟の不思議

いま「大師」という言葉を聞くと、ほとんど例外なく弘法大師空海《こうぼうだいしくうかい》を連想するだろう。しかし、日本で最初に朝廷から大師号を下賜《かし》されたのは、伝教大師最澄《でんぎょうだいしさいちょう》であった。

また、各宗派の開祖をはじめ、大師号を贈られた僧は少なくない。もともと大師とは、偉大な僧といった意味なのだ。

それなのに、大師イコール弘法大師と思われるようになったのは、「南無大師遍照金剛《なむだいしへんじょうこんごう》」という宝号によって、崇拝の対象となっているからだろう。

加えて、「弘法、筆を選ばず」「弘法も筆の誤り」といったことわざに名を残し、広く親しまれているためもあるに違いない。

久隔帖《きゅうかくじょう》　国宝／奈良国立博物館蔵　最澄《さいちょう》が泰範《たいはん》にあてた手紙。泰範は最澄の後継者ともいわれる弟子だったが、最澄の指示で空海のもとで密教を学んだことがきっかけとなり、そのまま空海の弟子となってしまった。最澄は泰範に「早く戻るように」と何度も手紙を送ったといわれる

A　最澄と空海の交流は、空海の帰国後に、最澄が空海から密教の教えを受けるというかたちで始まった。二人の交流を示す書簡はいくつも残されているが、その多くは最澄が空海に密教経典の借用を求めるものので、二人の関係が密教を教える者と学ぶ者であったことがわかる。

二人の交流はあるとき、ぷっつりと途絶えてしまうが、その理由として、空海が最澄から求められた『理趣釈経《りしゅしゃくきょう》』の貸与を断ったこと、最澄が密教修行のために空海のもとへ送った高弟泰範《たいはん》がそのまま戻らず、空海の弟子となってしまったことなどがあげられている。

しかし、もっとも大きな理由は、二人の考え方の違いにあったと思われる。最澄は法華一乗《ほっけいちじょう》を究極の教えとする天台哲学を貫き、南都諸宗とのあいだで理論闘争を繰りひろげたのに対して、空海は密教は顕教《けんぎょう》よりもすぐれているという考えを示しながらも、南都諸宗の僧とも交流し、影響を与えあっていた。

また、真言宗では密教が理想とする〝即身成仏《そくしんじょうぶつ》のための行《ぎょう》〟を最重視していたのに対し、天台宗ではその行がなかった。こうした密教に対する考え方の違いが、二人を疎遠にした最大の理由だったに違いない。

真言宗の発展

空海《くうかい》が唐《とう》より伝えた密教は、真言宗として飛躍的に発展し、空海の入定《にゅうじょう》(死)後も東寺《とうじ》や高野山《こうやさん》を中心に多くの名僧を輩出し、全国にひろまった。そして、その一方で多くの法流に分裂していく。

Q 真言宗の名の由来は?

A 正統密教の流れを継いでいるのだから、ただ密教といってもよかったのだが、奈良時代に雑部《ぞうぶ》密教が伝えられていたこと、最澄《さいちょう》が密教の教えをとりいれた天台宗を開いていたことなどから、密教とは名づけにくかった。そこで、空海《くうかい》はいくつかの候補のなかから「真言宗」という名前を選んだ。空海が唐《とう》から持ち帰った『分別聖位経《ぶんべつせいいきょう》』のなかにある『真言陀羅尼宗《しんごんだらにしゅう》』という呼び名をよりどころとしていると考えられる。

また、真言宗は大日如来《だいにちにょらい》を本尊とし、その教えを宗旨としている。大日如来は、お釈迦《しゃか》さまのように人々の状況や能力(機根《きこん》)に応じて説法をするのではなく、真実の言葉によって完全なる教えを直に説いたのである。そのことからも、「真言宗」という名前こそがふさわしいと空海は考えたのだろう。

Q 空海の直弟子は何人いたの?

A 空海には多くの門弟がいたが、真済《しんぜい》・真雅《しんが》・実恵《じちえ》・道雄《どうゆう》・円明《えんみょう》・真如《しんにょ》・杲隣《ごうりん》・泰範《たいはん》・智泉《ちせん》・忠延《ちゅうえん》が一〇大弟子として知られている。

こうした空海の直弟子たちは、空海の門に入る前に得度していた実恵・泰範らと、空海のもとで得度した真済・真如らの二つのグループに分けることができる。

実恵は空海の信任も厚く、東寺《とうじ》(教王護国寺《きょうおうごこくじ》)をまかされている。真済は朝廷の帰依《きえ》を受け、真言宗ではじめて僧正《そうじょう》となった。真如は平城《へいぜい》天皇の子であったが空海の弟子となり、七〇歳を過ぎて唐に渡り、さらにインドをめざしたという。空海の実弟の真雅、甥《おい》の真然《しんぜん》は高野山の整備に力を尽くしたことで知られる。

こうした直弟子のもとで、数多くのすぐれた僧が輩出されるが、それがのちの分派の源ともなっていった。

Q 分派の大きな流れは?

A 直弟子たちの弟子、つまり空海の孫弟子のなかで忘れることができないのが、真雅《しんが》のもとで出家し、源仁《げんにん》のもとで修行した聖宝《しょうぼう》と、入唐僧《にっとうそう》宗叡《しゅうえい》の門に入り、源仁から伝法灌頂《でんぽうかんじょう》を受けた益信《やくしん》である。

聖宝は醍醐寺《だいごじ》を創建し、醍醐《だいご》・朱《す》雀《ざく》・村上《むらかみ》三天皇の護願寺として栄え、西寺（現在は廃寺）別当《べっとう》職や東寺長者《ちょうじゃ》職などを務め、弟子の育成にも務めた。その弟子のひとりが観賢《かんげん》で、東寺・高野山・醍醐の三山の長者・座《ざ》主《す》を兼任した唯一の僧である。

この観賢の弟子に〈小野《おの》流〉の本流を形成した淳祐《しゅんにゅう》がいる。

一方、益信の流れをくむのが〈広《ひろ》沢《さわ》流〉で、宇多《うだ》天皇は益信から伝法灌頂を受け、「寛平法皇《かんぴょうほうおう》」と号した。そして、宇多天皇の子の寛空《かんくう》、孫の寛朝《かんちょう》とその系譜は続く。

その後、小野流と広沢流はともに六派に分派して、いわゆる〈野沢《やたく》一二流〉を形成することになる。

Q 小野流の発展は？

A 淳祐《しゅんにゅう》のあと、小野流は元杲《げんごう》、仁海《にんがい》、成尊《せいそん》と引き継がれていくが、成尊の弟子の義範《ぎはん》と範俊《はんしゅん》が対立、醍醐《だいご》寺流と狭義の小野流の二つの流れが生まれる。

さらに、義範のあとを継いだ勝覚《しょうかく》の弟子のなかから、定海《じょうかい》が三宝院《さんぼういん》流を受け継ぎ、聖賢《しょうけん》が金剛王院《こんごうおういん》流を、賢覚《けんがく》が理性院《りしょういん》流を起こし、醍醐三流となった。

一方、範俊の流れは、弟子の厳覚《ごんかく》のもとから寛信《かんじん》・宗意《そうい》・増俊《ぞうしゅん》の三人がでて、南都に近い洛東山科《らくとうやましな》を拠点に独自の活動をはじめ、それぞれ勧《か》修寺《じゅうじ》流、安祥寺《あんしょうじ》流、随心院《ずいしんいん》流となる。これが狭義の小野三流である。

この三宝院流・金剛王院流・理性院流の〈醍醐三流〉と、勧修寺流・安祥寺流・随心院流の〈小野三流〉をあわせた六流が、いわゆる〈小野六流〉ということになる。

Q 広沢流の発展は？

A 益信《やくしん》、寛空《かんくう》、寛朝《かんちょう》と続いた広沢流は、天皇陵の多い洛西に発達する。寛朝ののちも、済信《せいじん》・性信《しょうしん》らがでて、皇室や貴族のあいだで深く信仰を集めるようになっていく。さらに、仁和寺《にんなじ》成就院《じょうじゅいん》の大僧正《だいそうじょう》

コラム②

山伏で知られる修験道

修験道《しゅげんどう》は、日本古来の山岳信仰を起源とし、陰陽道《おんみょうどう》や道教《どうきょう》などの影響を受けて発展。修験道の開祖といわれるのは、役小角《えんのおづぬ》（役行者《えんのぎょうじゃ》）である。

平安時代になって、真言宗や天台宗と結びついて、仏教的要素をもっていく。空海も修行時代に近畿、四国の山々に入ったという。

その後、聖宝《しょうぼう》が金峰山《こんぶせん》に金剛蔵《こんごうぞう》王像《おうぞう》を安置し、山岳修行につとめ、真言宗系の当山《とうざん》派修験道の開祖となる。また、三井寺《みいでら》の増誉《ぞうよ》が熊野《くまの》三山の検校《けんぎょう》となったことから天台宗系の本山《ほんざん》派が生まれ、当山派と本山派が修験道の二大流派となった。

寛助《かんじょ》があらわれ、広沢流は最盛期を迎える。この寛助の弟子六人によって、〈広沢六流〉が形成されることとなる。

広沢流の門跡《もんぜき》本流を受け継いだのが、白河《しらかわ》天皇の子で「高野御室《こうやおむろ》」と呼ばれた覚法《かくほう》で、仁和御流《にんなごりゅう》と呼ぶ。

仁和寺西院《にしのいん》に住した信証《しんしょう》が興したのが西院《にしのいん》流で、西院流は東寺《とうじ》にも受け継がれていった。また、保寿院《ほじゅいん》の永厳《えいげん》が保寿院流を、聖恵《しょうえ》が華厳院《けごんいん》流を、寛遍《かんぺん》が忍辱山《にんにくせん》流を、覚鑁《かくばん》が伝法《でんぽう》院《いん》流をそれぞれ興している。

そして伝法院流を興した覚鑁は高《こう》野《や》山座主《さんざす》となるが、高野山衆徒と対立、紀州《きしゅう》(和歌山県)の根来寺《ねごろじ》に移り、新義《しんぎ》真言宗が形成される。

Q 新義真言宗って何？

A 興教大師《こうぎょうだいし》覚鑁《かくばん》に始まる法流が〈新義《しんぎ》真言宗〉と呼ばれる。

現在の真言宗智山《ちさん》派、真言宗豊山《ぶざん》派、根来《ねごろ》寺《じ》を中心とする新義真言宗の三つがその流れをくむ。

覚鑁は寛助のもとで出家、修行したが、開祖空海を慕う気持ちが非常に強く、高《こう》野《や》山に大伝法院《だいでんぽういん》を建立し、実恵によって始められた伝法《でんぽう》大会《たいえ》を復活させるなど、数々の改革を行い、真言宗に新風を吹きこみ、新たな時代を築きあげた。そのため、覚鑁は真言宗中興の祖といわれている。

しかし、こうした覚鑁の変革は、高野山の衆徒たちとのあいだで軋轢《あつれき》を生む。そして、高野山衆徒が覚鑁を襲撃するという事件に発展し、覚鑁は高野山をおりて、根来寺に活動の場を移した。

この根来寺に移った覚鑁の流れが新義真言宗と呼ばれるのに対して、高野山に残った流れを〈古義《こぎ》真言宗〉と呼ぶのである。

新義真言宗も古義真言宗も、両者はともに真言宗であり、空海の思想を受け継いでいるのだから、教義に大きな違いがあるわけではない。ただ、覚鑁の遺志を継いだ新義真言宗は、真言教学の研鑽《けんさん》に励み、学問面を重視したということはいえる。

また秀吉《ひでよし》の根来寺攻撃の際、玄宥《げんゆう》

コラム ③

高野聖の諸国巡遊

高野山《こうやさん》の僧には三つの階級があった。エリート学僧たちである学侶方《がくりょがた》、下働きの僧である行人方《ぎょうにんがた》、それから諸国を歩き、寄付を募った聖方《ひじりがた》である。聖方は全国各地を巡遊して勧進《かんじん》(募金)し、「高野聖《こうやひじり》」と呼ばれ、広く親しまれた。

高野山には戦いに破れた武士や生活のたちいかなくなった人たちが集まってきたが、彼らが聖方となったのである。高野聖は祈禱をしたり、護摩の灰を売ったり、高野山に納める分骨を預かったりしながら寄付を集めたが、道路整備の進んでいない時代だけに、その旅は苦難の連続であった。

と専誉《せんよ》がそれぞれ京都智積院《ちしゃくいん》と奈良長谷寺《はせでら》に学徒を連れて移り住み、智山派と豊山派となったので、両者の違いはほとんどない。

Q 戦国時代の真言宗は？

A 真言宗にとって、戦国時代は苦難の時代であった。天下統一をめざした織田信長《おだのぶなが》、豊臣秀吉《とよとみひでよし》にとって、大きな力をもつ宗教教団の中心である高野山《こうやさん》や比叡山《ひえいざん》は見過

真言宗の流れ

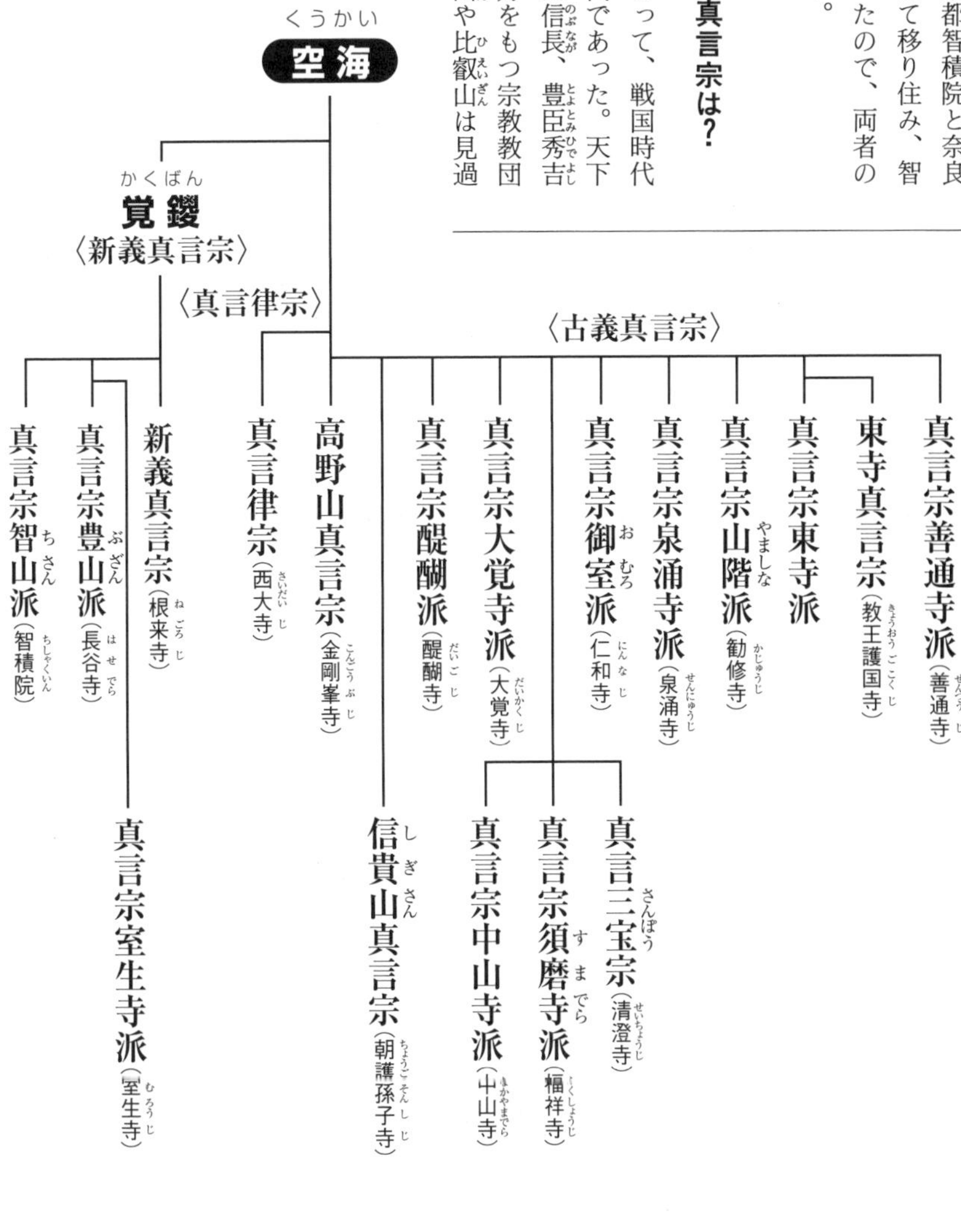

空海《くうかい》
覚鑁《かくばん》
〈新義真言宗〉
〈真言律宗〉
〈古義真言宗〉
真言宗智山派《ちさん》（智積院《ちしゃくいん》）
真言宗豊山派《ぶざん》（長谷寺《はせでら》）
新義真言宗（根来寺《ねごろじ》）
真言宗室生寺派（室生寺《むろうじ》）
真言律宗（西大寺《さいだいじ》）
高野山真言宗（金剛峯寺《こんごうぶじ》）
信貴山《しぎさん》真言宗（朝護孫子寺《ちょうごそんしじ》）
真言宗醍醐派（醍醐寺《だいごじ》）
真言宗大覚寺派（大覚寺《だいかくじ》）
真言三宝宗《さんぽう》（清澄寺《せいちょうじ》）
真言宗須磨寺派《すまでら》（福祥寺《ふくしょうじ》）
真言宗中山寺派（中山寺《なかやまでら》）
真言宗御室派《おむろ》（仁和寺《にんなじ》）
真言宗泉涌寺派（泉涌寺《せんにゅうじ》）
真言宗山階派《やましな》（勧修寺《かじゅうじ》）
真言宗東寺派
東寺真言宗（教王護国寺《きょうおうごこくじ》）
真言宗善通寺派（善通寺《ぜんつうじ》）

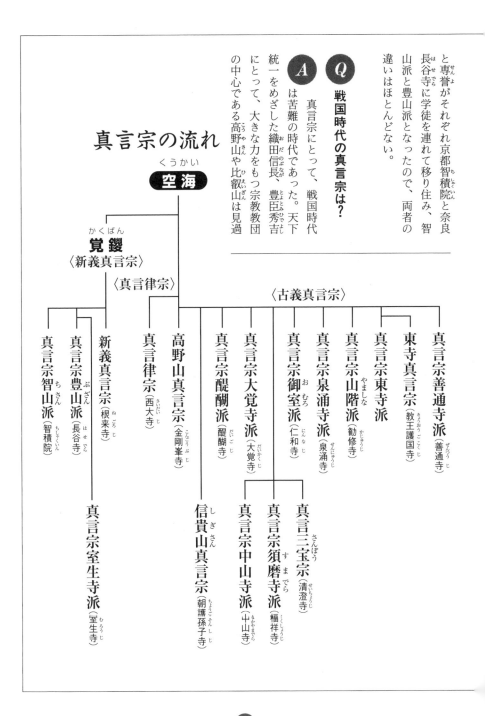

ごしにできない存在であり、また僧兵による軍事的脅威も無視できなかった。それが、信長による比叡山焼き討ち、秀吉の根来《ねごろ》寺攻撃とつながっていく。

高野山も信長、秀吉によって攻撃の対象とされるが、本能寺《ほんのうじ》の変《へん》による信長の死、木食応其《もくじきおうご》が秀吉の信を得たことなどによって、危機を乗りきることができた。

根来寺を逃れた玄宥《げんゆう》と専誉《せんよ》によって、新義真言宗のなかから智山《ちさん》派と豊山《ぶざん》派が生まれ、真言宗にまた新たな流れがつくられていったのである。

コラム ④

真言宗の入定信仰

真言宗では、弘法大師空海が他界されたことを、ほかの人々のように入滅、入寂とはいわず、"入定《にゅうじょう》"されたと考える。

これは、弘法大師は亡くなられたのではなく、大日如来の世界に帰一されて生きつづけており、私たちを救ってくださるという信仰によるものである。

弘法大師が入定された高野山奥の院は、いまもお大師さまを慕い、参拝する人々の線香の煙が絶えることがない。

Q 明治以降の真言宗は?

A 明治維新の廃仏毀釈《はいぶつきしゃく》によって、仏教、とくに真言宗は大きな影響を受けた。

さらに、明治政府の宗教政策によって明治以降の真言宗は、分派合同を余儀なくされた。

まず、一宗一管長制によって金剛峯寺《こんごうぶじ》と東寺《とうじ》を古義《こぎ》真言宗の総本山、長谷寺と智積院《ちしゃくいん》を新義《しんぎ》真言宗の総本山とし、管長を輪番制とする合同真言宗が成立する。しかしその後、智積院と長谷寺は「真言宗新義派」を名乗り、金剛峯寺・醍醐寺《だいごじ》・大覚寺《だいかくじ》・勧修寺《かじゅうじ》・随心院《ずいしんにん》は「真言宗」を名乗った。

明治末になると、真言宗高野《こうや》派、同醍醐《だいご》派・同御室《おむろ》派・同大覚寺《だいかくじ》派、新義真言宗智山《ちさん》派・同豊《ぶ》山《ざん》派、真言律宗が分派独立、東寺・泉涌寺《せんにゅうじ》・勧修寺・随心院各派が合併して真言宗となるなど、分派合同を繰り返したのである。そして、戦後の宗教法人法改正によって、現在のように多くの宗派となっている。

その一方で、一九五八(昭和三三)年に「真言宗各派総大本山会」(一八本山)が発足し、各派の連携と共同事業を推進している。

コラム ⑤

廃仏毀釈とは?

仏像や経典、仏具を破壊したり、焼却すること。明治新政府は天皇制による国家神道《しんとう》の推進のため、神仏分離令を布告して、旧幕府と密接に結びついていた仏教勢力の一掃をはかった。神道勢力はこれを廃仏令として受けとめ、廃仏毀釈《はいぶつきしゃく》運動が全国的に広がることになる。

いまもなお
民衆とともに生きつづける
仏教界のスーパースター

第2章
開祖はこんな人
「弘法大師空海」

作／多田一夫

七七四(宝亀《ほうき》五)年
空海は、四国の讃岐国《さぬきのくに》(香川県)に豪族の子として生まれた。幼名は真魚《まお》といった。
わが佐伯《さえき》家は大伴《おおとも》氏の出で…
昔は代々、皇室の守護にあたっていたほどの家系！
そなたは、都《みやこ》の役人として出世し、もう一度、佐伯家の家名をおこしてくれ。
はい！
子供のころから利発な少年だった空海には、
一族の大きな期待がかかっていた。

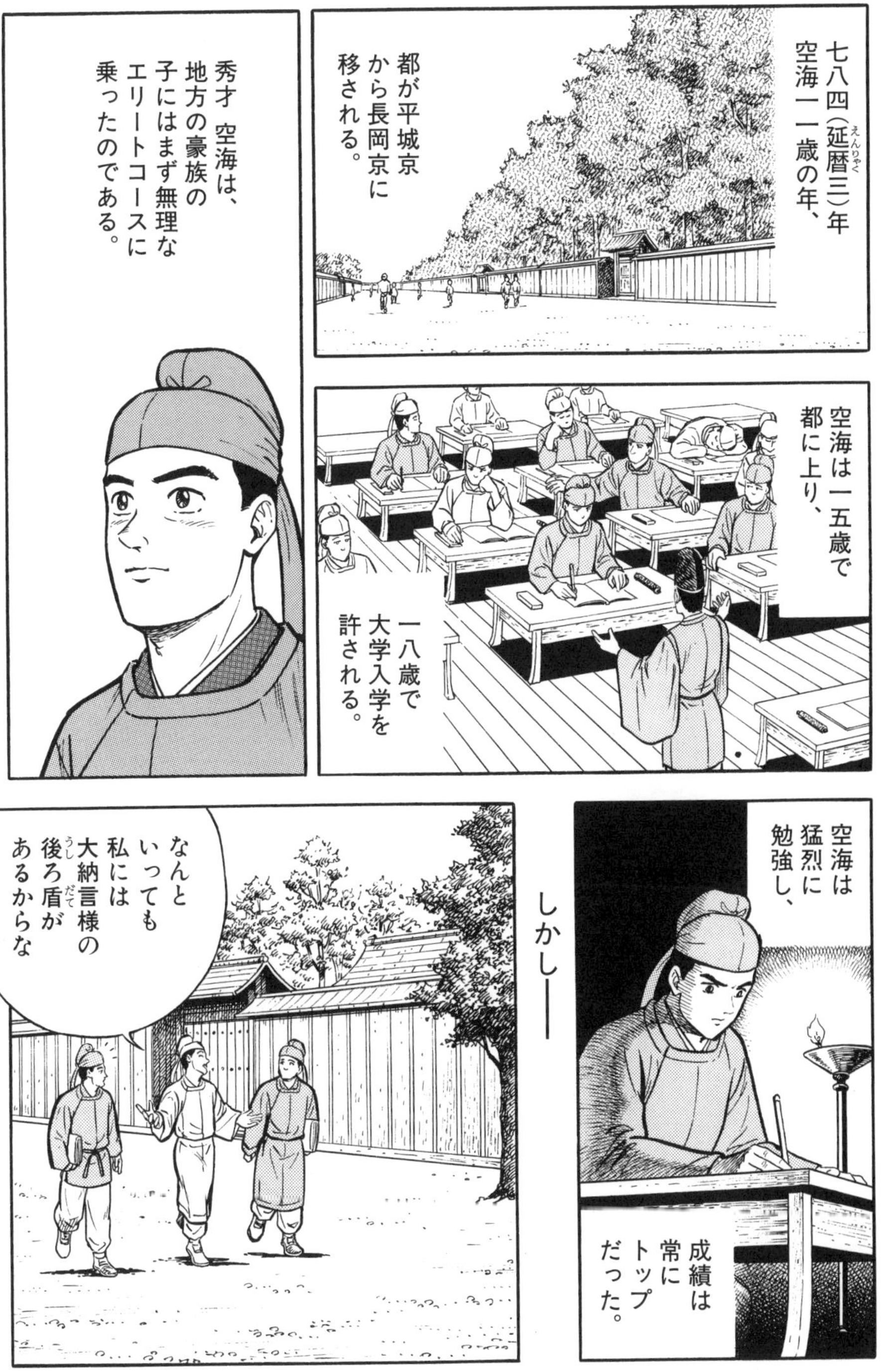

七八四(延暦《えんりゃく》三)年
空海一一歳の年、
都が平城京から長岡京に移される。
空海は一五歳で都に上り、
一八歳で大学入学を許される。
秀才 空海は、地方の豪族の子にはまず無理なエリートコースに乗ったのである。
空海は猛烈に勉強し、
成績は常にトップだった。
しかし──
なんといっても私には大納言様の後《うし》ろ盾《だて》があるからな

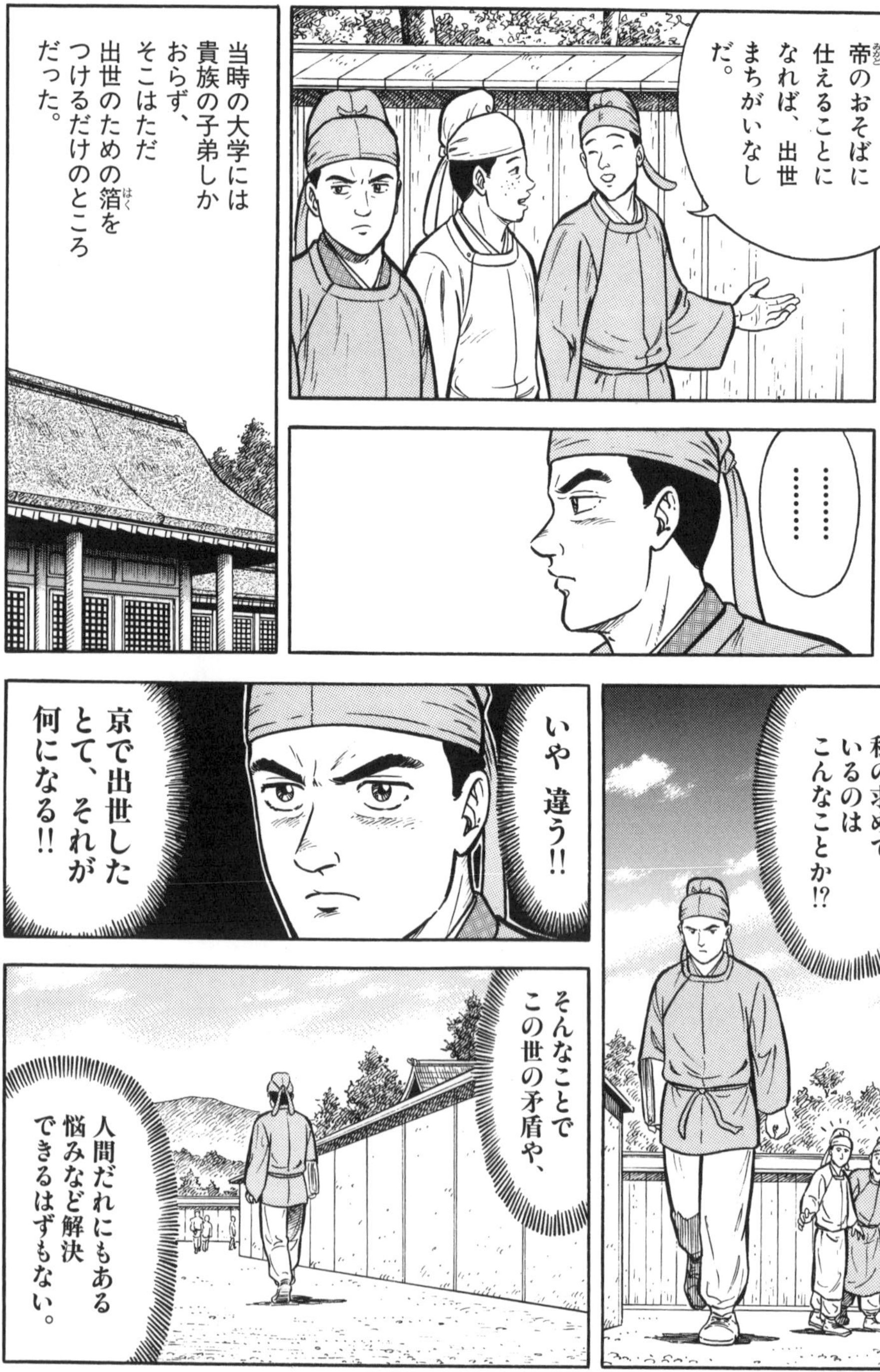
私だって、妹が帝《みかど》のおそばに仕えることになれば、出世まちがいなしだ。

………

当時の大学には貴族の子弟しかおらず、そこはただ出世のための箔《はく》をつけるだけのところだった。

私の求めているのはこんなことか!?

いや 違う!!

京で出世したとて、それが何になる!!

そんなことでこの世の矛盾や、
人間だれにもある悩みなど解決できるはずもない。

空海は、仏教にひかれていた。
ある日——
!
迷うておるな。
!
……
仏の道にひかれているのです。

※真言《しんごん》を学んでみるか！
虚空蔵求聞持法《こくうぞうぐもんじほう》というのがある。
※虚空蔵菩薩《こくうぞうぼさつ》の真言を一日に一万遍ずつ唱え、成就すれば、あらゆる教えの意義を理解し暗記することができるのだ。
!!
本当ですか!?
………
………
ようし決めた!!

※真言＝仏・菩薩の真実の言葉。

※虚空蔵菩薩＝福徳と智徳を広大無辺にそなえた菩薩。

空海は
大学をやめ、
修行者となる。
阿波（徳島県）、土佐（高知県）
などで、壮絶な修行をする。
ビョオオオ
ハア
ハア
二年、三年と修行は続いた。
ノウボウ
アキャシャ
ギャラバヤ…

オンアリキャ
マリボリ
ソワカ
ノウボウ アキャシャ
ギャラバヤ
オンアリキャ
マリボリソワカ
ノウボウ
アキャシャ
……
!!

ドン
なんだ
これはー!?
体中にあふれる
この無量無辺の力!!
こ…
これが——!?
虚空蔵《こくうぞう》
求聞持法《ぐもんじほう》!!

その後、大和国《やまとのくに》（奈良県）に渡り、
久米寺《くめでら》で密教の根本経典の一つ『大日経《だいにちきょう》』と出合う。
七九七（延暦一六）年、二四歳のとき『三教指帰《さんごうしいき》』を著す。

この『三教指帰』は、自分の出家の志を書いた決意の書であるが儒教、仏教、道教の三教を比較した経学、老荘思想等々を含めて空海の学識の深さに圧倒される内容である。

そして『大日経』研究の日々を送り
教理の部分は理解する。
しかし……
だめだ！どうしてもわからない部分が残されてしまう。
当時、密教はまだ体系化されておらず、作法など実践部分は不明点が多かった。

そして八〇四（延暦二三）年、
平安京
大学をやめて一三年が経っていた。
空海三一歳——

今日は伯父上《おじうえ》にお願いがあって参りました。
なんじゃ改まって…
母方の伯父・阿刀大足《あとのおおたり》
私は、今年出発する遣唐使船《けんとうしせん》に乗って、
唐に行きたいのです。
な……なんと!?
伯父上は皇子《みこ》の教育係…
ぜひ、お口添えを!!
しかし、わしにそんな権限はない!
出家して十余年、私は、ひたすら修行してまいりました!
そしていま——

密教に
自分の存在
すべてをかける
覚悟です。
しかし、
わが国では
どうしても
わからないところが
あるのです。
日本に、
私の問いに
答えてくれる師は
いないのです!!
…………
そなたは
こうと決めたら
てこでも動かず、
とことん
やりぬく性質《たち》
じゃった。
ふっ
小さいころから
そうじゃった。
ま…進言
してみるわい。

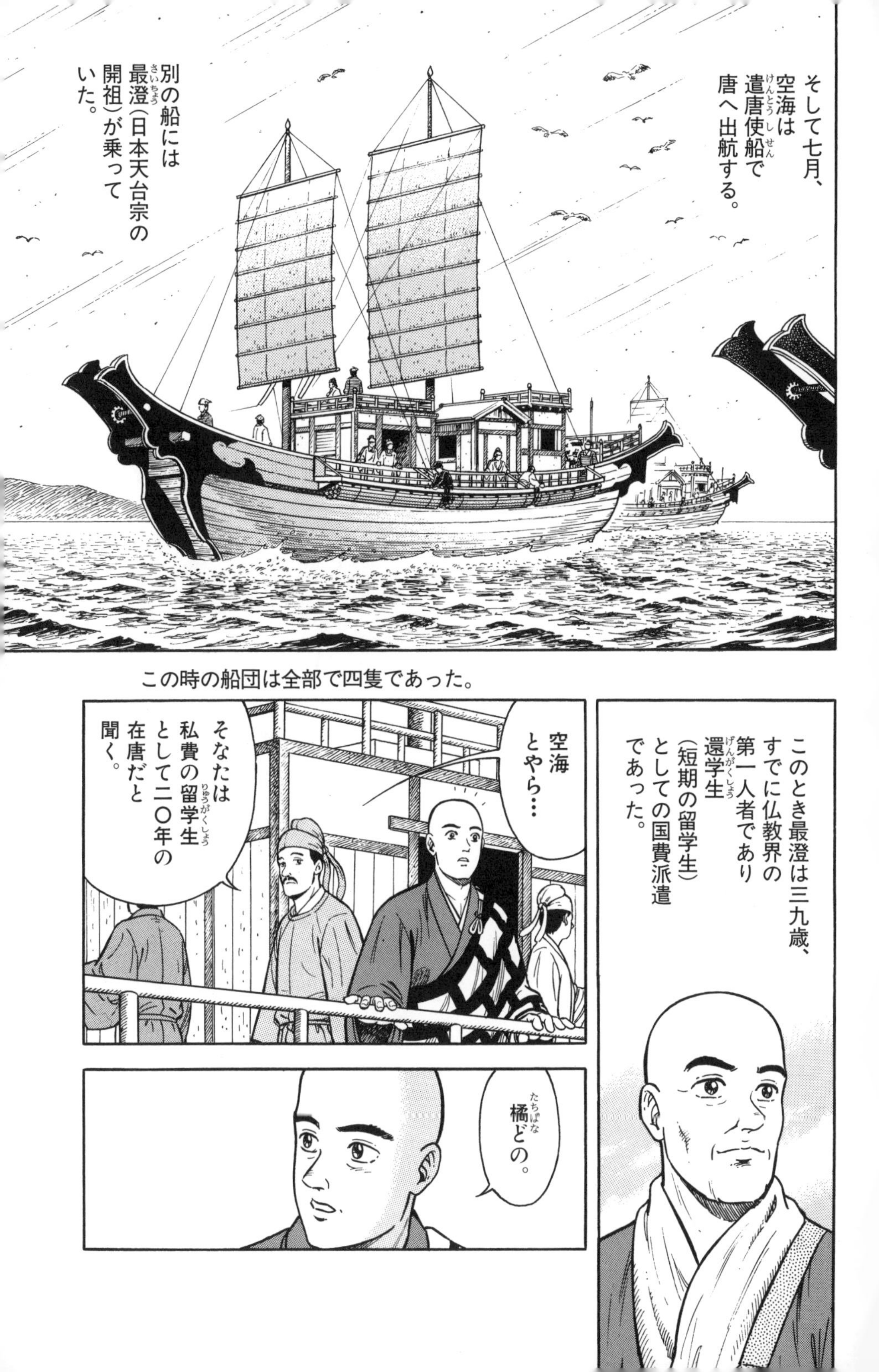
そして七月、空海は遣唐使船《けんとうしせん》で唐へ出航する。

別の船には最澄《さいちょう》(日本天台宗の開祖)が乗っていた。

この時の船団は全部で四隻であった。

このとき最澄は三九歳、すでに仏教界の第一人者であり還学生《げんがくしょう》(短期の留学生)としての国費派遣であった。

空海とやら…

そなたは私費の留学生《りゅうがくしょう》として二〇年の在唐だと聞く。

橘《たちばな》どの。

のちに空海、嵯峨《さが》天皇と
ともに
書の三筆の
一人に
数えられた
橘《たちばなの》 逸勢《はやなり》である。
生きて帰れぬ
かもしれん
入唐に…
そなた
変わった
奴じゃ。
ゴロ
ゴロ‥
ピカッ
嵐だ!!
ザァァ
四隻の船はばらばらになり、無事、唐に着いたのは
最澄、そして空海と逸勢《はやなり》の乗った二隻だけだった。

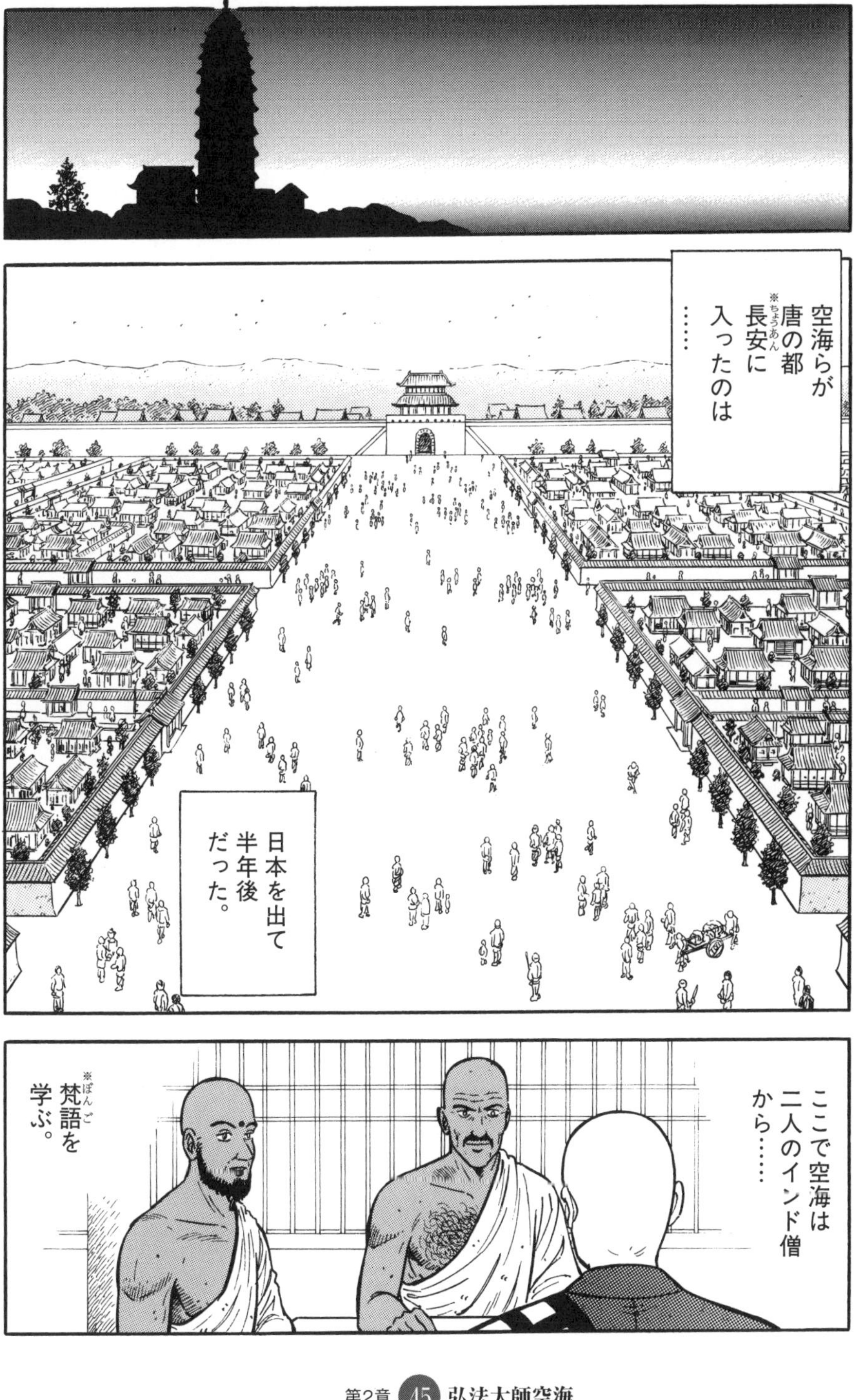
空海らが
唐の都
※長安《ちょうあん》に
入ったのは
……
日本を出て
半年後
だった。
ここで空海は
二人のインド僧
から……
※梵語《ぼんご》を
学ぶ。

※長安=現在の西安（シーアン）。人口一〇〇万を擁する国際都市として栄えていた。

※サンスクリット語。

翌八〇五年
そなたが師として仰がねばならぬお人は……
青龍寺《しょうりゅうじ》の恵果阿闍梨《けいかあじゃり》をおいてほかにない。
唐には『大日経《だいにちきょう》』系（胎蔵界）と『金剛頂経《こんごうちょうきょう》』系（金剛界）の、
二つの密教が伝わっているが、
いま、この二つの流れを一身に受け継ぎ……
※三朝《さんちょう》の国師《こくし》と讃《たた》えられているのが恵果《けいか》様だ。
……
……
※三朝の国師＝三代の王朝に仕えた僧。
そして空海はついに、恵果《けいか》と対面する。

私は前から
あなたが来ると
わかっていて…
久しい間
待っていました。
今日、会えた
のは、たいへん
喜ばしいこと
です。
私の寿命は
まもなく
尽きようと
しているが、
密教を伝えるに
然《しか》るべき人が
おりませんでした。
早く用意を
整えて、
灌頂壇《かんじょうだん》（秘法を
伝える道場）に
入るのがいいで
しょう。
……

数か月の間に、空海は胎蔵界《たいぞうかい》、そして金剛界《こんごうかい》の灌頂《かんじょう》の秘儀を受け、※伝法阿闍梨《でんぽうあじゃり》となる。

※伝法阿闍梨＝師僧より灌頂を受け、密教の秘法を伝えることが許された高僧。

密教正統の深奥を一身に受け継ぐ恵果《けいか》 その人が、
唐にいる一〇〇〇人の弟子ではなく、
空海に伝えたのだった!!
こうして密教の正統は中国ではなく、日本に伝わることになる。

翌八〇六(大同元《だいどう》)年一〇月——
空海は帰国する。
しかし、二〇年の留学予定を二年少々で帰国したため、
しばらく大宰府《だざいふ》(福岡県)に止め置かれる。
そなたに、お咎《とが》めがなければよいが——
逸勢《はやなり》どの、ご案じなきよう。
私は二〇年分の価値ある品々を持ち帰った。
請来目録《しょうらいもくろく》を吟味していただければ納得していただけよう。

やがてそれは事実となり、
八〇九(大同四《だいどう》)年、京、高雄山寺《たかおさんじ》(現在の神護寺《じんごじ》)の住持《じゅうじ》となる。
このころ新しい帝《みかど》が即位していた。
嵯峨《さが》天皇(二四歳)である。
そして両者は近づいてゆく。
これには橘《たちばなの》 逸勢《はやなり》の進言、仲介もあった。
空海の学識、見識、そして空海その人こそ…
これからの日本に、そして仏教界に必要と存じます。

空海は国家鎮護の大法を行い、それにより空海の名は天下に高まる。
空海のもとには人々が、次々訪れ、
傑出した見識、人柄に接した。
人々は空海を畏敬して拝し、
ある者は帰依《きえ》し、
ある者は弟子となった。

この高雄山寺《たかおさんじ》には、平安仏教界の巨峰、天台宗の開祖最澄も訪れ、空海の灌頂《かんじょう》を受けている。

八一六（弘仁《こうにん》七）年空海四三歳。
真言密教修行道場の地として…
紀州《きしゅう》（和歌山県）高野山の地を賜りとうございます。

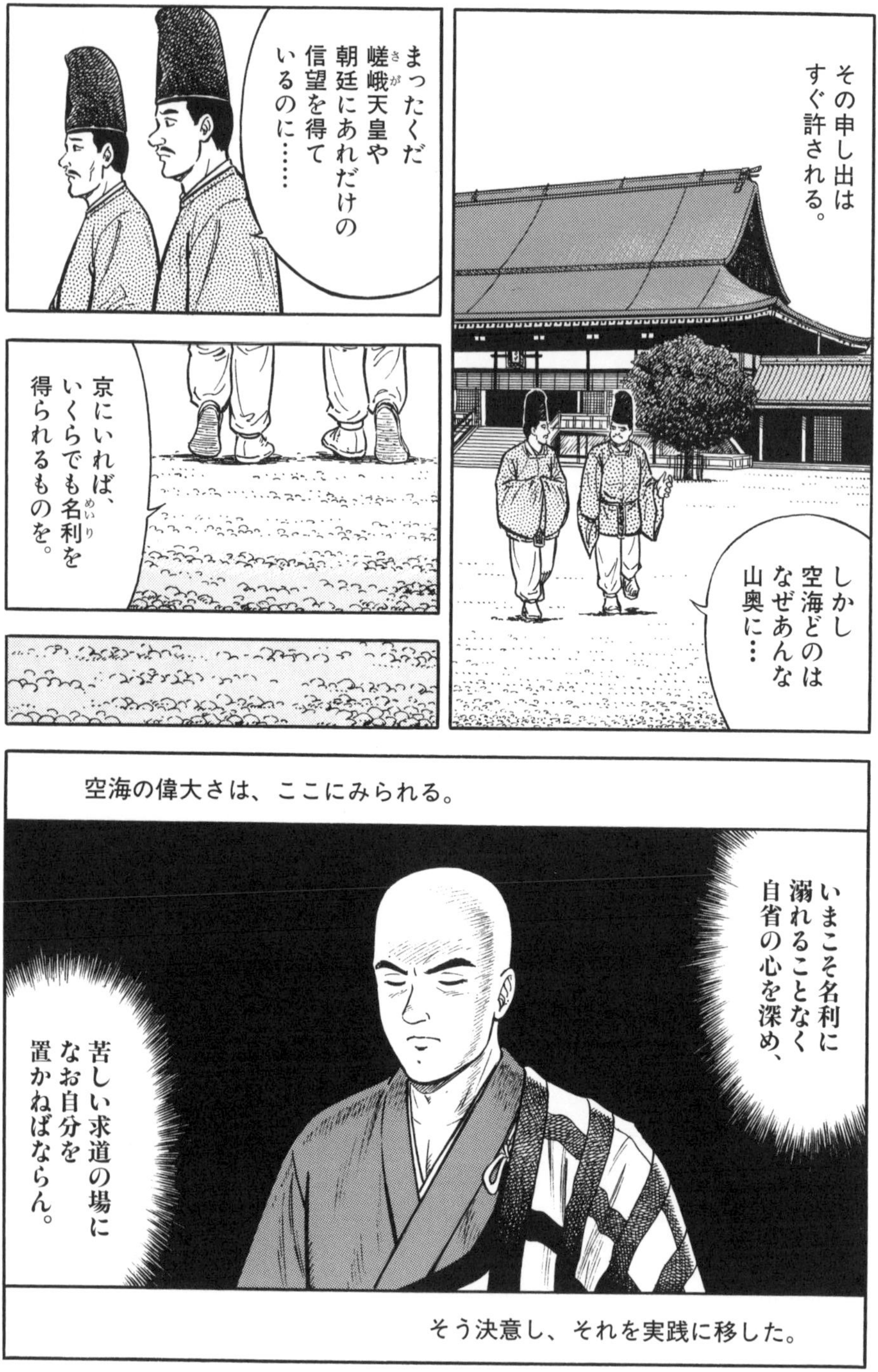
その申し出はすぐ許される。
しかし空海どのはなぜあんな山奥に…
まったくだ嵯峨《さが》天皇や朝廷にあれだけの信望を得ているのに……
京にいれば、いくらでも名利《めいり》を得られるものを。
空海の偉大さは、ここにみられる。
いまこそ名利に溺れることなく自省の心を深め、
苦しい求道の場になお自分を置かねばならん。
そう決意し、それを実践に移した。

それらと並行して弟子とともに東奔西走し……
民衆救済、社会事業にとめざましい活躍をする。
うっ！ひどい。
何をしている!?
さあ早く食べ物と水を与えるんだ！
タッ

お坊さま…もういいんです…。
どうか楽にいかせてください。
何を言う!?
この世に生きていても苦しいことばかりです。
この世で成仏せずに、どうして死んで成仏できよう!!
さ、飲め!
生きているうちに……
この父母よりもらった体のあるうちに幸せにならんで、
なんで人は救われよう。
この世は苦しすぎます。
!

この世なくしてあの世はないのだ。
この世を逃げてあの世はないのだ。
この世で幸せになれ。
生きながら仏となるのだ。
さ、手を合わせ生きる力を呼ぶのだ。
生きる力にふれるのだ。
この天地宇宙が生きている力と、
この体に生きる力とは同じなのだ。
さぁ…手を合わせ、

風が吹くように、
光がさすように、
心に光を放《はな》て！
この身このままで仏になる、これこそ空海の説いた即身成仏《そくしんじょうぶつ》の教えである。

讃岐国《さぬきのくに》に満濃池《まんのういけ》という大きな池がある。
干ばつに備えた人工の池である。
この池の堤《つつみ》は毎年のように切れ――
田が流され人が死んでいた。
朝廷からの使者が指揮してくださるがぜんぜんだめだ。
空海さまが来てくれたらなあ……
何を無理なことを――
あれだけ偉くなられた方だ、こんなことで来てくださるわけがない。
いや、わからんぞ。
いちおうお役人に頼んでみよう。

さぞ困っていることでしょう。行かせてください。
ほかの僧であれば雑事と拒むところ、
そちは変わっとるのう。
密教に雑事などございません。
すべてが仏道修行でございます。
そして、八二一(弘仁一二)年。
いかがでしょうか?
……………

三か月でできるだろう。
え!?たった三か月!?
む…無理だ。
何年もやってだめだったのに…
ザワ
ザワ

雨だ!

また堤《つつみ》が切れるぞ!

その雨にも池の堤は切れず……

やった!!

やったぞ!!

その、だれもできなかった工事はみごと三か月で完成した。

ありがとうございました。

みなの衆の力じゃよ。

池の内側に向けてアーチ型に築いた堤防は堅牢な工法としていまでも世界中の技術者たちが見学に来るという。

なに学校を造りたいですと？
はい。
都には大学、諸国には国学があるではありませんか。
それらはすべて貴族、豪族のための学校です。
一般庶民は入ることを許されません。
私が造りたいのは庶民のための学校なのです！
そしていまでも残る、
初めての庶民教育の学校綜《しゅ》藝《げい》種《しゅ》智《ち》院《いん》ができる。

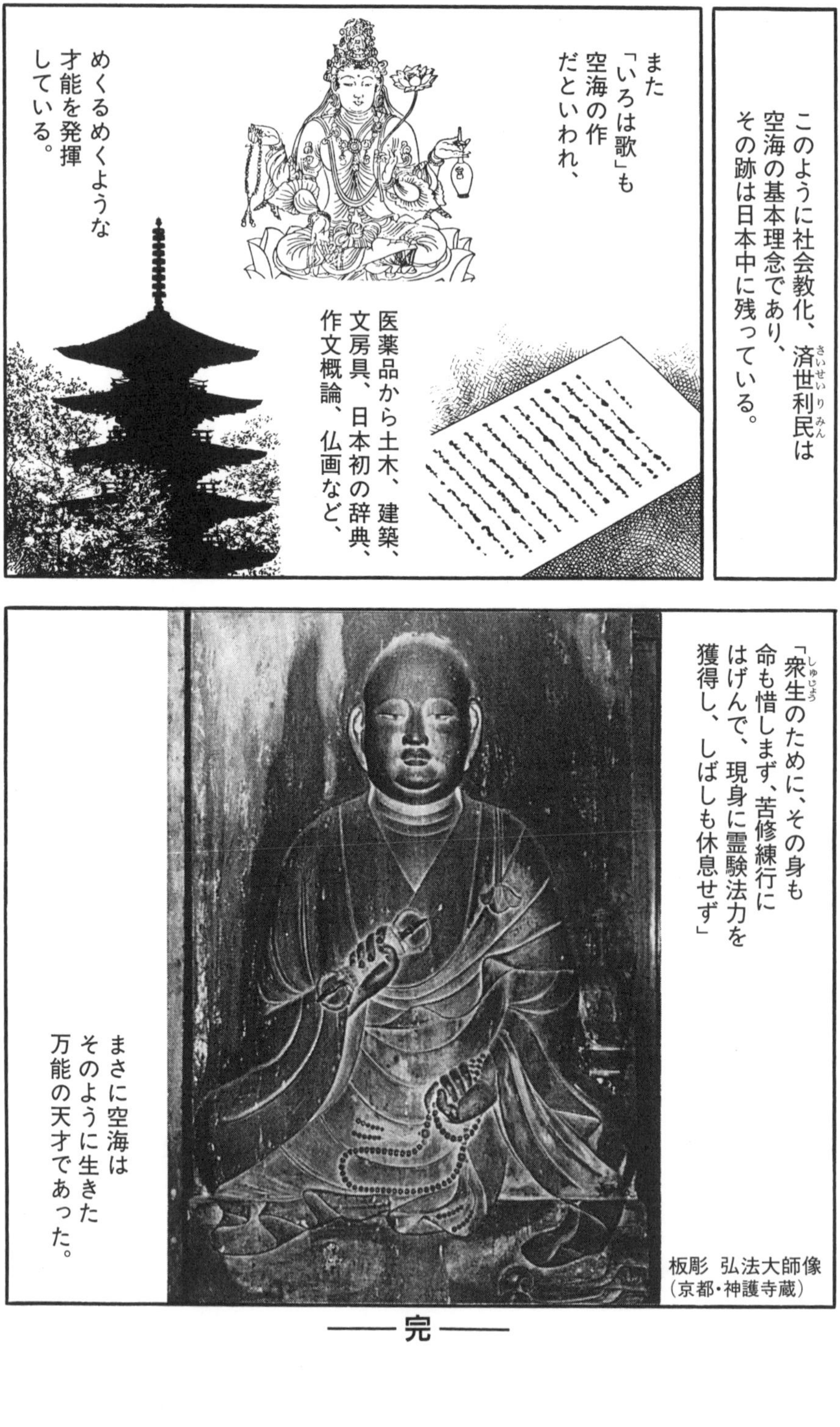
このように社会教化、済世利民《さいせいりみん》は
空海の基本理念であり、
その跡は日本中に残っている。
また
「いろは歌」も
空海の作
だといわれ、
医薬品から土木、建築、
文房具、日本初の辞典、
作文概論、仏画など、
めくるめくような
才能を発揮
している。
「衆生《しゅじょう》のために、その身も
命も惜しまず、苦修練行に
はげんで、現身に霊験法力を
獲得し、しばしも休息せず」
まさに空海は
そのように生きた
万能の天才であった。
板彫　弘法大師像
（京都・神護寺蔵）

──完──

KUKAI 空海の人生

空海《くうかい》の生まれた奈良時代後期は、皇族や貴族の争いが続き、国政が大きく乱れていた。そこで、桓武《かんむ》天皇は律令政治再建のため、都を大寺院などの旧勢力の強い奈良から水陸交通の便利な山城《やましろ》国に遷都《せんと》した。これが平安時代の幕開けである。これにともない、仏教界にも新風が巻き起こった。その中心となるのが唐から帰国した最澄《さいちょう》と空海であった。

空海誕生の地に建つ善通寺《ぜんつうじ》(香川県善通寺市)の御影堂。
四国八八カ所霊場の第七五番札所でもある

1歳 不空三蔵の生まれ変わり

774(宝亀《ほうき》5)年

六月一五日、讃岐国《さぬきのくに》多度郡《たどぐん》屏風浦《びょうぶがうら》(香川県善通寺市)に誕生。幼名は真魚《まお》。奇しくも唐の名僧不空三蔵《ふくうさんぞう》の入滅した日であるため、その生まれ変わりだと信じられている。

15歳 都で伯父に儒教を学ぶ

788(延暦《えんりゃく》7)年

母方の伯父阿刀大足《あとのおおたり》(漢学者)に従って都にのぼり、儒教を学ぶ。子供のころから神童の誉れ高かった空海は、伯父も驚くほどのスピードで儒教の教えを自分のものにしていった。

18歳 大学中退、出家を決意

791(延暦10)年

都の大学の明経科《めいけいか》に入学するが、貴族の子弟の立身出世主義に反発を感じ、大学を中退し仏門に入ることを決意。山林行者に虚空蔵求聞持法《こくうぞうぐもんじほう》を学び、各地の山野で修行する。

空海が修行したと伝えられる室戸岬(高知県)の室戸窟前にある大師行水の池

793(延暦12)年

20歳

「空海」と名を改める

一説には、20歳ころ、和泉国《いずみのくに》(大阪府)槇尾山寺《まきのおさんじ》で出家得度。はじめは「教海《きょうかい》」、つぎに「如空《にょくう》」と名乗った。その後、東《とう》大寺戒壇院《だいじかいだんいん》で具足戒《ぐそくかい》を受けたときに「空海」と名を改めた。

796(延暦15)年

23歳

『大日経』との運命の出合い

数年にわたる厳しい修行ののち、大和国《やまとのくに》(奈良県)高市《たかいち》郡の久米寺《くめでら》で、密教の根本経典のひとつ『大日経《だいにちきょう》』七巻を発見。この『大日経』との出合いが、入唐《にっとう》を決意させる。

797(延暦16)年

24歳

『三教指帰』を著述

『三教指帰《さんごうしいき》』を書き、当時の思想を代表する儒教・道教・仏教の三教を比較し、仏教のすぐれている点を説いた。両親や関係者への出家宣言書ともいうべきものだった。

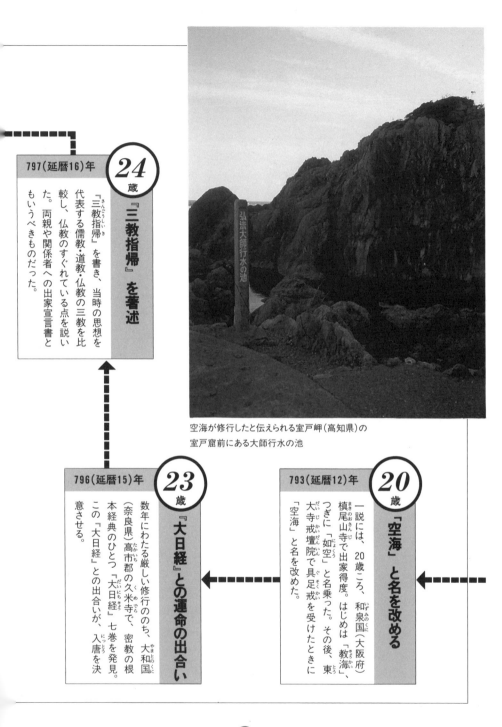

24〜31歳まで 空白の７年間

空海は、入唐し、密教を深く学びたかったが、当時の入唐は留学資金、語学・仏教の勉学など多くの問題があり、その準備に奔走していたと思われる。

804（延暦23）年　31歳　遣唐使として入唐

七月、遣唐使として肥前（長崎県）田の浦港を出航。このとき最澄も別な船で入唐している。空海の船は嵐で南へ流され、唐の南部に漂着。長安《ちょうあん》の都に入ることができたのは一二月であった。

東寺（教王護国寺・京都）の山内には弘法大師のことばとして『三教指帰《さんごうしいき》』の一節が掲げられていた

805（延暦24）年　32歳　密教の正統を受け継ぐ

八月、両部の大法を受け継ぐ青龍寺《しょうりゅうじ》の恵果《けいか》に入門。そして、両部の伝法灌頂《でんぽうかんじょう》を授かる。恵果は、一〇〇〇人を超える弟子のなかから空海を選び、密教の正統の深奥を伝えたのだった。

806（大同《だいどう》元）年　33歳　約二年で帰国

一〇月、経典・書物・仏像・仏舎利《ぶっしゃり》など膨大な貴重品を持ち帰るが、二〇年の予定の留学年限を繰り上げて帰国したため、大宰府《だざいふ》に留められる。その後、平城《へいぜい》天皇に『請来目録《しょうらいもくろく》』を奉進する。

809（大同４）年　36歳　高雄山寺の住職となる

朝廷の命により京都高雄山寺《たかおさんじ》（神護寺《じんごじ》）に入る。この年の一一月、最澄が空海に『大日経略摂念誦随行法《だいにちきょうりゃくしょうねんじゅずいぎょうほう》』などの経論の貸出しを願いでる。その後、たびたび経典の貸出しが続く。

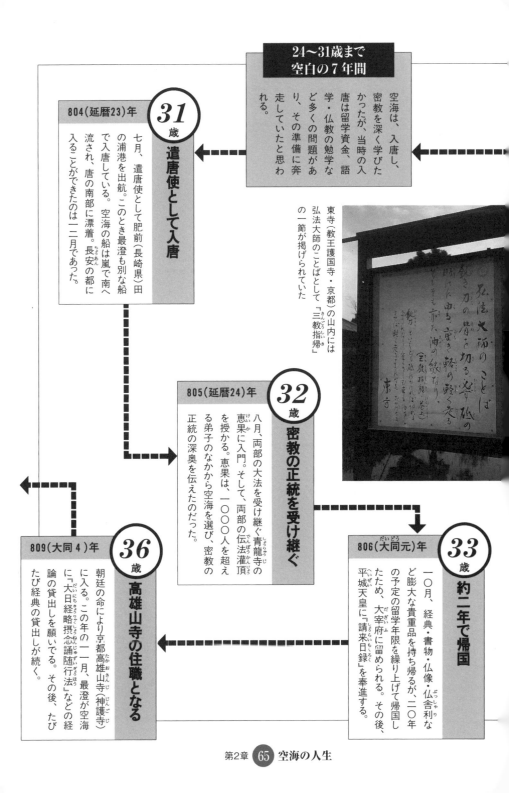

810(弘仁《こうにん》元)年

37歳

鎮護国家の修法を行う

前年より即位した嵯峨《さが》天皇との親密な交際が始まる。一二月、高雄山寺で鎮《ちん》護国家《ごこっか》の修法《しゅほう》を行う。これにより空海の名は天下にひろまり、多くの人々が帰依《きえ》した。

812(弘仁3)年

39歳

高雄山寺で灌頂

一一月、最澄、和気真綱《わけのまつな》ら四名に金《こん》剛界《ごうかい》・胎蔵界《たいぞうかい》の結縁灌頂《けちえんかんじょう》を授ける。翌月、一四五名に胎蔵界の結縁灌頂を授ける。さらに翌年三月、泰範《たいはん》ら一七名に金剛界の伝法灌頂を授ける。

813(弘仁4)年

40歳

最澄との決別

一一月、最澄の『理趣釈経《りしゅしゃくきょう》』の借用願いを断わる。最澄は自分の弟子を空海のもとで修行させていたが、その弟子が比叡山に帰らず空海の弟子になったこともあり、二人の関係は断たれる。

815(弘仁6)年

42歳

全国行脚

四国を巡遊。その遺跡が四国八八カ所霊場となっている。すでに真言宗の地歩も固まっており、全国を行脚して済《さい》世利民《せいりみん》の行に徹する。また、弟子や信徒の養成に力を入れる。

816(弘仁7)年

43歳

高野山開創

嵯峨天皇に高野山の土地を賜り、七里四方のこの山を真言密教護法の根本道場とし、門弟養成の修行地とする。また、このとき高野山を自身の入定《にゅうじょう》の地と定めたともいわれる。

弘法大師像　京都・東寺蔵

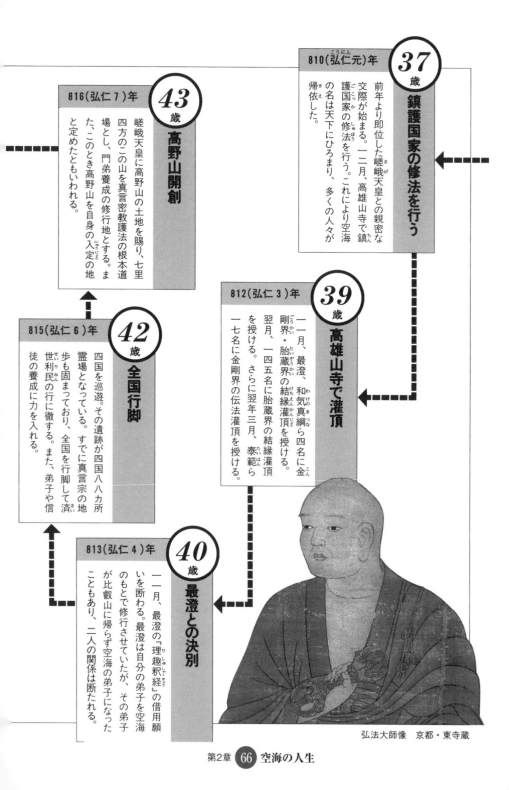

地元京都の人に〝弘法さん〟として親しまれている東寺(教王護国寺)

821(弘仁12)年

48歳

満濃池の治水事業に成功

春、故郷の人々の要請と天皇の命により、三年がかりでもできなかった讃岐国満濃池《まんのういけ》(香川県仲多度郡《なかたどぐん》まんのう町《ちょう》)の改修工事をわずか三カ月あまりで完成。土木技師としての才能も発揮する。

823(弘仁14)年

50歳

東寺を賜る

嵯峨天皇から京都東寺《とうじ》を賜る。この寺を密教の根本道場と定め、他宗の僧侶の出入りを禁じるとともに、五〇人の常住僧が置かれた。そして、寺名を教《きょう》王《おう》護《ご》国《こく》寺《じ》と改める。

828(天長《てんちょう》5)年

55歳

綜藝種智院創立

わが国最初の民間学校の綜藝種智院《しゅげいしゅちいん》を東寺に開く。当時は高い身分の子弟が学べる学校しかなく、空海は大乗仏教の「人々はみな仏子である」という精神から、教育の機会均等を実現した。

830(天長7)年

57歳

『十住心論』著述

『秘密曼荼羅十住心論《じゅうじゅうしんろん》』(一〇巻)、『秘蔵宝鑰《ひぞうほうやく》』(三巻)を著す。『十住心論』は、スケールの大きさ、思想の奥行きの深さから、日本の仏教史を代表する名著といわれる。

空海の生きた時代の仏教界

奈良時代、仏教は国家の保護を受けて発展し、南都《なんと》六宗（三論《さんろん》・成実《じょうじつ》・法相《ほっそう》・倶舎《くしゃ》・華厳《けごん》・律）と呼ばれる諸学派が形成された。

これらは鎮護国家の法会や祈祷を行ったり、インド、中国などのさまざまな仏教の教えを研究するものだった。

ところが、これら仏教が政治と深く結びつき、奈良時代末期には政治に介入する僧もでてくるなど、仏教がひとつの政治勢力となっていた。

律令政治の再建を目指した桓武天皇の平安京遷都は、こうした仏教界に大きな影響を与えた。遷都によって奈良の大寺院との政治面での関係をスッパリと断ち切った。仏教には教学研究と鎮護国家という宗教としての原点が求められていた。

そうした時期に登場したのが最澄と空海であった。彼らは政治から一線を画し〝仏教人〟の立場を貫くことで国家の信任を得ることができた。とくに空海は密教を通じて国家に重んじられ、東寺（教王護国寺）や高野山を賜るなど、手厚い庇護《ひご》を受けた。

いわば、彼らはもっとも純粋に仏教に没頭できる時代に生きたのかもしれない。

高野山奥之院へ続く参道

832（天長９）年

59歳

万燈会が行われる

前年、病魔に襲われるものの、それを克服。そして八月二二日、高野山金剛《こんごう》峯寺《ぶじ》において四恩（父母・国王・衆生・三宝）に報謝する「万燈万華の法会」を奉修。

834（承和《じょうわ》元）年

61歳

宮中後七日御修法を行う

勅命を受けて宮中に真言院を設け、天皇家の安泰、国家の平和を祈願。翌年正月八日から七日間の修法が行われた。これが現在に受け継がれている後七日御修法のはじめである。

835（承和２）年

62歳

高野山で入定

三月二一日明け方、弟子たちを集め、遺訓を残して入定する。朝廷からも多くの弔辞が贈られ、国をあげて空海の入定を悲しむ。その八六年後、醍《だい》醐《ご》天皇から「弘法大師」の号を賜る。

密教の経典
著作にみる空海の思想
『即身成仏義』にみる空海の教え
阿字観
即身成仏の奥義

第3章

経典・著書にみる教義

「真言宗の教え」

孔雀明王像　国宝／東京国立博物館蔵

密教の経典

密教には、〈両部の大経〉といわれる『大日経《だいにちきょう》』と『金剛頂経《こんごうちょうきょう》』のほかに、『蘇悉地経《そしつじきょう》』『瑜祇経《ゆぎきょう》』『要略念誦経《ようりゃくねんじゅきょう》』の三つの重要な経典があり、これらを合わせて〈五部の秘経〉と呼ぶ。また、これと同じく重んじられるのが『菩提心論《ぼだいしんろん》』と『釈摩訶衍論《しゃくまかえんろん》』で、この〈五経二論〉が密教の基本経典となっている。

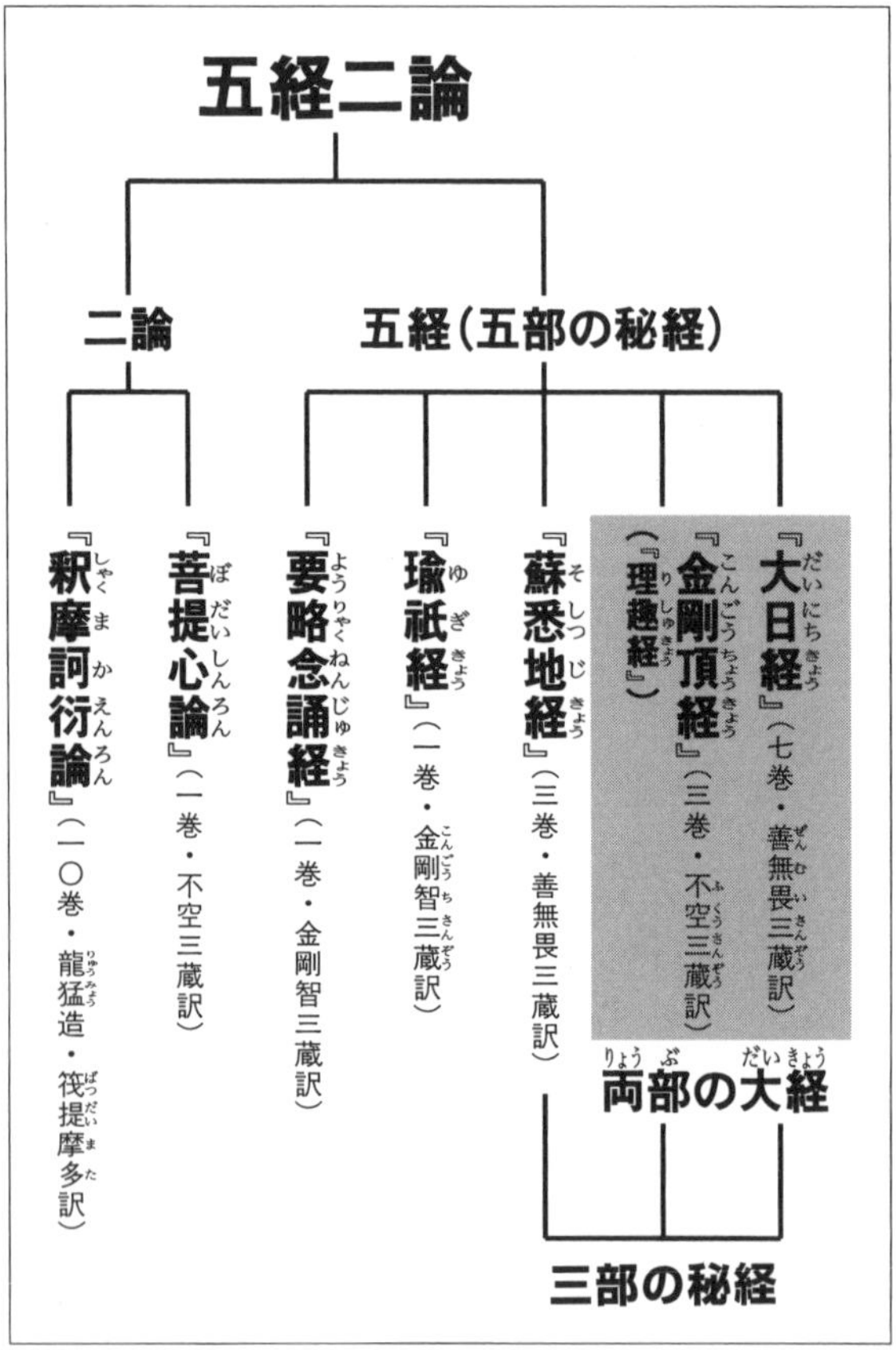
五経二論
二論
五経（五部の秘経）
『大日経《だいにちきょう》』（七巻・善無畏三蔵《ぜんむいさんぞう》訳）
『金剛頂経《こんごうちょうきょう》』（三巻・不空三蔵《ふくうさんぞう》訳）
（『理趣経《りしゅきょう》』）
『蘇悉地経《そしつじきょう》』（三巻・善無畏三蔵訳）
『瑜祇経《ゆぎきょう》』（一巻・金剛智三蔵《こんごうちさんぞう》訳）
『要略念誦経《ようりゃくねんじゅきょう》』（一巻・金剛智三蔵訳）
『菩提心論《ぼだいしんろん》』（一巻・不空三蔵訳）
『釈摩訶衍論《しゃくまかえんろん》』（一〇巻・龍猛《りゅうみょう》造・筏提摩多《ばつだいまた》訳）
両部《りょうぶ》の大経《だいきょう》
三部の秘経

『大日経《だいにちきょう》』と『金剛頂経《こんごうちょうきょう》』はともに、正純密教が生まれてまもなくの七世紀はじめから半ばにはインドで成立しており、中国へと伝えられたといわれている。

日本には、まず『大日経』が八世紀はじめに伝わり、『金剛頂経』は空海が持ち帰った。

密教の秘経といわれる『理趣経《りしゅきょう》』も『金剛頂経』系に属する。『大日経』『金剛頂経』そして『蘇悉地経《そしつじきょう》』を加えた三つの経典には密教の教えの基本と実践法が説かれていることから、それらは〈三部の秘経〉としていまも重んじられている。

『大日経』——即身成仏の理論と実践法を説く

《三句の法門》

菩提心《ぼだいしん》を因《いん》となし、
大悲《だいひ》を根《こん》となし、
方便《ほうべん》を究竟《くきょう》となす

仏の知恵を得ようとするのは、菩提心（悟りを求める心）が原因である。その原因としてまかれた種は、衆生の苦しみを救う仏の慈悲心という根幹となって発育し、やがてそれは現実の世界で実を結ぶ。つまり、菩提心の探求が最も大切である。

『大日経』は、正式には『大毘盧遮那《だいびるしゃな》成仏《じょうぶつ》神変《じんべん》加持《かじ》経《きょう》』といい、七世紀のはじめに西インドで成立したといわれる。

正純密教成立以前の雑密《ぞうみつ》の呪術《じゅじゅつ》的儀礼、瞑想《めいそう》法などを仏教思想のなかにとりこみ、成仏のための行法《ぎょうぼう》として位置づけ、体系化した最初の経典である。

『大日経』の大きな特徴は、宇宙の真理を体現する法身仏《ほっしんぶつ》である大日如来が菩薩《ぼさつ》の代表である金剛薩埵《こんごうさった》の質問に答えるという形式をとっていることだ。

内容は大きく二つに分けることができる。

全七巻のうち、第一巻では〝悟りという仏の知恵とは何か（三句の法門）〟について語られている。いわば、理論編である。

第二巻以降では、胎蔵曼荼羅《たいぞうまんだら》の描き方、加行《けぎょう》、灌頂《かんじょう》の儀礼、観法《かんぼう》といった密教の儀礼の数々が解説された実践編となっている。

この『大日経』は、成立後まもなく善無畏三蔵《ぜんむいさんぞう》によって中国に伝えられ、七二四年には漢訳され、日本にも伝わった。七三〇（天平《てんぴょう》二）年には日本で写経されたとの記録もある。

しかし、この『大日経』の漢訳には梵字《ぼんじ》が多く使われていたことから、難解で理解できる人もなく、長く顧みられることもなかった。

その大日経を大和国《やまとのくに》（奈良県）久米《くめ》寺《でら》の経蔵で発見したのが空海だった。『大日経』に心打たれた空海は、その理解のために師を求めて唐《とう》へ渡ったといわれる。

『金剛頂経』——悟りを得るための実修法を説く

『大日経』と並び〈両部の大経〉といわれるのが『金剛頂経』である。『金剛頂経』系の経典は多数存在するが、一般的には『金剛頂一切如来《こんごうちょういっさいにょらい》真実摂大乗現証大教王経《しんじつしょうだいじょうげんしょうだいきょうおうきょう》』三巻のことをさす。

『大日経』が慈悲の世界、胎蔵界を明らかにしているのに対して、『金剛頂経』は知恵の世界、金剛界を明らかにしている。

そして『金剛頂経』は、大日如来が一切義成就菩薩《いっさいぎじょうじゅぼさつ》（お釈迦《しゃか》さま）の質問に対して、悟りの内容とその悟りを得るための方法を説明するという形式をとっている。

また、『金剛頂経』に書かれた悟りの内容を示しているのが金剛界曼荼羅であり、悟りを得るための実践法が五相成身観《ごそうじょうしんかん》である。

五相成身観とは、自分の心が本来は清浄であり、その体は仏の知恵にほかならないということを悟るための観想法だ。それは、月輪《がちりん》や金剛杵《こんごうしょ》を用いて五段階の観想（思い浮かべること）を行い、仏と一体化し、自分が本来備えている仏の知恵を発見できるようにするものである。

この五相成身観に象徴されるように、全体が非常に実践的にできているのが『金剛頂経』の大きな特徴である。

『金剛頂経』が現在のようなかたちで成立したのは、七世紀半ばころの南インドであろうと推測されている。そして、不空三蔵《ふくうさんぞう》によって七四六年に漢訳された。これを日本にはじめて持ち帰ったのが弘法大師空海なのである。

《五相成身観《ごそうじょうしんかん》》

通達菩提心《つうたつぼだいしん》
（自身の体に悟りを求める心が十分に備わっていると観察する）

修菩提心《しゅうぼだいしん》
（自身の心は本来清浄であり、煩悩《ぼんのう》から離れていると観じる）

成金剛心《じょうこんごうしん》
（心に仏心を観じる）

証金剛身《しょうこんごうしん》
（自身が仏の心と同じになることを観じる）

仏身円満《ぶっしんえんまん》
（仏と自身が一体化すると観じる）

『理趣経』——欲界にありながら欲を超える知恵を説く

《『理趣経』の内容》

初段	「大楽の門」	金剛薩埵《こんごうさった》の章
第二段	「覚証《かくしょう》の法門」	大日如来の章
第三段	「降伏《ごうぶく》の法門」	降三世明王《ごうざんぜみょうおう》の章
第四段	「観照の法門」	観世音菩薩《かんぜおんぼさつ》の章
第五段	「富の法門」	虚空蔵《こくうぞう》菩薩の章
第六段	「実働の法門」	金剛拳《こんごうけん》菩薩の章
第七段	「天字輪《てんじりん》の法門」	文殊《もんじゅ》菩薩の章
第八段	「入大輪《にゅうだいりん》の法門」	転法輪《てんぽうりん》菩薩の章
第九段	「供養の法門」	虚空庫《こくうこ》菩薩の章
第一〇段	「忿怒《ふんぬ》の法門」	摧一切魔《さいいっせいま》菩薩の章
第一一段	「普集《ふじゅう》の法門」	降三世教令輪《きょうりょうりん》の章
第一二段	「有情加持《うじょうかじ》の法門」	外金剛部《げこんごうぶ》の章
第一三段	「諸母天の法門」	七母天の章
第一四段	「兄弟の法門」	三兄弟の章
第一五段	「姉妹の法門」	四姉妹の章
第一六段	「各具の法門」	五部具会の章
第一七段	「深秘の法門」	五秘密の章

『理趣経《りしゅきょう》』は『金剛頂経』十八会《じゅうはって》のなかの第六会の経典で、『大楽金剛《たいらくこんごう》不空真実三摩耶経《ふくうしんじつさんまやきょう》、般若波羅蜜多理趣品《はんにゃはらみたりしゅぼん》』が正式名。真言宗のお寺では毎日、読まれている。

仏教にとって重要なテーマである煩悩《ぼんのう》を正面から扱い、煩悩を否定することなく、人間はありのままの姿から即身成仏《そくしんじょうぶつ》できるという考え方を説いているのが、この『理趣経』だ。

『理趣経』の教えのなかでは、〈十七清浄句〉と呼ばれる一七段の教えが有名で、初段は金剛薩埵の悟りである「大楽の門」を説く金剛薩埵の章である。『理趣経』の主役は金剛薩埵だが、このなかで説かれる金剛薩埵の姿は、『理趣経』の象徴であると同時に、密教行者の理想像とされる。

著作にみる空海の思想

空海《くうかい》は生涯に数多くの著作を残している。そのなかには、密教の教えを説いたものだけでなく、文学的価値にすぐれたものも含まれる。ここでは、空海の密教の教えに関する著作のなかから代表的なものを取り上げ、空海の思想を学びとっていくことにする。

『三教指帰』

『三教指帰《さんごうしいき》』は空海《くうかい》が遣唐使の一員として唐に渡るまえに著したもので、日本初の戯曲の形式がとられている。仏教史以外の面でも高く評価されている。

また、四六騈麗体《しろくべんれいたい》という華麗な対句と古典引用を駆使し、わが国の漢文学のなかでも最高傑作といわれる。

内容は、空海自身の出家宣言書ともいえるものだが、中国の古典に学んだ数々の事柄をもとに、五人の登場人物にそれぞれの役割を負わせて、儒教・道教・仏教という三つの教えの優劣が論じられている。

そのなかで空海は、自らが悟りを開いて仏陀《ぶっだ》に到達すると同時に、ほかのすべてのものを同じ境地に導こうとする仏教の道こそが真の人生であると述べた。しかし、それでも儒教や道教を否定しない姿勢は、後年の空海の思想の原点ともいえる。

空海は『三教指帰』を他人に読ませるために書いたのではない。その序文の一部に「自分の心のなかにある本当の気持ちを表現しただけで、外部の人々に読んでもらうつもりはないのである」(現代語訳)と記している。

『弁顕密二教論』

「顕密《けんみつ》の教判」といわれるもので、唐から帰国後の空海が、顕教《けんぎょう》と密教の二つの教えを比較、論じたものである。上下二巻に分かれていて、上巻では密教と法相《ほっそう》・三論《さんろん》・華厳《けごん》・天台などの顕教とを対比させ、下巻では密教の法身仏《ほっしんぶつ》大日如来の教えを説明している。

　このなかで、空海は顕教のいう応《おう》身仏《しんぶつ》・報身仏《ほうしんぶつ》・法身仏の〈三仏身〉に対して、密教の〈四種法身〉を説く。四種法身とは、大日如来《だいにちにょらい》の位である自性《じしょう》法身、精進によって仏となった諸菩薩の位である受用《じゅゆう》法身、大日如来が地上に教えを説くために姿を変えた釈迦如来の位である応化《おうげ》法身、諸天や諸鬼神の位である等流《とうる》法身の四仏身のことである。

　そのうえで、顕教と密教の違いを次のように論じる。

●顕教の教えは、応化法身である釈迦が説いたものであるのに対して、密教の教えは宇宙の真理を体現する自性法身大日如来によって真実の言葉で説かれたものである。

●顕教では真理そのものは言葉や文字で表現できないとするが、密教においては三密の立場を通じて、真理を特殊な言葉、文字で表現することができる。

●顕教は長い修行によってのみ仏陀の境地に達せられるとするが、密教ではこの身このままで生きているあいだに仏陀の境地に到達できる。

●顕教ではすべての人間が救われるわけではないが、密教では真言陀羅《だら》尼《に》の功徳でどんな人間でも救われる。

　このようにして、顕教と密教の違いを明らかにし、最終的に、密教こそが唯一の真実の教えであり、顕教は方便《ほうべん》としての教えであると結論づけているのである。

『十住心論』

八三〇(天長《てんちょう》七)年、空海が五七歳のときに著したもので、正しくは『秘密曼荼羅十住心論《ひみつまんだらじゅうじゅうしんろん》』という。

この『十住心論』は、空海の著作のなかでも最も重要なもの。密教の教えを理論的に語ったものというより、人間が愚かなところから、最終的に密教の究極の知恵に到達するまでの一〇段階を示し、それを仏教諸宗派の教理の浅深と結びつけている点に特徴がある。

その一〇段階は以下のように説かれている。

一、異生羝羊心《いしょうていようしん》　凡夫の心が食欲と性欲だけに生きる羊のように愚かであること。六道《ろくどう》に輪廻している迷いの状態である。

二、愚童持斎心《ぐどうじさいしん》　愚かな子供が斎戒(飲食、行動を慎み、心身の穢《けが》れを除くこと)を保つようになった状態で、世俗的な倫理道徳の立場。

三、嬰童無畏心《ようどうむいしん》　悪道に落ちる心配がなくなった宗教心をもった最初の段階。

四、唯蘊無我心《ゆいうんむがしん》　自我は、五つの存在要素の和合によって仮にあるのであって、実体的な自我は存在しないと理解する段階。仏教の初門。

五、抜業因種心《ばつごういんじゅしん》　人間が避けることのできない老死の苦の原因は無明《むみょう》(無知)に始まる一二の因縁(十二因縁)の連鎖によるということを理解し、新しい苦が生じるのを除く段階。

六、他縁大乗心《たえんだいじょうしん》　ほかの衆生のことも心にかける大乗の最初の段階。菩薩《ぼさつ》の慈悲の教え。

七、覚心不生心《かくしんふしょうしん》　一切の存在は不生不滅であると悟る段階。

八、一道無為心《いちどうむいしん》　唯一絶対の立場に立ち、有為《うい》(因縁によって起こるこの世の一切の現象)を超えた段階。

九、極無自性心《ごくむじしょうしん》　一切の存在の無を知り、自性(本来備えている真の性質)を悟る顕教の究極の段階。

一〇、秘密荘厳心《ひみつしょうごんしん》　密教の立場。

この一〇段階のうち、三段階までは仏教以前の段階とし、四・五段階を小乗、六段階からを大乗として、それぞれに法相《ほっそう》・三論《さんろん》・天台《てんだい》・華厳《けごん》・真言の各宗を当てている。

また、この一〇段階のうち、前九段階を顕教、最後の第一〇段階を密教とみる〝九顕一密〞と考えることもできると同時に、煩悩《ぼんのう》も迷いも大日如来のあらわれにほかならないとする密教の立場では、前九段階も密教的真理のあらわれとして、〝九顕十密〞ととらえることもできる。

空海は密教が究極の教えであり、顕教よりすぐれていると考えていながら、顕教を否定するのではなく、包括するような姿勢をみせた。そうしたスケールの大きな思想の根本が、『十住心論』に記されている。

『秘蔵宝鑰』

『十住心論』が全一〇巻という大作であったことから、その内容を要約するかたちで書かれたのが、この『秘蔵宝鑰《ひぞうほうやく》』である。

『三教指帰』に似せて、憂国の公子と玄関法師《げんかんほっし》が仏教諸宗の批判、密教の国家などの問題について問答を交わすという構成になっているのが大きな特徴である。

内容は『十住心論』と同様に、十住心について論じられた部分が中心になっていて、基本的には『十住心論』と変わらない。

ただ、十住心のうちの一から九までの段階と第一〇段階との関わりについて語られていないために、九顕一密の色彩が強い。しかし、根底には他の宗派も否定しないという空海の考え方、九顕十密の思想が貫かれているといえる。

『性霊集』

『性霊集《しょうりょうしゅう》』は、空海の詩文や書簡、上表文などを集めたもので、正式名を『遍照発揮《へんじょうほっき》性霊集』という。八三五(承和《じょうわ》二)年ころに弟子の真済《しんぜい》によって編集された。

それらの詩文には空海のすぐれた文才が遺憾なく発揮されていて、日本人が書いた漢文としては第一級のものといわれている。文学的価値も非常に高い。

空海の思想が流麗な文章のなかに、さまざまなかたちで、またわかりやすく示されているので、空海の思想をより理解しやすい。

また、政治・経済・文化など世俗に対する空海の考え方がうかがえると同時に、嵯峨《さが》天皇などとの交流ぶりもわかり、歴史資料としても貴重なものである。

第一章をみると、朝廷や貴族と結びつき、ときには政治的な動きもした空海が、その実は深山での瞑想《めいそう》、修行を重んじていたことがよくわかる。高野山の開創に強い意欲をもって取り組んだのも、そうした心のあらわれだったのだろう。

またその一方で、ともに三筆の一人と称せられた嵯峨《さが》天皇との交流が書簡や詩文の交換のなかからうかがわれる。

空海にとって嵯峨天皇は、真言宗の後援者というにとどまらず、人間空海のよき理解者であったことが知られる。

『性霊集』は、もともと全一〇巻であったが、その後八〜一〇巻が散逸したため、一〇七九(承暦《じょうりゃく》三)年になって再び空海の遺稿が集められ、『続遍照発揮性霊集補闕抄《ほけつしょう》』が編纂《へんさん》された。

また、空海の手紙類だけを集めたのが『高野雑筆集』二巻である。

その他の著作

これまで紹介したほかにも、空海は数多くの著作を残しており、それらからは、空海の思想と幅広い才能を知ることができる。

*

『即身成仏義《そくしんじょうぶつぎ》』 大日如来はどのような仏身であるのか、我々とどんな関係にあるのかを明らかにし、本来、我々凡夫の身そのままが大日如来と同体であると論じている。密教の目的である即身成仏《そくしんじょうぶつ》の思想が語られたもの。

『吽字義《うんじぎ》』 梵語《ぼんご》に関する著作で、梵語の〝吽〟の字のなかに宇宙の真理そのものである大日如来のすべてが含まれていると論じ、〝吽〟の字は大日如来そのものをあらわしているとしている。

『般若心経秘鍵《はんにゃしんぎょうひけん》』 仏教の経典のなかで最も一般にひろまっている『般若心経』に対して、密教的な解釈を示した書である。このなかで空海は、『般若心経』を五段階に分類したうえで、二六二文字のなかに仏教各宗のすべての教えを含んでいると説き、密教は仏教のすべてを含んでいるのだから『般若心経』は密教の教えを説いていると結論づけている。

『声字実相義《しょうじじっそうぎ》』 法身《ほっしん》は説法しないという顕教の考えに反論し、世の中にあふれるあらゆる音や現象はすべて大日如来の説法であると論じたもの。

『秘密曼荼羅教付法伝《ひみつまんだらきょうふほうでん》』 二巻からなる。密教の成立とそれを伝えた付法の七祖の伝記を著したもので、空海の受け継いだ密教の系譜がわかる。

*

このほか、宗学に関する以外の著作として、文章論・詩論である『文鏡秘府論《ぶんきょうひふろん》』、それを要約した『文筆眼心抄《ぶんぴつがんしんしょう》』、中国の辞典を集めて編纂した『篆隷万象名義《てんれいばんしょうみょうぎ》』がある。

『即身成仏義』にみる空海の教え

成仏するためには、人間の寿命をはるかに超えた長い修行を必要とする旧来の仏教の教えに対して、空海《くうかい》は『大日経《だいにちきょう》』『金剛頂経《こんごうちょうきょう》』『菩提心論《ぼだいしんろん》』などを根拠にして、人間は生きているあいだに、この身このままにして成仏が可能であると説いた。

だれもが仏になれる

真言宗の教えのなかで、ほかの宗派と異なる最も大きな特徴は、この身このままで、この世において成仏するという〝即身成仏《そくしんじょうぶつ》〟にあることは間違いない。

空海《くうかい》は『即身成仏義』のなかで、真言密教の根本であるこの即身成仏について、大日如来《だいにちにょらい》とはどんな仏身なのか、私たちとどんな関係にあるのかから始まり、我々凡人も修行によって、生きているうちにこの身のままで仏になることができると説いている。

この即身成仏には、三つの種類が

六大無碍《むげ》にして常に瑜伽《ゆが》なり
四種曼荼《ししゅまんだ》おのおの離れず
三密加持《さんみつかじ》すれば速疾《そくしつ》に顕《あら》わる
重々帝網《じゅうじゅうたいもう》なるを即身となづく
法然《ほうねん》に薩般若《さはんにゃ》を具足《ぐそく》して
心数心王刹塵《しんじゅしんのうせつじん》に過ぎたり
各々五智無際智《おのおのごちむさいち》を具《ぐ》す
円鏡力《えんきょうりき》の故《ゆえ》に実覚智《じっかくち》たり

【解説】

空海は『即身成仏義《そくしんじょうぶつぎ》』のなかで、即身成仏の論理を説くにあたって、「二経一論八箇《はっか》の証文」といわれる上の偈頌《げじゅ》を示した。

これは、体《たい》・相《そう》・用《ゆう》をはじめ、即身成仏論の基本を八行の詩のなかに凝縮したものである。

大意は、「六大という宇宙の本質を象徴する構成要素は溶けあっていて、四種の宇宙の相である曼荼羅《まんだら》も離れることはない。三密、すなわち身《しん》・口《く》・意《い》の三つの働きと不思議の力のつりあいがとれたとき、悟りはすみやかに現われ、すべてに及ぶ。だれにでも一切の知は備わっていて、心の働きも限りない。その心には大日如来《だいにちにょらい》の五つの知恵と無限の知恵があり、完全な力をもつもので、あるがままに悟ることができる」という内容。

このなかの六大・四曼・三密をキイワードにして、『即身成仏義』は論じられている。

あると空海はいう。

ひとつは自分の本質は大日如来であると自覚する〈理具《りぐ》の即身成仏〉、もうひとつは仏と自分が一体になる感応道交《かんのうどうきょう》の境地になる〈加持《かじ》の即身成仏〉、最後のひとつが〝後光がさしている〟と人から拝まれる境地になる〈顕得《けんとく》の即身成仏〉である（96頁参照）。

宇宙の実体を観察すると、法身《ほっしん》である大日如来も人身である我々凡人も、体《たい》（本来の性質）、相《そう》（姿・形）、用《ゆう》（働き・活動）の三つに分けられる。体は〈六大《ろくだい》〉、相は〈四曼《しまん》〉、用は〈三《さん》密《みつ》〉である。

その体・相・用のどれをとっても、大日如来と私たちは少しも変わらない。違うのは人生の道理を悟っているか、煩悩《ぼんのう》に迷っているかだ。煩悩の迷いを解けば、私たちも大日如来と同様に仏になれるというのが、即身成仏の基本的な考え方である。

六大

五大

地	水	火	風	空	識
固体	液体	炎上	気体	空間	認識

六大は"仏"を象徴している

密教では、宇宙に存在するものすべてが体《たい》・相《そう》・用《ゆう》の三つの側面から成立していると考えている。六大とは、そのなかの「体」のこと。

宇宙がもつ本来の性質は、六つの要素、六大によって成り立っているととらえている。それは、地《ち》・水《すい》・火《か》・風《ふう》・空《くう》・識《しき》という宇宙の本質を象徴する要素のこと。

このうち「識」をのぞく五つを〈五大〉といい、物質的要素をあらわす。地は固体、水は液体、火は燃えるもの、風は気体、空は空間。

この五大に精神的要素である「識」が加わって〈六大〉になる。識は認識活動ととらえることもできるが、空海が識のことを智、覚、心ともいっているように、広い意味での精神活動と考えたほうがいいだろう。

それぞれの働きは次のとおり。地は堅い性質ですべてを保持する、水はうるおう性質で、すべてのものを受け入れる。火は暖める性質で、すべてのものを成熟させる。風は動きのある性質で、すべてのものを養う。空はほかをさまたげない性質で、すべてのものを包容する。識は分別する性質で、すべてのものを選ぶ。

私たち人間を含め、宇宙のすべてのものは、この六大の性質と働きによってこの世に生まれ、生きているのである。

この六大の考え方は、『大般若経《だいはんにゃきょう》』などにも論じられているもので、空海はそれを発展させたかたちで『即身成仏義』のなかに引用している。『即身成仏義』のなかの六大の特徴は、六大を単なる性質や働きととらえるだけでなく、大日如来の象徴であるとした点だ。これは仏の命から生まれでて、仏に還《かえ》るという真言密教の根本思想をあらわしている。

四曼

大曼荼羅（両部曼荼羅）
三摩耶曼荼羅
法曼荼羅
羯磨曼荼羅

密教の宇宙観を図にした四曼

宇宙には四つの面があると考えられ、密教ではそれを曼荼羅《まんだら》によってあらわしている。

曼荼羅とは簡単にいえば、大日如来を中心とした諸仏諸尊の配置図ということになるのだが、ただそれにとどまらず、密教が考えるところの宇宙観を図にあらわしているのが曼荼羅なのだ。

大曼荼羅・三摩耶《さんまや》曼荼羅・法曼荼羅・羯磨《かつま》曼荼羅の四つの曼荼羅があり、〈四曼〉という。

●大曼荼羅

胎蔵《たいぞう》曼荼羅と金剛界《こんごうかい》曼荼羅の二つ（両部曼荼羅）があり、そのどちらも宇宙の在り方を仏の姿であらわしたもので、大日如来を中心に諸仏諸尊が色鮮やかに描かれている。

●三摩耶曼荼羅

仏がもっている標幟《ひょうじ》・刀剣・輪宝《りんぽう》・金剛・蓮華《れんげ》などによって宇宙の姿を描いたもので、心や命など、色や形のないものを表現している。

●法曼荼羅

梵字《ぼんじ》で諸仏諸尊の種字真言をあらわしたもので、目に見えるもの、見えないものもすべてを言葉や文字によって表現している。

●羯磨曼荼羅

〝働き〟という意味の梵語「カルマ」からきており、その名のとおり、諸仏の動きを示し、すべてを止まったかたちではなく、動きによって表現している。

四種類の曼荼羅は、宇宙を別の視点から見たものであり、それぞれを分けて考えることはできない。そのため、「四種曼荼《ししゅまんだ》おのおの離れず」といわれている。

宇宙の相《そう》をあらわす曼荼羅は真言密教にとって非常に重要な存在である。

胎蔵曼荼羅

――大日如来の真実をあらわす

胎蔵曼荼羅《たいぞうまんだら》は『大日経』の教えを絵画によってあらわし、大日如来の真実(理)を示している。

正しくは「大悲胎蔵生曼荼羅《だいひたいぞうしょうまんだら》」といって、母親の子宮のなかで眠り、育まれていく子供のように、人間が本来もっている仏性の種子が、仏の慈悲によって目覚め、育ち、花を開き、最後には悟りというかたちで実を結ぶまでが描かれている。

中央の台実《だいじつ》の上に大日如来が座り、それをとりかこむように、東側の花びらに宝幢如来《ほうとうにょらい》、南側の花びらに開敷華王如来《かいふけおうにょらい》、西側の花びらに無量寿如来《むりょうじゅにょらい》(阿弥陀如来《あみだにょらい》)、北側の花びらに天鼓雷音如来《てんくらいおんにょらい》が、それぞれ座っている。この五如来は〈胎蔵界の五如来〉といわれ、密教で重んじられている。

そして大日如来をのぞく四如来には、それぞれ菩薩《ぼさつ》が寄り添っている。宝幢如来には普賢菩薩《ふげんぼさつ》が寄り添い、大日如来の菩提心《ぼだいしん》の旗をふる。開敷華王如来には文殊菩薩《もんじゅぼさつ》が寄り添って慈愛の花を咲かせている。無量寿如来には観世音菩薩《かんぜおんぼさつ》が寄り添い、無量の説法を行う。天鼓雷音如来には弥勒菩薩《みろくぼさつ》が寄り添って方便《ほうべん》で衆生《しゅじょう》に利益をもたらしている。

東西南北あわせて一三の大きな花びらには、合計四一四尊の仏たちが座って、真ん中の中台を囲み、円陣をつくっている。東側の花びらには遍知院《へんちいん》に六尊、釈迦院《しゃかいん》に四尊、文殊院《もんじゅいん》に二五尊。南側の花びらには金剛手院《こんごうしゅいん》に三三尊、除蓋障院《じょがいしょういん》に九尊。西側の花びらには持明院《じみょういん》に四尊、虚空蔵院《こくうぞういん》に二八尊、蘇悉地院《そしつじいん》に八尊。北側の花びらには蓮華手院《れんげしゅいん》に三七尊、地蔵院に九尊。

また、最外院の四隅の小さな花びらは四大護院《しだいごいん》といい、金剛神四尊が守っている。

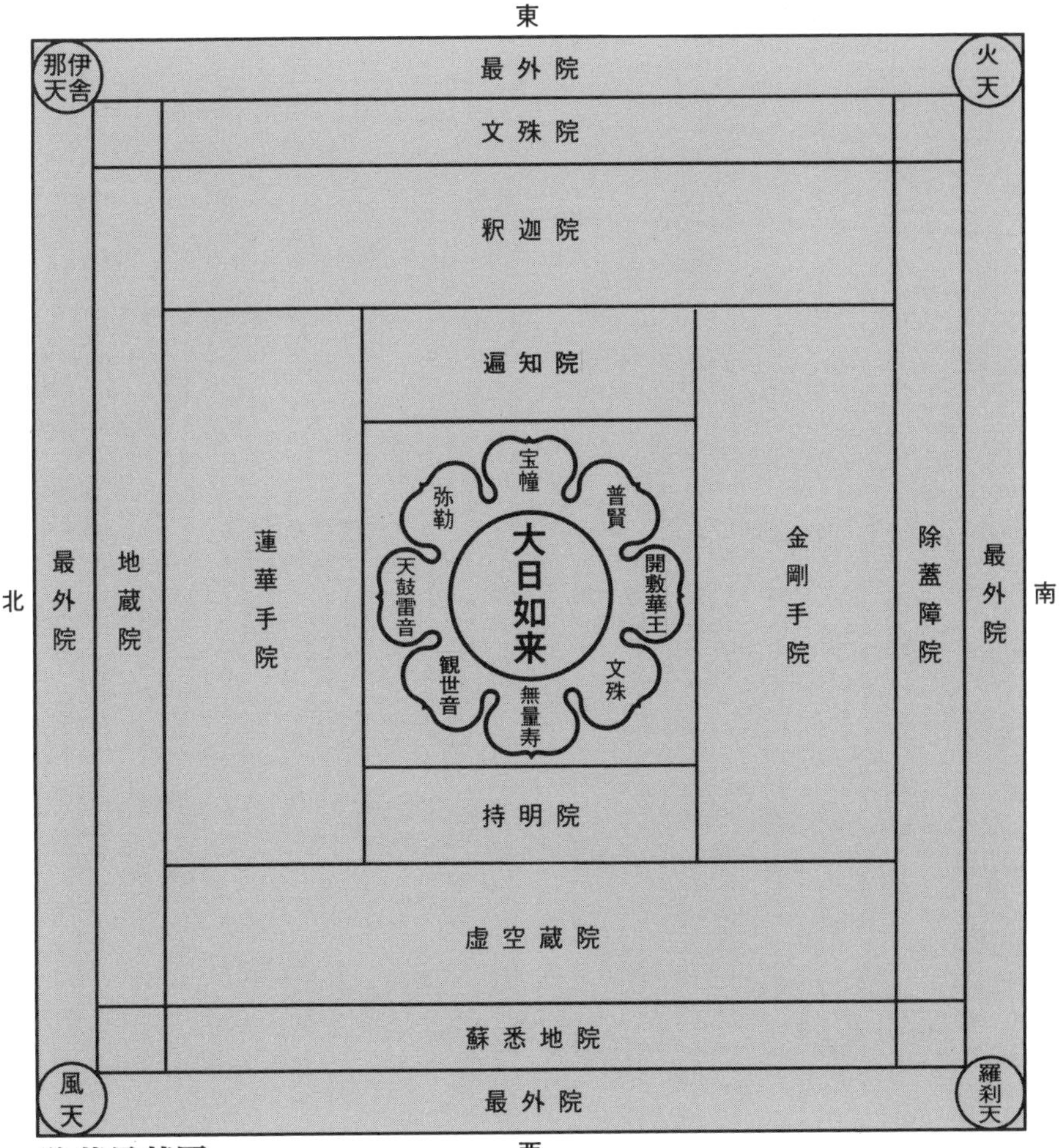

胎蔵曼荼羅

胎蔵曼荼羅《たいぞうまんだら》は、蓮《はす》の華にたとえられ、仏が宿っている子宮をあらわしている

●金剛界曼荼羅——固い悟りの心をあらわす

『金剛頂経《こんごうちょうぎょう》』の世界を絵画によって表現しているのが金剛界曼荼羅《こんごうかいまんだら》である。この曼荼羅は、九つのマスによって区切られていることから「九会《くえ》曼荼羅《まんだら》」の別名もある。

真ん中のマスが一会《え》、その下が二会で順に時計回りに続き、右下のマスが九会の降三世三昧耶会《ごうざんぜさんまやえ》となる。

マスの内側には大きな月輪《がちりん》（お釈迦さまが月を観想して悟った五相成《ごそうじょう》身観《しんかん》という瞑想《めいそう》法の象徴）があり、これを大金剛輪という。そのなかに小さな五つの月輪があり、中央の月輪に座っているのが大日如来《だいにちにょらい》で、それを囲むように四菩薩が座っている。また、東南西北の月輪にはそれぞれ阿閦如来《あしゅくにょらい》、宝生如来《ほうしょうにょらい》、無量寿如来《むりょうじゅにょらい》（阿弥陀如来）、不空成就如来《ふくうじょうじゅにょらい》が座り、大日如来とあわせて〈金剛界の五如来〉と呼ばれる。この四如来もそれぞれ四菩薩が囲み、これらをあわせて十六大菩薩と呼ばれている。

九会曼荼羅をすべてあわせると合計一四六一尊の仏さまがいるが、そのうちの一〇六一尊が一会である成《じょう》身会《じんえ》にいる。そのため、成身会は「大曼荼羅」、二会は「三摩耶曼荼羅」、三会は「法曼荼羅」、四会は「羯磨《かつま》曼荼羅」といって、それぞれ七三尊が座る。この四曼荼羅が宇宙の四面をあらわす〈四曼〉である。

そして、五会は四印会《しいんえ》といい、一から四の各会から一人ずつ菩薩がでて、マスのなかには一三尊がいる。六会は一印会《いちいんえ》といって大日如来だけが座る。七会は理趣会《りしゅえ》というが、仏の知恵の象徴である金剛薩埵《こんごうさった》をはじめ、あわせて一七尊の菩薩が座っている。八会は降三世会といい、金剛薩埵が怒りの形相をした降三世明王の姿となっている。九会は降三世三昧耶会といい、七三尊が座る。

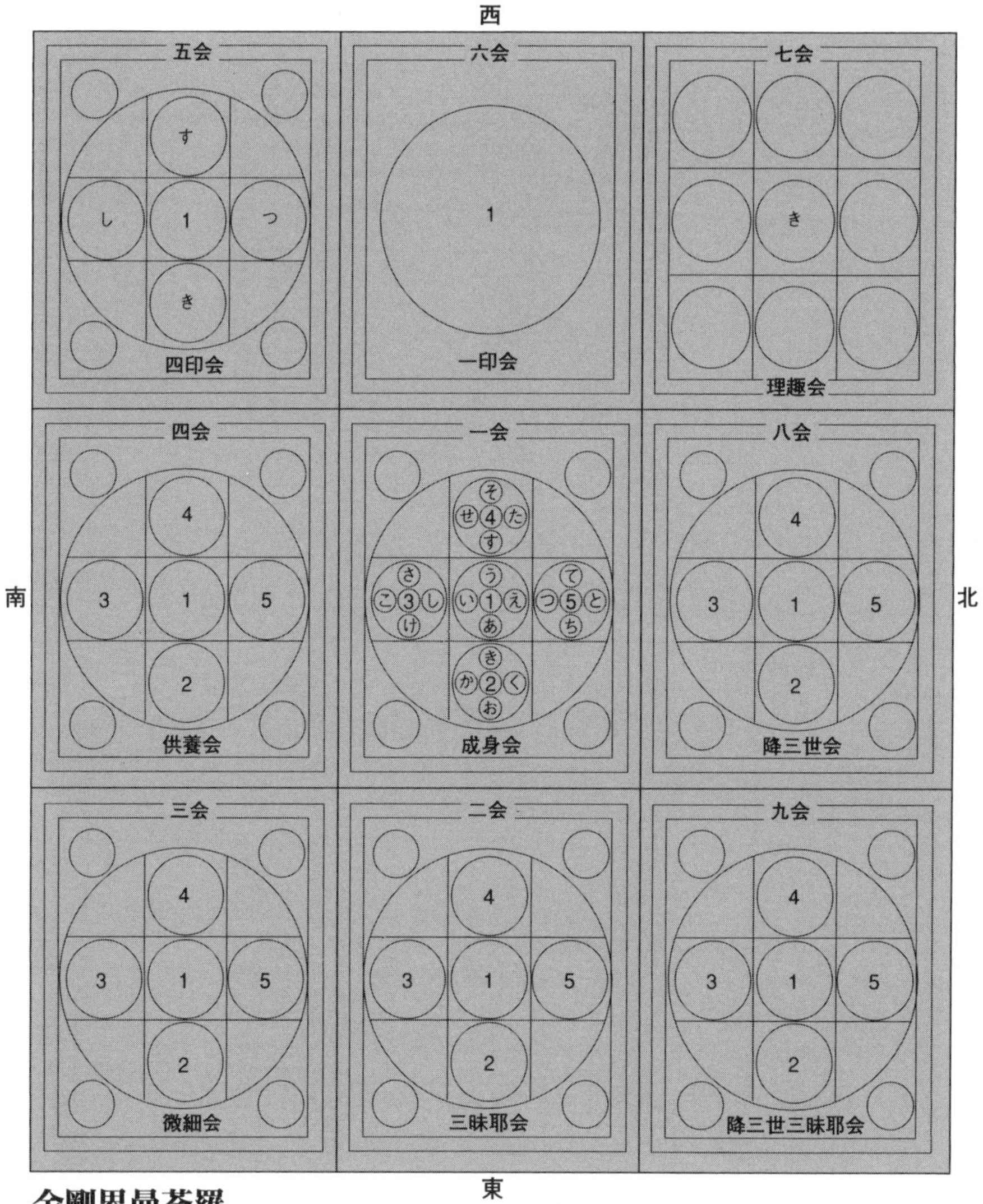

金剛界曼荼羅

五仏
1 大日如来
2 阿閦如来
3 宝生如来
4 無量寿如来
5 不空成就如来

四波羅蜜菩薩
あ 金剛波羅蜜
い 宝波羅蜜
う 法波羅蜜
え 羯磨波羅蜜

十六大菩薩
お 金剛喜
か 金剛愛
き 金剛薩埵
く 金剛王
け 金剛光
こ 金剛笑
さ 金剛幢
し 金剛宝
す 金剛法
せ 金剛利
そ 金剛語
た 金剛因
ち 金剛牙
つ 金剛業
て 金剛護
と 金剛拳

●有相の三密

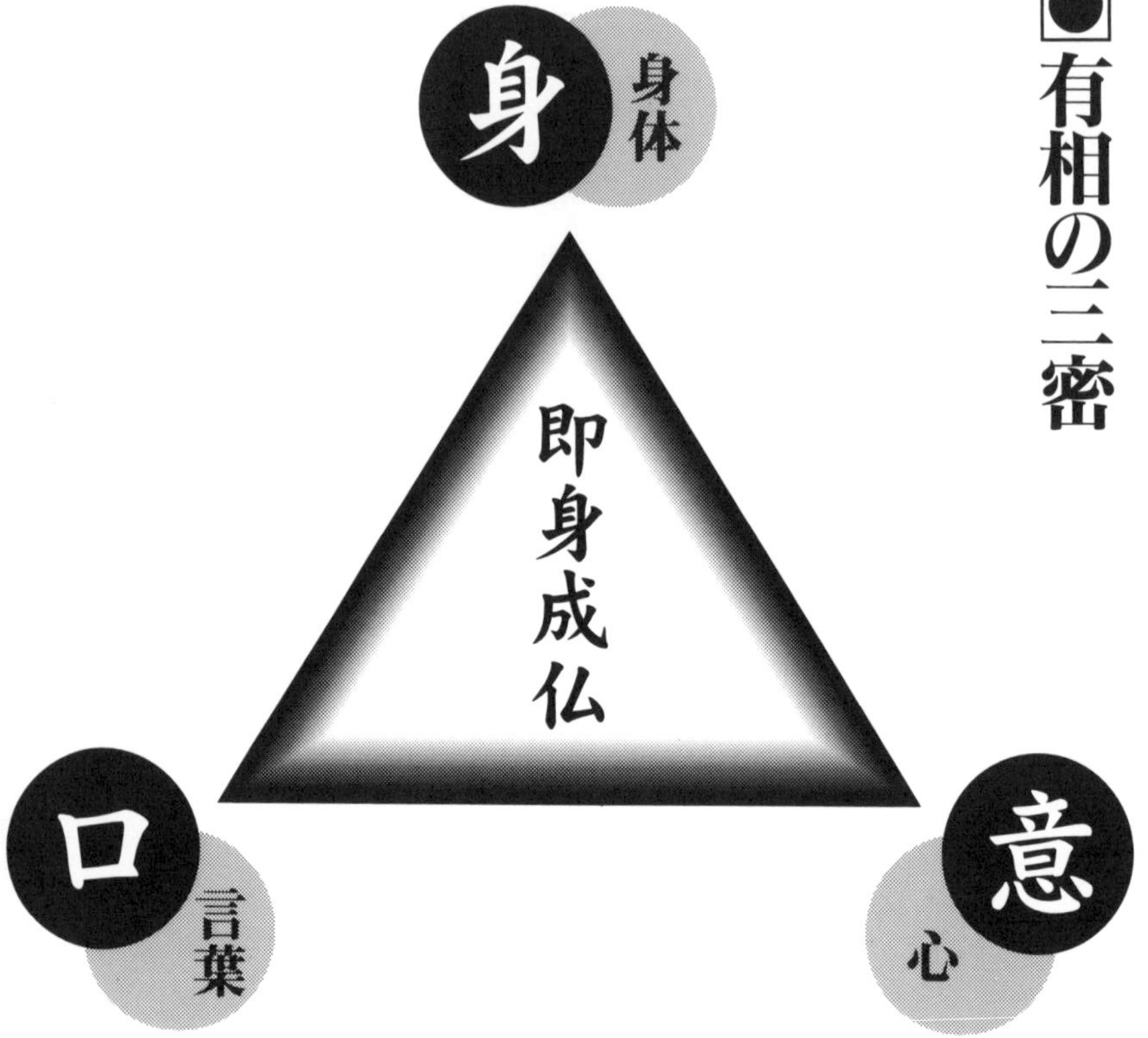

奇跡の力を得る三密行

仏教では、私たちの行いや生活は、身体・言葉・心の三つの働きから成り立っていると考える。

そして、この三つの働きはそれぞれ身業《しんごう》・口業《くごう》・意業《いごう》、あわせて〈三《さん》業《ごう》〉といい、煩悩のもととみなされていた。しかし、密教ではこれを身密・語密・意密と価値転換をし、〈三密〉と呼ぶ。これが体《たい》・相《そう》・用《ゆう》のなかの「用」である。

三密は真言密教の修行にとって重要な考え方で、手に印契《いんげい》を結ぶ身密、口に真言をとなえる語密、心に本尊を念ずる意密の三つを「三密(修行)」、または「三密加持」と呼んでいる。

修行者は三密行を積むことによって、六大や四曼であらわされる宇宙と一体となり、即身成仏ができるのである。

厳しい修行の四度加行

　加行《けぎょう》とは行を加えるということで、伝法灌頂《でんぽうかんじょう》のための特別な修行であり、密教の僧になるためには不可欠の行である。その行が四段階に分かれていることから〈四度加行《しどけぎょう》〉といわれる。

　四度加行の順序は、十八道《じゅうはちどう》、金剛界、胎蔵界、護摩《ごま》と進むのが通例であるが、ほかの流派もある。

　この四度加行の期間も、宗派や法派によって、それぞれ異なっている。行中は世間の学は禁止され、厳しい集中力が要求される。

●十八道

　十八道は、修行の基本、あるいはその土台づくりともいえる一八段階の印《いん》を修得する。

　インドでの客を迎えて歓待する方法にならって考えられたもので、本尊を招き、供養し、本尊と修行者が一体となることを目的としている。

　次のように、大きく六つの段階に分けることができる。

一、修行者自身が自らを清め、邪から自身を守る「護身法《ごしんぼう》」。

二、修行のための場所を清め、修行の場としてふさわしくする「結界法《けっかいほう》」。

三、本尊を迎えるための場所をきれいに飾る「荘厳《そうごん》道場法」。

四、本尊を道場に迎える「勧請法《かんじょうほう》」。

五、本尊を守るために道場の結界の力を強くする「結護法《けつごほう》」。

六、本尊を供養し、さらに一切を供養する「供養法」。

　十八道には、それぞれの段階の意味と効果が対応した一八個の印（十八道契印《げいいん》）がある。

　こうして印を結び、真言をとなえることにより、仏と修行者が一体となることができるようになる。

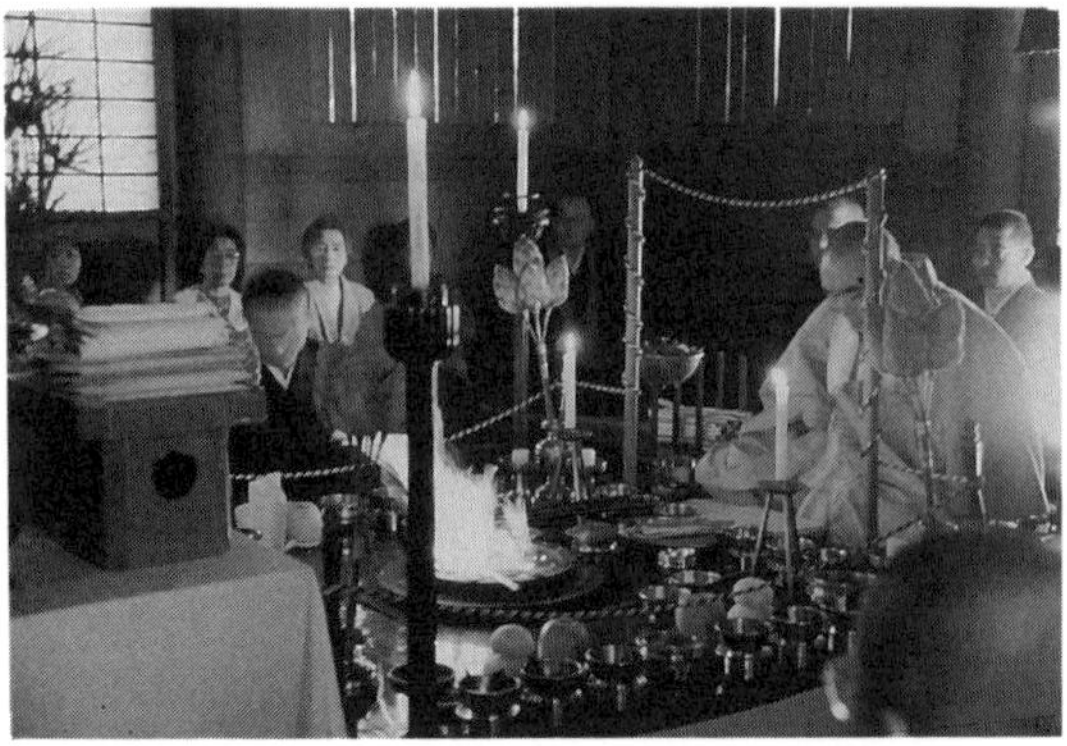

壇護摩《だんごま》の様子

●護摩

真言宗において護摩は重要な意味をもっており、修行や祈願の際に欠かすことができない。

真言宗寺院では、祈願や祭礼の際に僧侶が燃えさかる火のなかに護摩木を入れ、真言をとなえ、数珠を手に祈る姿が見られる。

護摩は、梵語《ぼんご》の「焚《た》く」という意味の「ホーマ」からきたものだが、古代インドで行われていた儀式が密教のなかに取り込まれたものともいわれている。

火は地上のすべてのもの、汚れたものまでを燃やしてしまうことから、人間の煩悩も燃やしつくしてしまうと考えられ、神聖なものと考えられたのである。

そして、この火を焚くという行護摩によって三密行が成就すると考えられるようになっていったのである（200頁「護摩供法会」参照）。

●灌頂

真言密教の修行の最終段階にあたるのが灌頂《かんじょう》である。

灌頂は、水を頭の頂にそそぐというインドで国王の即位のときなどに行われていた儀礼を密教に取り入れたもの。密教では、灌頂は教えを伝えるための作法とされ、灌頂によって法が継承されたと考える。

灌頂には大きく分けて次の三つの段階がある。

一般の信者のためのものが〈結縁《けちえん》灌頂〉で、これによって仏縁が結ばれたとされる。僧侶のための灌頂には、密教を学び、弟子になろうとする僧侶のための〈弟子灌頂〉と、修行を積み重ねてきた僧が大日如来の秘法を授けてもらうための〈伝法《でんぽう》灌頂〉の二種類がある。

灌頂には、それぞれ作法が細かく規定されていて、その規定に則《のっと》って儀式が進められていく（194頁参照）。

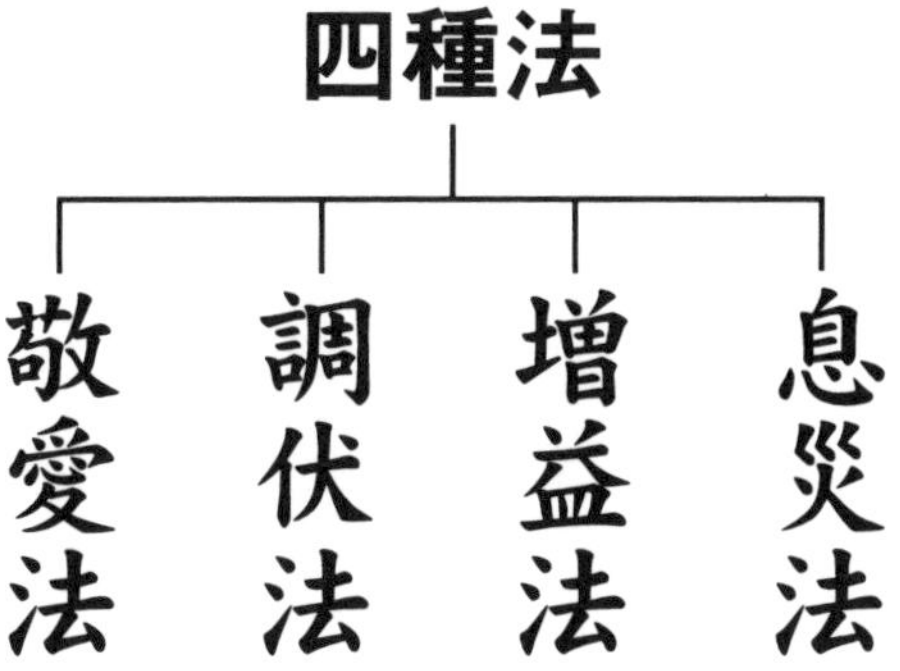

現代の生活習慣にも受け継がれる三密の秘法

三密行は真言密教の教えを学ぶうえで欠かせない修行であるが、昔の僧侶たちは三密の行を極めることによって、即身成仏の境地に達するだけでなく、奇跡や不思議を起こす力を会得したといわれている。

金剛智《こんごうち》三蔵《さんぞう》、善無畏《ぜんむい》三蔵《さんぞう》、不空《ふくう》三蔵《さんぞう》たちの偉大な教えを実践して、そのはかり知れない力の現象（法験）をあらわしたのも、三密行を極めて得た力によるともいわれる。

真言密教の僧たちも、三密行に励み、法験の力を得た。空海をはじめ、真言宗の名僧たちが勅命によって雨ごいや疫病退治のための祈祷を行い、その法験によって外護《げご》を受けて、真言宗布教の力となったと伝えられる事例も、これにあたる。

この秘法は〈四種法《しじゅほう》〉と呼ばれる行法にまとめられている。「息災法《そくさいほう》」と呼ばれるのは、災害などに遭わず、幸せに暮らせるように祈る法である。「増益法《ぞうやくほう》」は、いまよりも幸せになれるようにと祈るもので、病気平癒・健康増進・事業隆盛などの祈願がこれだ。「調伏法《ちょうぶくほう》」は心の迷いや障害などを取り除くためのもので、「敬愛法《けいあいほう》」は争っていた相手とも和解でき、相手と仲よくなるようにと祈る法となっている。

こうした法は僧侶だけでなく、修験道《しゅげんどう》の行者たちによっても行われ、民衆のあいだでも信仰され、根づいていった。

年始にお寺に初詣《はつもうで》にいって一年間の加護を祈ったり、地鎮祭、上棟式などで祈願してもらうことや家族が病気になったときに平癒の祈祷をお願いするといった習慣は、こうした僧や修験者が行っていた法が一般化して、いまも残っているものである。

阿字観

密教の教えを学び、即身成仏《そくしんじょうぶつ》に達するための方法は、三密行《ぎょう》などであるが、一般の信徒にとってなかなかできるものではない。そうしたなかで、阿字観《あじかん》はだれでもできる数少ない修行法のひとつ。阿字観によって、密教の教えを体験し、同時に仏にも近づけるのである。

阿字観本尊と月輪本尊

阿字観《あじかん》本尊は、満月の色をした月輪《がちりん》のなかに、白い蓮華《れんげ》が描かれ、その上に阿字が金色に輝いている。

月輪本尊は、満月のなかに何も描かれていないもの。

阿字観《あじかん》とは、梵字《ぼんじ》の𑖀(ア)という文字(阿字)を観想し、自分自身のなかに宿る仏を感じる観法である。

阿字は梵語五〇音字の最初の文字である。そのため、すべての文字の源、根源とみなされた。そこから、人知を超越したものをあらわし、仏の本性をあらわす梵字とされるのである。

密教にはそれぞれの仏をあらわす梵字(種字《しゅじ》)があるが、阿字は仏の本性をあらわしていることから、あらゆる梵字を代行できる別種字とも呼ばれる。

阿字観において重要なのは、阿字そのものではない。阿字は象徴であり、阿字が意味する〝本不生《ほんぷしょう》〟という仏の本質、人知を超越した力こそが大切なのだ。字にとらわれすぎずに、阿字観の修行法を体得し、実践していけば、即身成仏の境地へと近づくことができる。

●数息観

阿字観の最初の段階が数息観《すそくかん》である。腹式呼吸の要領と考えればいいだろう。

口から体のなかの息をすべて吐きだし、鼻から新しい空気を吸いこむ。そのときに空気を、胸ではなく、腹に入れるような気持ちで大きく吸いこむことである。

呼吸の際、息を吐くときにゆっくりと一、二、三と呼吸を数え、一〇までいったら、九、八、七と逆に数えて吸う。

これを繰り返すと、吐きだした空気は道場から外へと抜けでて、さらには遠くの山野にまで流れていく。その山野の新しい空気が道場に流れこんできて、それが体のなかに入ってくると観じながらまた空気を吸う。これによって心が落ちつき、次の段階に進める。

阿字観の技法(例)

一、道場(修行場所)の用意
普通の部屋でよいが、適しているのは、狭からず、暗からず明かるからざる部屋。部屋の一方に阿字観本尊を置き、その前に小机を置いて香炉をのせ、四尺(1・2メートル)ほど手前に座ぶとんを敷く。

二、三礼《さんらい》
香炉に線香を一本立てる。修行場所に立って合掌後、床に両ひざ・両ひじ・頭をつけ、手のひらをあおむけにして礼拝する。これを三度繰り返す。

三、着座
座ぶとんの上で足を組むか正座をする。背筋を伸ばして無理のない座り方でよい。

四、合掌祈念
阿字観が支障なく行われることを祈る。合掌し、「南無大師遍照金剛《なむだいしへんじょうこんごう》」と三度となえる。

五、五大願《ごだいがん》
合掌しながら五大願をとなえる。

五大願《ごだいがん》

衆生は無辺なれども、誓って度《ど》せん(救う)ことを願う。
福智(福徳と知恵)は無辺なれども、誓って集めんことを願う。
法門(仏さまの教え)は無辺なれども、誓って学ばんことを願う。
如来(仏さま)は無辺なれども、誓って事《つか》(仕える)えんことを願う。
菩提(悟り)は無上なれども、誓って証《しょう》せんことを願う。

●月輪観

数息観で心が落ちついたら、月輪《がちりん》観《かん》に移る。『金剛頂経《こんごうちょうきょう》』に「我、自心を見るに、形月輪の如し」とあるように、真言宗では人の心を秋の夜の満月にたとえてみる。

月輪本尊(または阿字観本尊)を見つめ、目を閉じて、心のなかに満月輪を思い描く。月輪の像が消えたら、また目を開いて本尊を見つめ、目を閉じて思い描く。これを繰り返す。阿字観本尊で行う場合は、月輪のなかの阿字を忘れ、月輪だけに集中するとうまくいく。

自分の心も満月のように満ち足り、清浄で輝くものでありたいと念じながら月輪を思い描きつづけ、月輪を大きくするようにしていくと、次第に自分がさらには道場や地球、宇宙までもが月輪に包まれていくように感じられるようになる。

六、大日如来の印明
合掌または外五鈷《げごこ》の印《いん》を結び、大日《だいにち》如来《にょらい》の五字の真言「アビラウンケン」を七度となえる。

七、禅観《ぜんかん》
観法《かんぼう》に入る。数息観《すそくかん》・月輪観《がちりんかん》・阿字《あじ》観《かん》の順番に行う。

八、出定《しゅつじょう》
静かに目を開き、体には手をふれずに頭からつまさきまでさするようにする。

九、回向《えこう》
合掌しながら次の文をとなえる。
願わくはこの功徳をもって
あまねく一切に及ぼし
我らと衆生と
みなともに仏道を成《じょう》ぜんことを

一〇、三礼
二と同様に礼拝して終わる。

*阿字観を実修する場合には、僧侶の指導を受けたほうがよい。阿字観本尊は、掛軸になったものが真言宗の本山などで購入できる。

●阿字観

月輪観が思うようにできるようになったら、いよいよ最終段階の阿字観に入る。阿字観には声《しょう》・字《じ》・実相《じっそう》の三つから入っていく方法がある。

●声の阿字観

呼吸のときに「阿」の声をとなえながらする観法だ。息を吐くとき、吸うときに「阿」の音をとなえて呼吸をしていると、次第に阿の音が真言に聞こえてくる。そして、阿の真言を念ずることで、阿字の象徴する本不生の世界に入っていける。

●字の阿字観

阿字そのものを観じるのが字の阿字観だ。本尊の満月輪のなかの蓮華《れんげ》座《ざ》の上にある阿字をみつめる。月輪はもともと大日《だいにち》如来《にょらい》の知恵の光明であり、私たちの菩提心《ぼだいしん》の誓願をあらわす。この月輪のなかの阿字をみつめ、胸のなかに観想するうちに、阿字はだんだん大日如来の姿となっていく。阿字が大日如来そのものと変わってくるのである。

●実相の阿字観

阿字が表示している意義を観じていくこと。阿字は不生不滅という意味をもっている。

つくられたものは壊れ、生まれたものは死ぬ。しかし、生まれる以前のものは壊れることも死ぬこともない。私たちの命は生まれて死ぬというものではなく、もともと、全宇宙の命はひとつであり、大日如来の命と我々の命はひとつなのだ。この本来の命の考え方を観じるのが実相の阿字観である。

*

阿字観は、一般の家庭でも実修が可能な修行法のひとつである。希望する人は菩提寺の住職に相談して、きちんとした講習を受けてみるとよいだろう。

即身成仏の奥義

真言宗を信仰するものにとって即身成仏《そくしんじょうぶつ》は理想である。そのための行が三密行《さんみつぎょう》であるが、〝手に印《いん》を結び、口に真言をとなえ、心を三摩地《さんまじ》に住する〟という三密行はどこでもできるものではない。しかし、形を超えた三密行によって、即身成仏の境地にいたることもできるのである。

三種類の即身成仏

真言密教の教えの根本は、修行によってだれでも即身成仏《そくしんじょうぶつ》できるというものであるが、その即身成仏には〈理具《りぐ》成仏〉〈加持《かじ》成仏〉〈顕得《けんとく》成仏〉の三つがあるとされている。

●理具成仏

理具成仏とは、我々は生まれながらにして仏であるという思想である。だからといって成仏するための修行を怠ってはいけない。

仏としての在り方を身につけるために修行が必要であり、それによって自分は本質において大日如来《だいにちにょらい》と同じであると感じられるようになっていくことだ。

●加持成仏

生まれながら仏であることを意識しつつ、即身成仏のための修行である三密行を続けていると、次第に仏と感応し、仏と自分が一体になった境地に達していく。これが加持成仏である。

●顕得成仏

さらに修行が進み、もともとそなわっている仏の徳があらわれ、後光がさすような境地になっていくのが顕得成仏なのである。

無相の三密

『切文《きりもん》』

挙手動足《きょしゅどうそく》——手をあげたり、足を動かせば

皆成密印《かいじょうみついん》——みな、秘密の印となり

開口発声《かいくほっしょう》——口を開いて、声を出せば

悉是真言《しつぜしんごん》——ことごとく真言となる

起心動念《きしんどうねん》——心を起こし、おもいを動かせば、

咸成妙観《かんじょうみょうかん》——それらはすべて、すぐれた観念となる

即身成仏

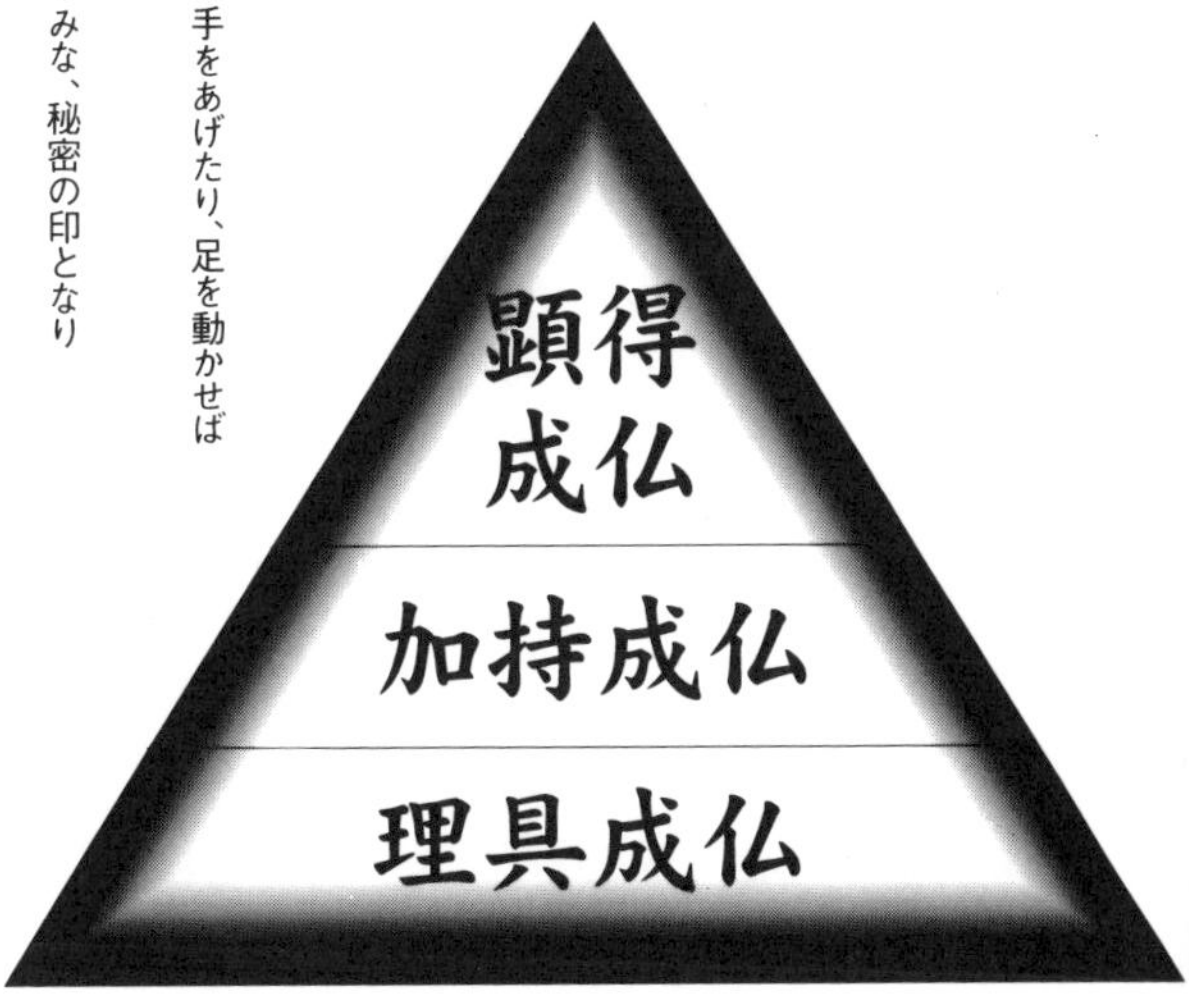

理想は〝無相の三密〟

「右ほとけ　左はわれと　おがむ手の　内ぞゆかしき　南無《なむ》のひとこえ」という歌がある。この歌は、お参りのときに手を合わせただけで、自分と仏が一体になり、心は自然に穏やかに落ちつき、口からは「南無」の言葉が出てくるという意味。これこそが日常に溶けこんだ三密行ということができる。

この日々のなかでの三密行を続けていると、いつしか、生活のなかで手を使っていることが印《いん》を結ぶことに高められ、発する言葉のすべてが真言へと発展していき、即身成仏の境地へと導いてくれる。

こうした形を超えた行を〈無相の三密〉と呼んでいる。はじめは印を結び、真言をとなえる三密行が必要だが、それが無相の三密へとつながるのが理想である。

コラム

密教の占星術

**空海《くうかい》が伝えた『宿曜経《しゅくようぎょう》』は、密教における占星術である。
修行や祈祷のときに時間設定として
用いられる技法であると同時に、
曼荼羅《まんだら》を実生活に生かすための技法でもある。**

生活の知恵となる占星術

『宿曜経《しゅくようぎょう》』の宿とは「月が宿る」という意味で、七曜・九執《くしゅう》・十二宮・二十八宿で鑑定する占星術である。

だが、単なる占星術にとどまらず、人間と宇宙の関係や宇宙の力などを神秘的な雰囲気のなかに理論化しようとした経典ともいっていい。

『宿曜経』ではさまざまな星や星座の力を神格化した仏さまが出てくるが、これは星が与える力を仏さまの力と結びつけたものといえる。

●七曜と九執

七曜は太陽・月・水星・金星・火星・木星・土星の七つの星をあわせたもので、それに彗星と謎の星である羅睺《らごう》を加えたものが九執である。

これらの星が二十八宿や十二宮と関係しあって、人間や社会に影響を与えている。

その影響を考察し、占星術として体系化したものが『宿曜経』ということになる。

●十二宮と二十八宿

十二宮は西洋占星術の一二星座に対応するもので、太陽の軌道「黄道《こうどう》」上にある星座である。一方、二十八宿は月の軌道上にある二七の星座に「牛《ぎゅう》」宿を加えた二八の星座のことだ。

十二宮

天秤宮――てんびん座
天蠍宮――さそり座
人馬宮――いて座
摩羯宮――やぎ座
宝瓶宮――みずがめ座
双魚宮――うお座
白羊宮――おひつじ座
金牛宮――おうし座
男女宮――ふたご座
巨蟹宮――かに座
獅子宮――しし座
双女宮――おとめ座

特集

密教の諸尊

真言宗では大日如来《だいにちにょらい》を主尊としているが、
さまざまな如来《にょらい》、菩薩《ぼさつ》、明王《みょうおう》などが崇拝され、
それらを本尊としてまつっている寺院もある。
それらの諸尊はすべて
大日如来の徳をあらわしていると考えられているからだ。

金剛界《こんごうかい》の五智如来《ごちにょらい》
大日如来《だいにちにょらい》を中心に右上から、時計まわりに阿閦如来《あしゅくにょらい》、宝生如来《ほうしょうにょらい》、阿弥陀《あみだ》如来《にょらい》、不空成就如来《ふくうじょうじゅにょらい》が並ぶ

如来

菩薩

明王

天

　密教では、大日如来《だいにちにょらい》は仏法そのものとされ、ほかの諸尊も大日如来が教化《きょうけ》のために化身した姿だと考えられている。お釈迦《しゃか》さまもこの世に仏法を説くために大日如来が化身して現世に現われた姿だとされている。

　諸尊は、如来《にょらい》・菩薩《ぼさつ》・明王《みょうおう》・天《てん》の四つに大きく分けられる。それぞれに役割が決まっており、如来は正しく悟りを開いた者、菩薩は悟りを求めて修行する者、明王は大日如来の使者、天はインド古来の神々で仏教の守護者である。

　真言密教では、大日如来を中心に、東に阿閦如来《あしゅくにょらい》、西に阿弥陀如来《あみだにょらい》、南に宝生如来《ほうしょうにょらい》、北に不空成就如来《ふくうじょうじゅにょらい》が配される金剛界《こんごうかい》の五智如来《ごちにょらい》がよく知られている。

　菩薩は単なる修行者ではなく、「この世で苦しみ、悩んでいる人がひとり残らず救われるまでは如来にならない」と誓い、その手には人々の身近な願いをかなえるため、さまざまなものを持っている。

　明王は恐ろしい形相で迫り、人々に菩提心《ぼだいしん》を起こさせるという。密教では重要な存在で、不動明王《ふどうみょうおう》・降三世明王《ごうざんぜみょうおう》・軍荼利明王《ぐんだりみょうおう》・大威徳明王《だいいとくみょうおう》・金剛夜叉明王《こんごうやしゃみょうおう》が五大明王として知られる。ほかに、恋愛成就の仏さまとして有名な愛染明王《あいぜんみょうおう》、お釈迦さまが姿を変えたとされる穏やかな表情が特徴の孔雀明王《くじゃくみょうおう》などがいる。

　天は、民間信仰とも結びついて、弁財天《べんざいてん》、毘沙門天《びしゃもんてん》（多聞天《たもんてん》）とその妻の吉祥天《きちじょうてん》などがよく知られる。

　真言宗では、これらの諸尊に帰依《きえ》し、ご利益を授かるために梵語《ぼんご》（インドの古代語）のままとなえる言葉を〈真言〉という。真言は、口伝《くでん》により伝えられているため、真言宗各派によって長音・濁音などの違いがあるが、菩提寺の口伝が大切である。

　また梵字《ぼんじ》一字を用いて諸尊をあらわし、それを〈種字《しゅじ》〉と呼んでいる。

◀智拳印《ちけんいん》
金剛界《こんごうかい》大日如来の印相。大日如来は５つの知恵をもつといわれ、その容易に破られない知恵をあらわしている。

法界定印《ほっかいじょういん》▶
胎蔵界大日如来《たいぞうかいだいにちにょらい》の印相《いんぞう》。あらゆる煩悩《ぼんのう》を離れ、悟りの境地にあることを示している。釈迦如来《しゃかにょらい》の禅定《ぜんじょう》印《いん》と同じ。

金剛界大日如来

バン

胎蔵界大日如来

アーク

《大日《だい》如《にょ》来《らい》》

大日如来は宇宙の真理を神格化した根本仏であり、真言密教の教主である。摩訶毘盧遮那仏《まかびるしゃなぶつ》とも呼ばれ、梵語で「偉大な光輝くもの」という意味をもつ。あらゆる徳をそなえ、永遠不滅の光でこの世を照らしている。胎蔵界《たいぞうかい》と金剛界《こんごうかい》の二つの曼荼羅《まんだら》は、密教の宇宙観である〈理〉と〈智〉の世界をあらわし、すべては大日如来の命から生まれ、育まれているという考え方を示している。その教えをわかりやすく説くために、胎蔵界大日如来は悟りの境地を示す法界定印《ほっかいじょういん》、金剛界大日如来は知恵をあらわす智拳印《ちけんいん》を結んでいる。

真言 オン　アビラウンケン（胎蔵界）

真言 オン　バザラダトバン（金剛界）

《阿弥陀如来《あみだにょらい》》

西方《さいほう》極楽浄土の主が阿弥陀如来《あみだにょらい》である。無量寿如来《むりょうじゅにょらい》ともいわれ、その寿命は限りなく、その光明《こうみょう》は十方国を照らすと考えられている。阿弥陀如来のたてた四八の誓願により、真言あるいは「南無阿弥陀仏《なむあみだぶつ》」と一心にとなえれば、死後、阿弥陀如来に導かれ、極楽浄土に生まれ変われるとされる。

真言 オン　アミリタテイセイカラ　ウン

キリーク

《薬師如来《やくしにょらい》》

飛鳥《あすか》時代から広く信仰を集め、大《だい》医王仏《いおうぶつ》とも呼ばれる。左手に薬壺を持つ薬師如来《やくしにょらい》像は、病気平癒を願ってつくられたものが多く、両脇には、その働きを助ける日光《にっこう》・月光《がっこう》両菩薩像が配されている。また、薬師如来は、衣食を満たし、悩みを解決してくれるなど、現世に利益があると考えられている。

真言 オン　コロコロ　センダリマトウギ　ソワカ

バイ

《釈迦如来《しゃかにょらい》》

紀元前六世紀に、インドの釈迦《しゃか》族の王子に生まれながら、世の無常を嘆いて、その地位も妻子も捨てて修行の道に進み、ついに悟りを開いて仏教を創始し、教えひろめたのがお釈迦さまである。大日如来の知恵の徳をあらわしており、帰依《きえ》すれば、悟りが開け、煩悩が消えるとされている。

真言 ナウマク　サマンダ　ボダナン　ハク

バク

《虚空蔵菩薩《こくうぞうぼさつ》》

この菩薩がもつ知恵と福徳は、虚空に満ちあふれているといわれている。知恵を増し、記憶力を高めるという虚空蔵求聞持法《こくうぞうぐもんじほう》は、弘法大師《こうぼうだいし》をはじめ、高僧の多くが行ったことで知られている。また、関西や東北では十三参《じゅうさんまい》りといって、一三歳の子供が厄除けと知恵を授かるためにお参りする。

真言 ノウボウ　アキャシャ　ギャラバヤ　オンアリキャ　マリボリ　ソワカ

タラーク

《文殊菩薩《もんじゅぼさつ》》

知恵の仏さまとして知られ、「三人寄れば文殊《もんじゅ》の知恵」ということわざもあるほど、なじみ深い菩薩だ。虚空蔵《こくうぞう》の知恵が学問的であるのに対し、文殊は間違った考えや邪悪な思想を断ち、迷いや無知を正して本当の知恵を与えるとされる。生活・社会的な知恵、あるいはより根元的な知恵の仏さまといえる。

真言 オン　アラハシャノウ

マン

《阿閦如来《あしゅくにょらい》》

真言宗では菩提心《ぼだいしん》をもつことの大切さを説いている。菩提心は修行者の悟りをめざす意欲を支え、困難を乗り越える勇気を与えてくれる。阿《あ》閦如来《しゅくにょらい》は日が昇る東方にいて、人々が日の出とともに菩提心をもつことをすすめている。とかく、あきらめがちな人間を力強く仏道に導いてくれるのがこの如来だ。

真言 オン　アキシュビヤ　ウン

ウーン

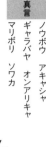

《普賢菩薩《ふげんぼさつ》》

文殊菩薩《もんじゅぼさつ》の弟にあたるともいわれ、文殊の知恵に対して普賢《ふげん》の行願《ぎょうがん》といわれる。普賢菩薩は慈悲の仏さまといわれており、増益《ぞうやく》延命の徳があるとされている。その願いはすべての人々が救われるまで尽きることがなく、お釈迦さまの教えを実践していく導きをし、我々に実践修行をすすめるものだ。

真言 オン　サンマヤ　サトバン

アン

《弥勒菩薩《みろくぼさつ》》

お釈迦《しゃか》さまに「私亡きあと、五六億七〇〇〇万年後に兜率天《とそってん》から降り、世の人々を救うであろう」と予言されたという弥勒菩薩《みろくぼさつ》は、未来を守る仏さまとされる。日本でも古くから信仰され、弘法大師《こうぼうだいし》が入定《にゅうじょう》のときに「兜率天に生まれ、五六億余年ののちに弥勒とともに下生《げしょう》する」といったことは有名である。

真言 オン　マイタレイヤ　ソワカ

ユ

《観音菩薩《かんのんぼさつ》》

あらゆる苦しみから慈悲をもって救ってくれる仏さまとして知られる。観世音菩薩《かんぜおんぼさつ》または観自在菩薩《かんじざいぼさつ》ともいわれ、その力を信じれば、聖観音《しょうかんのん》、千手観音《せんじゅかんのん》、馬頭観音《ばとうかんのん》、十一面観音《じゅういちめんかんのん》、准胝観音《じゅんでいかんのん》、如意輪観音《にょいりんかんのん》と、さまざまに姿を変えて人々に救いの手を差しのべる。西国《さいごく》・坂東《ばんどう》・秩父《ちちぶ》の観音霊場が有名で、信仰を集めている。

真言 オン　アロリキャ　ソワカ

サ

《勢至菩薩《せいしぼさつ》》

西方《さいほう》極楽浄土で阿弥陀如来《あみだにょらい》のそばに仕える勢至菩薩《せいしぼさつ》は、頭上に宝瓶《ほうべい》をもち、知恵の光で一切のものを照らしている。その威力は絶大で、足をひと踏みするだけで大魔王の宮殿さえも揺るがすほどだという。その真言をとなえると、煩悩が去り、知恵を授かり、悟りの世界に入ることができるとされている。

真言 オン　サン　ザン　ザン　サク　ソワカ

サク

《地蔵菩薩《じぞうぼさつ》》

お釈迦さまの入滅後、弥勒菩薩《みろくぼさつ》が出現するまでの無仏の時代の救いの仏さまとして知られる。大地のように大きな慈悲の心ですべてのものを育み、救ってくれるとされる。六道《ろくどう》を輪廻《りんね》する人々すべてを救うために六つの姿となって現われることから、六地蔵をまつることが一般的となっている。

真言 オン　カカカビサンマエイ　ソワカ

カ

《不動明王《ふどうみょうおう》》

怒りの形相が特徴の不動明王《ふどうみょうおう》は、仏敵を排除し、修行者を守って修行を達成させると信じられている。名前の不動は菩提心《ぼだいしん》が揺れ動かないことをあらわす。「お不動さん」と呼ばれて親しまれ、その護摩法《ごまほう》は何にでも効果があり、とくに勝負必勝、立身出世、商売繁盛などに霊験あらたかといわれている。

真言 ノウマクサマンダ　バザラ　ダン
センダ　マカロシャダ
ソワタヤ　ウンタラタ　カンマン

カーン

ギャク・ギャク

《歓《かん》喜《ぎ》天《てん》》

最後に、もっとも真言密教的な守護神を紹介しよう。

正式には、大聖歓喜双身毘那夜迦天王《だいしょうかんぎそうしんびなやかてんのう》というが、ふつうは歓喜天《かんぎてん》あるいは聖天《しょうでん》と呼ばれ、「お聖天さん」として親しまれている神様だ。

秘仏とされ、象頭人身《ぞうとうにんしん》の単身像のほかにも、象頭人身または象頭猪頭《ちょとう》の二天が相抱く双身像、多頭多臂像《たとうたひぞう》など、いろいろな姿がある。

歓喜天に祈願すれば一切の災いがなくなり、七代の富を一時に集め、男女和合、子授けのご利益があるといわれている。

だが、非常に厳格な神さまなので願をかけるときには、好物を断ち、日参りや月参りなど、約束したことは必ず守らなければならない。

また、お供えには、大根、お酒、歓喜団《かんぎだん》と呼ばれる餡《あん》入りの揚げ団子が欠かせない。大根は病気を治して健康を保ち、お酒は夫婦和合、お団子は裕福にする意味があるという。そのため、大根炊きの行事が行われているところも少なくない。

真言 オン　キリクキャクウン　ソワカ

第4章

宗門史に名を残す
「真言宗の名僧たち」

聖宝　真言宗醍醐派、当山派修験道の祖

覚鑁　新義真言宗を開いた密教の行者

俊芿　宋風を持ち帰った泉涌寺派の祖

木食応其　秀吉に信頼され、高野山をもりたてる

慈雲　釈迦時代の仏教復活をめざした正法律の創始者

聖宝

覚鑁

俊芿

木食応其

慈雲

聖宝《しょうぼう》

真言宗醍醐派、当山派修験道の祖

斬新な弁論で注目を集める

　山岳宗教である修験道《しゅげんどう》は密教と深い関わりがあり、本山《ほんざん》派（天台宗系）と当山《とうざん》派（真言宗系）の二つに大きく分かれている。その修験道当山派の祖といわれるのが聖宝《しょうぼう》である。

　聖宝は八三二（天長《てんちょう》九）年、天智《てんじ》天皇の子孫として生まれ、出家前は恒《つね》蔭王《かげおう》という名であった。生地は伝記により、京都左京の人、大和《やまと》国《のくに》（奈良県）の人、讃岐《さぬき》国《のくに》（香川県）の人など、食い違いがあってはっきりとはしない。

　王の名をもつとはいえ、朝廷の主流からははずれた家系であった。聖宝が出家したのは八四七（承和《じょうわ》一四）年、一六歳のときのこと。空海の弟真雅《しんが》の門に入ったのである。

　真雅のもとで基本の修行を終えた聖宝は、当時の多くの僧と同じく奈良仏教諸宗の教学を学ぶ。そのはじめとなったのが、三論《さんろん》宗であった。

　三論を修めた聖宝は、さらに法相《ほっそう》宗、華厳《けごん》宗の教学を東大寺において学んでいく。

聖宝プロフィール

832〜909年。理源《りげん》大師。平安時代、天智《てんじ》天皇の子孫として生まれる。俗名は恒蔭王《つねかげおう》。16歳のとき、空海の弟・真雅《しんが》のもとで出家する。真言密教とともに三論《さんろん》宗など南都仏教をも学び、頭角を現す。笠取山《かさとりやま》山頂に醍醐寺《だいごじ》を建立。そこを修行道場として密教をひろめる。貞観寺座主《じょうかんじざす》、弘福寺検校《ぐふくじけんぎょう》、東寺長者《ちょうじゃ》、東大寺東南院院主などを歴任。真言宗醍醐派、当山《とうざん》派修験道の祖といわれる。

聖宝御影『三国祖師影《さんごくそしえい》』より　東京国立博物館蔵

こうした南都仏教の修学の区切りとなったのが、八六九(貞観《じょうがん》一一)年、聖宝が三八歳のときに維摩会《ゆいまえ》の竪義《りゅうぎ》に出仕《しゅっし》したことであった。維摩会とは『維摩経《ゆいまきょう》』を講じて供養する法会《ほうえ》で、当時は南都の三大会に数えられるほどの重要な仏教行事だった。この法会のなかで学僧を試験するために行われた論議問答を竪義といった。

　聖宝が出仕した年の竪義の課題は、「賢聖義《げんじょうぎ》」と「二空比量義《にくうひりょうぎ》」だった。「賢聖義」とは賢と聖の違いや性格を論じるもので、法相宗の教学の議論でよく取りあげられた問題である。一方の「二空比量義」は大乗仏教の根本をなす〝空《くう》〟の思想をめぐる問題だ。

　当時、こうした教学上の問題を論じる場合、法相宗の教学を基本とすることが一般的であったが、聖宝は三論宗の立場からこれらを論じ、大きな注目を集めた。のちに、聖宝が真言宗の名僧として高く評価されると同時に、三論宗の僧としても重んじられたのは、この竪義が大きな理由となっていたに違いない。

師真雅との確執

　聖宝の僧としての人生は、大きく三つに分けることができるだろう。

　その第一期が真雅のもとで出家してから、南都仏教の修学に区切りがつくこの三〇代の終わりまで。ただ、この時期に聖宝がどんな活動をしていたかは、わからないことも多く、謎に包まれているといってもいい。南都仏教の修学に励んでいたため、真言宗の僧としての記録が残されていないからだ。

　とはいえ、のちに作られた聖宝の伝記『醍醐根本僧正略伝《だいごこんぽんそうじょうりゃくでん》』では、聖宝の人柄をあらわすこの時期のエピソードを伝えている。聖宝は剛胆で権威に反駁《はんばく》する気概をもった人であったらしく、鬼神が棲《す》むと恐れられ、だれも入ろうとしなかった東大寺の東僧房の一室に住みこんで、鬼神を退散させたという。

　こうした聖宝の人柄や考え方は、師の真雅とのあいだに溝をつくることになっていったようだ。

　当時、真雅は天皇の外戚として絶大な権力を持っていた藤原良房《よしふさ》に接近し、朝廷、貴族社会のなかで着々と地位を確立して、真言宗を隆盛させていった。

　だが、そうした師の活動に対して、聖宝は必ずしも肯定的ではなく、華やかな貴族社会とは一定の距離を置きたいという気持ちをもっていたと思われる。そうした考え方の相違が、師弟の確執となっていく。

　聖宝が四国を遍歴したときは、のちに醍醐寺座主《だいごじざす》となる少年観賢《かんげん》を見いだして都に連れ帰ったという有名な話が残されている。

聖宝の弟子・観賢《かんげん》御影
『三国祖師影』より　東京国立博物館蔵

一説では、四国遍歴の原因となったのは、聖宝が真雅の留守中に真雅の愛犬を猟師にやってしまったためだとされている。

しかし、これはエピソードとしてはおもしろいものの、ありそうもないことで、実際には、貴族社会との関係など、考え方の違いから、聖宝は真雅のもとを去り、大和の吉野などへ上り、山岳修行をするなかで、四国にも足を延ばしたと考えるのが妥当だろう。

醍醐寺建立

聖宝の僧としての活動の第二期は、維摩会の堅義をつとめ、南都仏教の修学に区切りがついたところから始まる。いよいよ真言宗の僧としての本格的な活動が始まるのである。八七一（貞観一三）年、聖宝四〇歳にして真雅から無量寿法《むりょうじゅほう》を受けている。

聖宝が三〇代の後半になって、真言の教学を学びはじめたというのは遅いと感じられるかもしれない。もちろん、真雅のもとで出家したのだから、それ以前にも真言の教えは学んでいたに違いないが、維摩会で堅義をつとめるまでの聖宝にとって、南都仏教の教学を学ぶことも重要なテーマであり、それに区切りがついたのち、ようやく真言宗の僧としての宗教活動が始まったということなのだ。

このころ、聖宝は真雅が京都深草に開いた貞観寺《じょうがんじ》で修行を続けていたが、笠取山《かさとりやま》（醍醐山《だいごさん》）の山頂に草庵《そうあん》を構え、准胝《じゅんでい》・如意輪《にょいりん》両観音の加持《かじ》を行って、本尊の造立とお堂の建立を始める。三年後には准胝堂が完成、両観音像もできあがった。これが真言宗醍醐派総本山醍醐寺《だいごじ》である。

聖宝と笠取山頂の地との出合いについては、こんな話も伝えられる。

自身の宗教活動の拠点となる地を探し求めていた聖宝は、霊地を授けられるように七日間祈りつづけたところ、笠取山に五色《ごしき》の雲がたなびくのが見えた。あの山こそが霊地に違いないと確信した聖宝が山に登っていくと、翁《おきな》（老人）が現れて、湧き水を飲んで「これこそ醍醐味《だいごみ》かな」と感嘆した。

聖宝がその翁に、「この山に寺を建てて、仏法をひろめたいと思うがいかが考えられるか」と質問したと

醍醐寺《だいごじ》の伝法院《でんぽういん》大講堂。聖宝の建立した醍醐寺は、八十余塔の堂塔がある巨刹

ころ、その翁はこう答えたという。
「この山は仏が修行なさったところであり、諸天が仏をおまもりし、仏がさまざまな奇瑞をあらわされたところである。また、ここはすぐれた神々のおられたところであり、功徳の集まる林である。ここは竜華《りゅうげ》が開くときまで法灯が続いて絶えることなく、鶏足山《けいそくせん》に弥勒菩薩《みろくぼさつ》が現れるまで僧侶たちが栄える場所なのである。かくいう私はこの山の地主神である。この山は貴僧にさしあげよう。仏法をひろめ、人々を救うために使っていただきたい。そうすれば、私もあなたをまもるであろう」

　南都での修学時代に山岳修行を行っていたといわれる聖宝は、このころも、山に分けいって修行をしていたに違いない。そのなかに笠取山もあり、気に入って、醍醐寺建立へとつながったのだろう。

　醍醐寺を自身の活動の拠点とした聖宝は、真言宗の僧としての地位を確実に高めていく。八八〇(元慶《がんぎょう》四)年には、空海の甥である真然《しんぜん》から両部の大法を受け、八八四(同八)年には、伝法灌頂《でんぽうかんじょう》を受け、阿闍梨《あじゃり》位にのぼった。

　こうした醍醐寺を中心とした活動の一方で、聖宝は山岳修行の確立にも力を入れる。『醍醐根本僧正略伝』によると、聖宝は吉野金峯山《きんぶせん》にお堂を建て、如意輪観音、多聞天《たもんてん》、金剛《こんごう》蔵王《ざおう》菩薩の像を造って安置したとされている。この記事は年次がはっきりと書かれていないが、醍醐寺建立以降のことであることは間違いない。聖宝と金峯山にまつわる伝説はいくつも残されているが、いずれにしても、南都での修学時代以来、山岳修行に傾倒していた聖宝は、真言密教と結びつけることによって、山岳修行に新たな形と意味を作ることとなったのである。

真言宗の指導者として

　醍醐寺を拠点として修行に励んできた聖宝だが、六〇歳前後になって、真言宗の指導者的な役割を果たすようになっていく。これが第三期である。

　八九〇(寛平《かんぴょう》二)年、聖宝は真雅の入滅後、一〇年以上空席となっていた貞観寺《じょうがんじ》の座主に任ぜられる。また、八九四(同六)年には、弘福寺《ぐふくじ》の検校《けんぎょう》ともなる。弘福寺は真言宗にとって

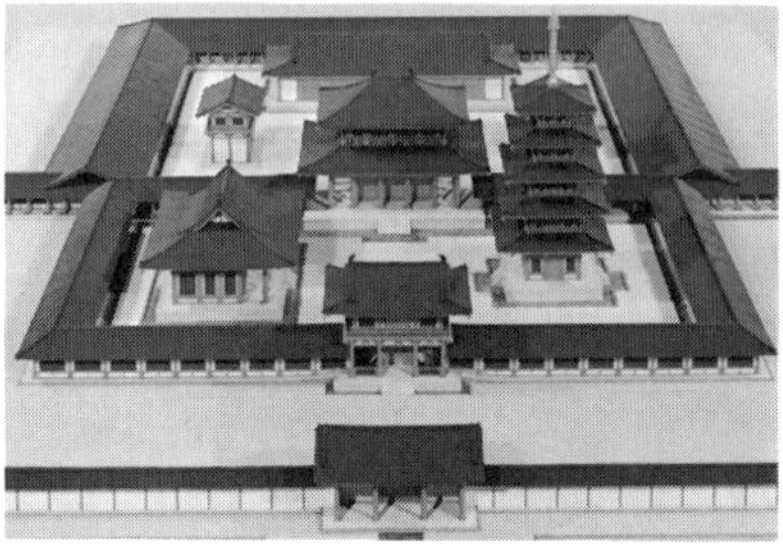

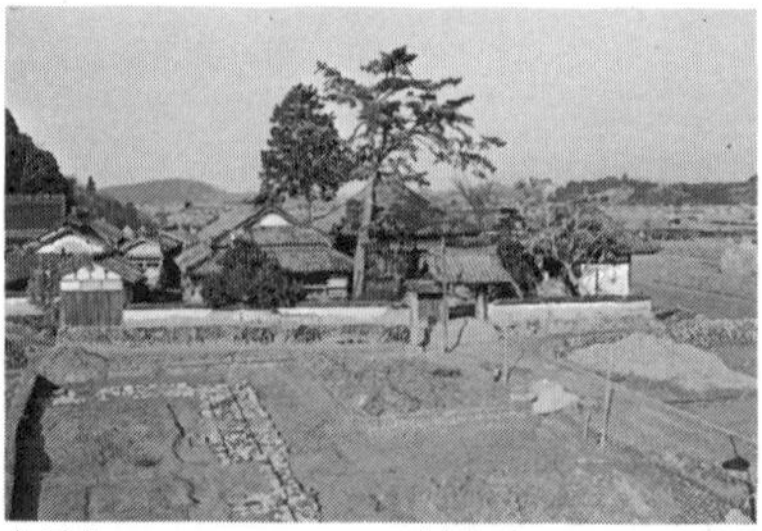

弘福寺《ぐふくじ》(奈良県明日香村)は川原寺《かわらでら》ともいわれ、白鳳《はくほう》時代建立の由緒ある寺だ。832(天長《てんちょう》9)年、空海が嵯峨《さが》天皇から賜り、真言宗寺院となった。左は、白鳳時代の復元模型

重要な寺院で、その検校職は宗祖弘法大師や真雅もつとめている。この年には、仏教界を統括する僧官、法務の次官役ともいうべき権法務《ごんのほうむ》にも任じられた。

　さらに、八九五年(同七)年には東《とう》寺長者《じちょうじゃ》のひとりとなり、翌年には東寺の別当《べっとう》を兼務することとなった。東寺は高野山と並ぶ真言宗の中心である。文字どおり、聖宝は真言教団の中心的役割を果たす存在となったのである。

　そして、九〇一(延喜《えんぎ》元)年には、大僧都《だいそうず》となり、権僧正《ごんのそうじょう》にも任じられている。

　こうして名実ともに高僧となった聖宝は、朝廷の法会などを執り行う一方、活発に造像を進め、各地の寺院に安置していった。ここで注目すべきは、聖宝が造った像をみると、如来像などよりも観音像や諸天像が多いことである。権威におもねることを嫌い、山岳修行に情熱を傾けた聖宝らしく、その造像も土着信仰との結びつきの強い観音像や諸天像が中心となったのであろうか。

　聖宝が南都での修学時代に、三論宗を学び、三論宗の僧としても重んじられたことは以前にも触れたが、九〇五(同五)年、東大寺東南院の院主となった聖宝は、ここを三論宗の教学の中心とした。その後、東南院は三論宗の拠点として多くの書物が集められ、日本の仏教史に大きな役割を果たすことになる。

　九〇九(同九)年、聖宝は朝廷の後《ご》七日御修法《しちにちみしほ》をつとめるが、これが朝廷での最後のつとめとなってしまう。すでに七八歳となった聖宝の健康は悪化し、陽成《ようぜい》上皇、宇多《うだ》法皇、右大臣源光《みなもとのひかる》などの見舞いもむなしく、この年七月六日、入滅したのである。

覚鑁《かくばん》

新義真言宗を開いた密教の行者

八歳で発心、仏道をめざす

興教大師覚鑁《こうぎょうだいしかくばん》は一〇九五（嘉保《かほう》二）年、肥前国藤津荘《ひぜんのくにふじつのしょう》（佐賀県鹿島市）で生まれた。幼名を弥千歳麿《やちとせまろ》といった。父の伊佐平次兼元《いさへいじかねもと》は、仁和寺成就院《にんなじじょうじゅいん》の荘園《しょうえん》である藤津荘の荘司《しょうじ》であり、武勇の誉れの高い人で、少年覚鑁は父を非常に尊敬し、誇りに思っていたという。

ある日、そんな父のもとに国司の使いが租税の催促にやってきた。その使者は横柄《おうへい》きわまりない態度をとっているにもかかわらず、父はその態度をたしなめようとしないばかりか、丁重に応対している。

不審に思った少年覚鑁は、たまたま家に滞在していた僧に、「なぜ、父はあのような態度をとるのか」と

覚鑁上人坐像　佐賀・誕生院《たんじょういん》蔵

覚鑁プロフィール

1095～1143年。興教《こうぎょう》大師。平安時代に肥前国《ひぜんのくに》（佐賀県）に生まれ、13歳で京都の仁和寺《にんなじ》に入り、奈良の興福寺《こうふくじ》、東大寺などで学んだのち、高野山《こうやさん》に上る。27歳で仁和寺の寛助《かんじょ》から伝法灌頂《でんぼうかんじょう》を受ける。高野山に大伝法院《だいでんぼういん》を建立、伝法大会《だいえ》を復活させる。40歳のときに金剛峯寺《こんごうぶじ》と大伝法院の座主《ざす》を兼任するが、金剛峯寺衆徒の反発から紛争に発展、高野山を下り、紀伊国《きいのくに》（和歌山県）根来《ねごろ》に移る。根来寺は新義真言宗の本拠となる。

たずねた。すると僧は、「国司の使者にどうして逆らうことができようか」と答えた。

続けて「それなら、だれなら使者に逆らえるか」とたずねると、「国司だ。肥前国で国司の命令を聞かないものはいない」という答えが返ってきた。

「これまでどれだけ身分の高い人でも父に従うと思っていたが、父の上に国司がいたのか」と覚鑁は驚いた。

すると僧は「国司も絶対に尊いのではない。大臣の命令には従わねばならない。その大臣も天皇の命令には従わねばならない。天皇は四海でもっとも尊い方である」という。

そこで少年覚鑁は「天皇よりも尊い方はいるのか」とたずねる。

「神道・天界があり、天皇といえどもその支配を受ける」と僧。

重ねて、「神・天以上のものはあるか」とたずねる。

「ある。仏である。仏以上の者はいない。だから、無上世尊というのだ」と答えた。

少年覚鑁が、「くわしいことを聞かせてください」と頼むと、僧は三身二教(法《ほう》・報《ほう》・化《け》という三つの仏の身の存在と、仏の教えは顕教《けんぎょう》と密教の二種類があること)などを簡単に語ったうえで、「子供にわかることではない」という。

覚鑁がそれならと、「この世の人で仏の位に上ることができるのか」とたずねたところ、「頭をそり、墨染めの衣を着ている者はすべて仏教徒である。そのなかで修行に励む者は必ずその位を得ることができる」という。

「その人はどこにいるか。その人について仏道をめざしたい」という覚鑁に僧は、「紀州《きしゅう》(和歌山県)の高野山《こうやさん》は弘法《こうぼう》大師入定《にゅうじょう》の地である。そこに定尊阿闍梨《じょうそんあじゃり》という方がいて、教えにくわしい。そなたはそこに行くがいい」とすすめた。これが覚鑁の出家したそもそものきっかけとされる伝説のひとつである。

このほかにも覚鑁の出家の動機として、問答の相手が兄であったり、兄から大日如来《だいにちにょらい》のことを教えられたことがきっかけになったなど、いくつかの伝説が残されている。

伝説によって、覚鑁の発心《ほっしん》(仏を信じる心になること)したきっかけには違いがあるものの、そのときの年齢はだいたい八歳前後といわれ、覚鑁少年は朝夕、花をとってきて仏にそなえ、水をくんで壇にそなえるというおつとめを続けたという。

覚鑁が実際に出家したのは一三歳のときだ。覚鑁の父が荘司をしていた荘園の本家である仁和寺成就院の寛助《かんじょ》の弟子慶照《けいしょう》が、肥前国を訪れた際に少年覚鑁を認め、ほかの二人の少年とともに仁和寺成就院に連れて

覚鑁上人画像　神奈川県立金沢文庫蔵

帰ったのである。慶照は寛助の命《めい》を受けて、すぐれた弟子を探す役目だった。

　仁和寺成就院の開祖である寛助は当時、仁和寺の別当もつとめていた名僧で、大北斗法《だいほくとほう》、孔雀経法《くじゃくきょうほう》などを宮中で何度も行い「法の関白」とも呼ばれた人物だ。

　覚鑁ら三人の少年を迎えた寛助は、三人を呼び、各自の扇子を櫃《ひつ》のなかに入れさせたあと、「このなかに仏法にすぐれた者がいるなら、その扇子をとらせてください」と祈って、一本の扇子を手にとると、その扇子には「仏は大日、法は真言、所は高野、高野には定尊」と書かれている。

　そこで「これはだれの扇子か」と問うと、覚鑁が「私のものです」と答えた。

　その覚鑁少年の聡明そうな面立ちをみて、寛助は祈りがかなえられたと感嘆し、喜んだという。

南都で基礎教学を学ぶ

　こうして一三歳で、仁和寺成就院の寛助のもとにやってきた覚鑁は、仏教の修学を始める。まず、最初の一年は仁和寺で基礎を学び、その後三年間、南都興福寺《こうふくじ》で倶舎《くしゃ》論、唯識《ゆいしき》論などを学ぶことになる。

　一一一〇（天永元《てんえい》）年、仁和寺成就院に戻った覚鑁は、寛助にしたがって得度し、ここではじめて正覚房《しょうがくぼう》覚鑁となった。

　覚鑁が三年間の南都留学から成就院に戻ったことについてはいくつかの伝説が残されている。そのひとつは、覚鑁の付き添いとして南都に赴いていた円林房《えんりんぼう》の夢に弘法大師空海《くうかい》が現れ、「わが法を継ぐべき者をいつまでもこの地にとどめるな」と叱ったというものである。

　もうひとつは、覚鑁の夢に興福寺の守神である春日《かすが》大明神が現れ、覚鑁を膝に抱き上げると、「おまえは仏法のすぐれた器であるが、わが寺の宝とはなるまい。他山で仏法を興隆せよ。わが宗である法相《ほっそう》宗を破ってはならない。それを守れば自分はまた他山に通ってお前の仏法をまもろう」といい、涙を流した。覚鑁が夢からさめてみると、袖には涙の露が残っていたというものだ。

　仁和寺成就院で得度《とくど》した覚鑁は、再び二年間の南都留学へ出る。今度は東大寺で三論《さんろん》宗、華厳《けごん》宗を学んだ。そして、一一一二（同三）年に仁和寺成就院に戻り、いよいよ本格的な密教修行が始まった。

壮絶な高野山での修行生活

覚鑁が高野山に上り、修行を始めたのは、一一一四（永久《えいきゅう》二）年一二月のことである。覚鑁の高野山での修行で、大きな影響を与えた人物として、青蓮《しょうれん》と明寂《めいじゃく》の二人を忘れてはならない。

青蓮は高野山に上った覚鑁を最初に出迎えた人物だが、霊験がすぐれ、小権現《しょうごんげん》と呼ばれていた。この青蓮で見逃せないのは、彼が当時流行しはじめていた念仏往生の信仰をもっていたことである。のちに、覚鑁が真言念仏思想をもつようになったのも、このときの青蓮との出会いがあったからと考えられる。

高野山に上った翌年の二月、覚鑁はもう一人、大きな影響を与えられた明寂を五《ご》の室最禅院《むろさいぜんいん》に訪ねた。

明寂は当時、金剛峯寺《こんごうぶじ》の検校《けんぎょう》をつとめていた良禅《りょうぜん》の弟《おとうと》弟子にあたる人だが、すぐれた密教行者として知られていた。

覚鑁と対面した明寂は覚鑁の才能を見抜き、最禅院の別房に一室を与えて住まわせ、真言の奥義を伝授する。二人の密接な関係は、最禅院がその後焼失したのちも、西谷《にしのたに》の大蓮《だいれん》房長智《ぼうちょうち》の坊に場所を移して一一二一（保安《ほうあん》二）年、覚鑁二七歳のときまで続き、覚鑁は明寂から虚空蔵求聞持《こくうぞうぐもんじ》法《ほう》の修行において多大な影響を受ける。

覚鑁の高野山での修行は壮絶なものだったといわれている。二二歳から二七歳のあいだに、許可灌頂《こかかんじょう》を三度、伝法《でんぽう》灌頂を八度受け、虚空蔵求聞持法を七度行っている。虚空蔵求聞持法とは、虚空蔵菩薩の真言を一日一万回を一〇〇日間、あるいは一日二万回を五〇日間となえるというものである。

厳しい高野山での修行を続けていた覚鑁は、同年九月、仁和寺において師の寛助から金剛界、胎蔵《たいぞう》界の灌頂を受け、阿闍梨《あじゃり》の位に上がる。さらに、醍醐《だいご》理性院《りしょういん》で賢覚《げんかく》から灌頂を受けるときに、求聞持法の伝授も受けている。

それまで高野山で七度の求聞持法を行いながら、その成果に満足していなかった覚鑁にとって、賢覚からの求聞持法の伝授は大きな意味があった。一一二三（同四）年、九度目の求聞持法によって、覚鑁はついに悟りを体験するのである。

大伝法院建立

一一二六（大治《たいじ》元）年、覚鑁はその地の豪族平為里《たいらのためさと》から紀伊国《きいのくに》石手荘《いしでのしょう》（和歌山県岩出市）の土地を寄進され、神宮寺を建立する。これが根来寺《ねごろじ》の開創といえる。

その後、覚鑁は鳥羽《とば》上皇の帰依《きえ》を受けることになるが、そのきっかけとなったのは、一一三〇(同五)年に華蔵院《けぞういん》聖恵親王《しょうけいしんのう》が高野山に上られた際に、青蓮のなかだちで面会したことがきっかけであった。

覚鑁は翌年、鳥羽上皇に大伝法院の建立を願いでて、自らの入定の場としての密厳院《みつごんいん》を創始した。大伝法院は一一三二(長承《ちょうしょう》元)年に完成し、

奈良長谷寺《はせでら》の興教大師堂。祖師堂ともよばれ、中興の祖である覚鑁の像が安置されている。

鳥羽上皇自ら、落慶《らっけい》供養をつとめている。

大伝法院の建立は、覚鑁にとって、伝法大会《でんぼうだいえ》を復活させるという夢の実現でもあった。伝法大会は八四七(承和《じょうわ》一四)年に空海の高弟実恵《じちえ》が始めたものだが、いつしか消滅していた。覚鑁はその由緒ある伝法大会を復活させ、密教の教理・教学の研鑽《けんさん》の場としようとしたのだ。

こうした覚鑁の精力的な活動に対し、鳥羽上皇は積極的に庇護《ひご》していく。大伝法院を勅願寺としたことなどは、その代表である。

こうした鳥羽上皇の援助は、高野山の改革を進めようとする覚鑁にとって、大きな力であると同時に、諸刃の剣になりかねない危険も秘めていた。

鳥羽上皇は伝法大会の領所として、弘田・山東・岡田・山崎・相賀・渋田の六つの荘園を下賜《かし》したが、元来、山崎と渋田の二つは高野山の領所であり、大伝法院領とはなりえないはずである。そのため、のちに本寺である金剛峯寺《こんごうぶじ》と末寺である大伝法院とのあいだで本末をめぐる確執が起こることにもなる。

また、上皇の庇護のもと、大伝法院を建立し、多くの荘園の寄進を受けるなど、大きな成果を上げていく覚鑁に対しては、金剛峯寺ばかりでなく、東寺《とうじ》や南都の寺や僧からも嫉妬が集まっていた。

そうした嫉妬が表面にあらわれてきたのが、金剛峯寺座主《ざす》をめぐる問題である。そのころ、金剛峯寺座主は東寺の長者が兼務していたが、覚鑁は金剛峯寺座主は高野山在住の者がつとめるべきだと考え、金剛峯寺座主は大伝法院座主を兼ねるよう鳥羽上皇に進言した。

その結果、鳥羽上皇は院宣《いんぜん》を下し、一一三四(長承三)年、覚鑁の推薦ど

和歌山根来寺《ねごろじ》のきりもみ不動。覚鑁が高野山で暴徒に襲われたとき、その危機から救ったと伝えられる身代わり不動を移したとされる

おり、持明院《じみょういん》の真誉《しんよ》を金剛峯寺と大伝法院の座主の座につけた。

しかし、金剛峯寺の衆徒からは、真誉を推薦したのは、覚鑁がいずれ自分がその座につくための策略だという非難が起こった。しかも、その年のうちに真誉が両座主職を覚鑁にゆずったから、金剛峯寺衆徒の不満は一気に爆発する。

翌年の正月、金剛峯寺の衆徒と東寺の僧綱が鳥羽上皇の院庁に訴えでるという事態に発展したのである。この状況を憂慮した覚鑁は、一一三五(保延《ほうえん》元)年、金剛峯寺座主を辞退、密厳院にひきこもった。

しかし、これで混乱が収拾したわけではなかった。

密厳院にとじこもったまま姿を現さない覚鑁に、金剛峯寺の衆徒は業を煮やし、「覚鑁はすでに死去しているにもかかわらず、弟子たちがそれを隠している」といいふらすこととなった。

これ以上、隠遁《いんとん》していては災いを引き起こすだけだという弟子の進言もあり、覚鑁は一一三九(同五)年、春の伝法大会に姿を現し、密教の教義について講義した。

だが、再び覚鑁が密厳院に引きこもってしまったために、翌年の一二月になって、武装した金剛峯寺の衆徒たちが大伝法院と密厳院に乱入する事件が起こった。

金剛峯寺方と伝法院方のあいだで、激しい戦いが起こり、金剛峯寺方が覚鑁の姿を求めて、密厳院に入りこんできた。

この争いにまつわるエピソードが残されている。密厳院の内陣に走り込んだ金剛峯寺の衆徒は、覚鑁の姿を必死に探すが見つからない。すると、壇上に同じ形相をした不動明王《ふどうみょうおう》が二体ある。

そこで槍を突き刺し、血が出たほうが覚鑁であるということになり、暴徒が槍を突き刺したところ、両方の不動明王像の膝から血が吹きだした。それを見た暴徒は恐れ、驚いて退散したという。

事態がここまで発展したことに覚鑁は嘆き、ついに伝法院方の衆徒七〇〇人とともに高野山を下り、石手《いしで》荘《しょう》根来《ねごろ》へと移ったのである。

根来寺での覚鑁

金剛峯寺の衆徒によって大伝法院が破壊され、覚鑁が高野山を去ることを決意したこの事件の報告を受けた鳥羽上皇は驚き、事件の中心人物であった金剛峯寺衆徒たちを断罪し、覚鑁に高野山に帰るよう院宣を下すが、覚鑁が高野山に上ることはついになかった。

　根来に移った覚鑁は、山東荘《さんとうのしょう》に矢《や》田山明王寺《たさんみょうおうじ》を建立した。さらに、鳥羽上皇から蓮華王院《れんげおういん》の新御所を賜り、円明寺《えんみょうじ》を興した。

　根来での覚鑁は、求聞持法を行ったり、弟子たちに空海の著書『十住心論《じゅうじゅうしんろん》』『即身成仏義《そくしんじょうぶつぎ》』『声字実相義《しょうじじっそうぎ》』などについて講義するかたわら、自らも『五輪九字明秘密釈《ごりんくじみょうひみっしゃく》』『一期大要秘密集《いちごだいようひみっしゅう》』を著す。

　だが、根来でも覚鑁には平穏な日々は訪れなかった。一一四二(康治《こうじ》元)年九月、根来の荘園に地方役人が乱入して収穫を押収したばかりでなく、僧を捕まえ、寺の物資を押収するという事件が起こったため、八月から開催されていた伝法大会は中断せざるをえなくなった。さらに一〇月には、多数の兵や人夫が荘園に乱入して、諸堂を破壊、放火し、仏像、仏具、経本などが略奪されるという事件も起こっている。

　こうした事件の連続に、覚鑁の健康は侵されていく。翌年七月、風邪をこじらせた覚鑁は病床の生活を送ることになる。

　覚鑁の病状を心配した弟子たちは、種々の祈祷を行う。そうした効果もあってか、ときに、覚鑁は弟子に法門を談ずることなどもあったが、その健康が本格的に回復することはついになかった。

覚鑁が晩年を過ごした根来寺。左が覚鑁像が安置される光明真言殿、上が御廟所《ごびょうしょ》である奥の院

　その年の一二月一二日、円明寺の西側の脇の間において北に向かって結跏趺坐《けっかふざ》した覚鑁は、衣の袖のなかに秘印を結び、口に真言をとなえながら、ついに入滅した。

　真言の奥義を追い求め、高野山の改革を模索しながら、波乱に満ちた四九年の生涯を根来の地で終えたのである。

　覚鑁の弟子たちは、高野山や東寺などの古義《こぎ》真言宗に対して、新義《しんぎ》真言宗の教義を打ち立て、大伝法院を根来に移す。

　新義真言宗はその後、智山《ちさん》派(総本山・京都智積院《ちしゃくいん》)と豊山《ぶざん》派(総本山・奈良長谷寺《はせでら》)に分かれ、現在にいたっている。

俊芿《しゅんじょう》

宋風を持ち帰った泉涌寺派の祖

戒律を求め、入宋を決意

俊芿《しゅんじょう》が宋《そう》へ渡ることを決意したのは、正法寺《しょうほうじ》（熊本県荒尾市あたり）にいた三三歳のときのことである。

入宋《にっそう》を決意した俊芿は、自らに一〇〇カ日の不眠の講説を課した。昼は説法、夜は趺座《ふざ》（坐禅）すること一〇〇日間という難行である。これを成し遂げられなければ、入宋を果たすことはできないと、俊芿は昼夜周囲に弟子たちを配して、睡魔に負けそうになったときには警策《きょうさく》（坐禅のときに肩を打つ板）を打たせて、講説をやりとげた。

肥後国《ひごのくに》飽田《あきた》郡（熊本市あたり）に生まれた俊芿は、旅人が産み捨てていった子供ともいわれ、出生は明らかではない。四歳のときに天台宗の池辺寺《ちへんじ》に預けられ、七歳から仏教書を読みはじめ、一〇歳で『法華経《ほけきょう》』を学んだといわれるが、本格的な修行は、「鎮西《ちんぜい》の領袖《りょうしゅう》」

俊芿プロフィール

1166～1227年。月輪《がちりん》大師。平安時代末、肥後国《ひごのくに》（熊本県）の生まれ。19歳のときに大宰府観世音寺《だざいふかんぜおんじ》で受戒したのち、比叡山《ひえいざん》、高野山《こうやさん》などで修行。戒律《かいりつ》をなおざりにする仏教界を嘆き、34歳のときに宋《そう》へ渡る。天台山《てんだいさん》など各地で、天台・真言・禅・儒学などを学び、13年後に帰国、京都泉涌《せんにゅう》寺《じ》を天台・真言・禅・律兼学の道場とする。真言宗泉涌寺派の祖といわれる。

俊芿律師坐像　京都・泉涌寺《せんにゅうじ》蔵

と称された名僧、真俊《しんしゅん》に師事した一四歳のときからであった。

それから受戒するまでの五年間は、睡眠時間四時間という厳しい修行の日々を送る。

二七歳のときに、京都、奈良へ上り、比叡山《ひえいざん》や高野山《こうやさん》などで戒律《かいりつ》の追求を果たそうとしたが、俊芿が得たものは失望しかなかったようだ。当時の戒律を軽視する風潮を嘆き、結局、二年後には失意のうちに郷里に戻り、筒嶽《つつだけ》（荒尾市あたり）に正法寺《しょうほうじ》を建立している。

宋でもすぐれた学識を発揮

俊芿が宋へと旅だったのは、一一九九（建久《けんきゅう》一〇）年四月一八日のことで、弟子二人とともに博多から船上の人となった。航海は順調だったとみえ、およそ半月後の五月初めには、ぶじ念願だった宋の土を踏んでいる。

宋に入った俊芿は、まず天台山《てんだいさん》に上り、さらに径山《きんざん》で禅を学んでいる。その後、四明山《しめいざん》の景福寺《けいふくじ》で律を三年間学んだのち、嘉興府《かこうふ》の超果院《ちょうかいん》で北峯宗印《ほっぽうそういん》に三年間天台教学を学ぶ。

幼少のころより聡明さをうたわれていた俊芿は、ここでもすぐれた学識を発揮し、宗印門下でも最高の門人のひとりといわれた。

北峯宗印は俊芿に臨安府《りんあんふ》の菩提律《ぼだいりつ》院《いん》を任せようと考えたが、宋の戒律と仏典を日本に持ち帰ることを考えていた俊芿はこの推挙を断ったといわれる。そして宋の四明山をたち、一二一一（建暦《けんりゃく》元）年三月三日博多に着いた。俊芿の宋滞在は足掛け一三年におよんだ。

宋から帰国した俊芿を正法寺の弟子たちをはじめ、多くの仏教関係者が待ち受けていた。建仁寺《けんにんじ》住職と東大寺勧進《かんじん》職を兼任していた栄西《えいさい》（臨済宗の開祖）もそのひとり。

俊芿が没した一七年後に弟子の信《しん》瑞《ずい》によって著された俊芿の伝記『泉《せん》涌寺不可棄法師伝《にゅうじふかきほうしでん》』によれば、栄西は京都の法勝寺《ほっしょうじ》の塔の再建に奔走する多忙のなか、俊芿を出迎えに博多まで出向いたと伝えている。

現実に栄西が俊芿を博多で出迎えたかどうか、その真実は明らかではないが、栄西は俊芿から一切経《いっさいきょう》を預かり、この年の一〇月に鎌倉の永福《ようふく》寺《じ》で営まれた宋本一切経供養の導師をつとめたといわれる。

また、栄西が俊芿を建仁寺に招いていたことは間違いなく、俊芿も博多到着後、いったんは正法寺に落ちつくが、四月の末には京都におもむき、建仁寺に入っている。

俊芿と栄西は天台・真言・律・禅を学んでいる点や戒律を重んじているところなどが共通しており、それらが二人を結びつけたと思われる。しかし、建仁寺には宋風の作法が行われていなかったことから、俊芿は翌年二月には建仁寺を去り、崇福寺《そうふくじ》(福岡市)に移った。

泉涌寺を建立、宋風の作法を再現

宋から帰国した俊芿が悲願としたのは、宋風の伽藍《がらん》をもつ寺院を建立し、宋風の作法をそこで再現することだった。

しかし、俊芿が宋風の寺院建立を現実にするまでには多くの紆余曲折《うよきょくせつ》をへなければならなかった。

俊芿が豊前国《ぶぜんのくに》(福岡県)田川郡伊方荘の地頭であった武士中原信房《なかはらのぶふさ》から京都東山の仙遊寺《せんゆうじ》の地を与えられたのは、一二一五(建保《けんぽう》三)年の夏のことである。その前年、信房の招きに応じて豊前に下り、信房を剃髪《ていはつ》受戒させ、夫婦の逆修《ぎゃくしゅ》(生前に仏事をして冥福《めいふく》を祈ること)を営んだことがきっかけとなっている。

一二一八(同六)年、俊芿は「泉涌寺《せんにゅうじ》」と寺名を改め、九条道家《くじょうみちいえ》、徳大寺公継《とくだいじきんつぐ》などの公家に援助を求め、後鳥羽院《ごとばいん》や後高倉院《ごたかくらいん》からも後援を受けることとなったが、承久《じょうきゅう》の乱が勃発《ぼっぱつ》、後鳥羽院方が敗北したことによって、俊芿の願いは回り道を余儀なくされることとなった。乱によって有力な後援者を失った俊芿は、一二二四(元仁《げんにん》元)年、関東へ下り、佐原家連《さはらいえつら》が建立した寺院の落慶《らっけい》供養をし、さらには北条泰時《ほうじょうやすとき》・政子《まさこ》に菩薩戒を授けたともいわれている。

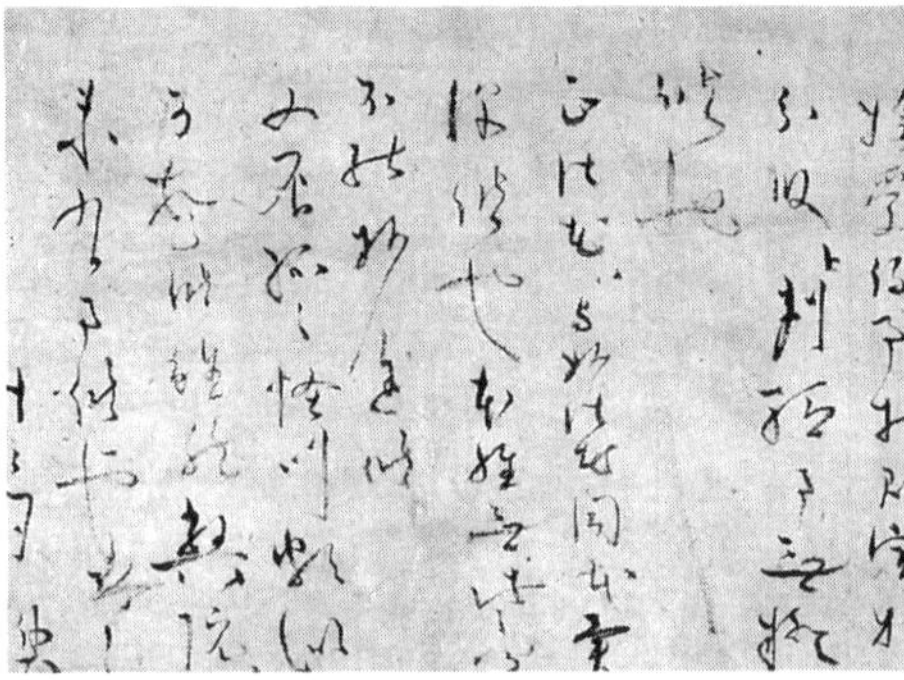
俊芿書札　京都・泉涌寺蔵　数少ない俊芿自筆のひとつ

この関東への旅は、俊芿にとって宋風寺院建立の大きな力になったようで、一二二六(嘉禄《かろく》二)年、ついに京都東山の地に宋風伽藍の泉涌寺が完成した。

この泉涌寺は日本で最初の純粋な宋風伽藍をもつ寺院であるが、俊芿はその外観だけでなく、すべてを宋風で統一することに力を注いでいる。本尊を釈迦《しゃか》・阿弥陀《あみだ》・弥勒《みろく》の三尊配置としたのも宋にならったものだ。

また、読経《どきょう》に宋音が用いられたのはもちろん、堂内の進退、法座の昇降なども宋を手本としたといわれている。

俊芿がまさに命がけで建立した泉

泉涌寺古伽藍《がらん》図　京都・泉涌寺蔵　律の復興は形を正すことからという俊芿の理念がうかがえる見事な宋風伽藍が想像できる

涌寺の伽藍は、残念ながら現存していない。当時、安置されていた仏像や俊芿が宋から持ち帰った品々もほとんどが焼失したり、所在不明となってしまった。

以前は泉涌寺の秘仏となっていた幻の観音像ともいわれる楊貴妃《ようきひ》観音像も、俊芿が持ち帰ったものではなく、弟子の湛海《たんかい》によるものである。

ちなみに『泉涌寺不可棄法師伝』によれば、俊芿が宋より持ち帰った品は、仏舎利《ぶっしゃり》三粒、普賢《ふげん》舎利一粒、如庵《にょあん》舎利三粒、釈尊三尊三幅《しゃくそんさんそんさんぷく》、十六《じゅうろく》羅漢《らかん》二品三二幅、水墨《すいぼく》羅漢一八幅、南山《なんざん》・霊芝《れいし》真影各一幅などがあるほかに、典籍としては、律部《りつぶ》三二七巻、天台《てんだい》部七一六巻、華厳《けごん》部一七五巻、儒道書籍《じゅどうしょせき》二五六巻、雑書《ぞうしょ》四六三巻、書道関係法帖類七六巻と、二〇〇〇巻を越える量を持ち帰ったことがわかる。

このうち、現存するのは、南山・霊芝真影二幅のみ。京都の高台寺《こうだいじ》には「泉涌寺尊」との銘がある十六羅漢図が伝えらえているが、これには一四世紀の作との説もあって、俊芿が持ち帰ったものであるかどうか、確かなところはわかっていない。

また、水墨羅漢図は江戸天明年間に名古屋で開帳されたのが最後の記録で、その後の行方は不明である。十六羅漢図のひとつも、明治までは所在が明らかであったが、東京で開帳されたのち、所在不明になってしまった。

ところで、俊芿が命をかけて建立し、その入滅の二年前になってやっと完成した泉涌寺の伽藍はいったいどのようなものであったのだろうか。当時の伽藍が伝わっていないいまとなっては、想像するしかないのだが、徹底的に宋風が貫かれたものであったことだけは間違いないだろう。

現在の泉涌寺は、一六六九（寛文《かんぶん》九）年に再建された仏殿が中心となっているが、仏殿に安置されている釈迦・阿弥陀・弥勒の三本尊《さんぼんぞん》の配置は俊芿の時代のままといわれる。

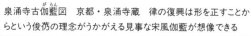

仏殿の内部などには、俊芿の遺志を継ぐかのように、いまも宋風の雰囲気が漂っている。おそらく、俊芿当時の泉涌寺は、その思いを形にしたかのような純粋な宋風寺院であったと想像できる。

宋風を模した寺院建築は、その後、禅宗の寺院に多く見られるようになるが、俊芿の建立した泉涌寺はその先駆であるとともに、ほかには類を見ない純粋な宋風寺院であったのである。

　それはあとにも先にも例のない十《じゅう》六観堂《ろくかんどう》が建てられたことでもわかる。十六観堂は宋代に流行した浄土教の思想に基づくもので、一一世紀末に中国で建立されたのがはじまりといわれている。俊芿は『東林十六観堂』という勧縁疏《かんえんしょ》のなかで、十六観堂での坐禅、懺悔《さんげ》(罪の告白)の重要性を書き記している。俊芿の考える宋風寺院には、この十六観堂は欠かせないものだったのだろう。

北京律の流れをつくる

　俊芿は同じように戒律を重視し、その再興に力を注いだ栄西と比べると、独自の考え方を打ちだすタイプの仏教者ではなかった。学識の深さと律再興への情熱によって、多くの帰依《きえ》者を得たのである。

　そんな俊芿の業績として忘れることができないのは、北京律《ほっきょうりつ》の流れを確立したことだ。

　律復興の動きは、まず南都唐招提《とうしょうだい》寺《じ》に始まったといわれ、それは南京《なんきょう》律《りつ》と呼ばれる流れとなっていった。それに対して、俊芿や栄西、そして明恵《みょうえ》、貞慶《じょうけい》、叡尊《えいそん》らは密教のなかで、律の復興に力を注いでいる。

　こうした動きのなかで、戒律復興が宗派を問わず、仏教界全体を巻き込んだ運動にまで発展していくうえで、俊芿の果たした役割は非常に大きかった。宋において律の教えを極めた俊芿が、その学識を広めるだけでなく、自ら厳しく戒律を守り抜き、求道者《ぐどう》としての姿勢を貫きとおしたことが、多くの帰依者、共感者を生み、南都律に対する北京律というもうひとつの流れとなっていったのである。

　俊芿は泉湧寺が完成した翌年に入滅する。そのとき、「宋国の法によれば、大衆のために最後の説法をすべきであるが、咳のために行うことができない」といって、筆をとったという。

　最後の最後まで、宋風に忠実であろうとしたところが、いかにも俊芿らしい。

楊貴妃《ようきひ》観音像　京都・泉涌寺蔵
1255(建長《けんちょう》7)年、俊芿の弟子によって宋の大白蓮寺《だいびゃくれんじ》より請来された木造りの美しい像

木食応其《もくじきおうご》

秀吉に信頼され、高野山をもりたてる

謎に包まれた過去

木食《もくじき》応其《おうご》は不思議な人物だ。ある日突然、時代の檜《ひのき》舞台に登場し、疾風のように駆け抜けて、役目を終えると、静かに舞台から去っていく。

応其の名が歴史の表舞台に登場してくるのは、豊臣秀吉《とよとみひでよし》が根来寺《ねごろじ》を攻略後、高野山《こうやさん》に迫り、三カ条の要求を突きつけてきたときに、高野山側の代表のひとりとして秀吉の陣に赴き、交渉役となったときである。

しかし、それ以前の応其については、詳しいことは伝えられていない。とくに高野山に上る以前のことについては、ほとんどわかっていない。

応其が高野山に入ったのは、

木食応其プロフィール

1536～1608年。興山《こうざん》大師。戦国から江戸時代初期、近江《おうみ》（滋賀県）出身の武士で、38歳のときに高野山《こうやさん》に入る。穀物をたつ木食《もくじき》修行に励み、仁和寺《にんなじ》任《にん》助法親王《じょほうしんのう》のもとで阿闍梨《あじゃり》位を受ける。豊臣秀吉《とよとみひでよし》の高野山包囲のときに交渉役となり、高野山焼き討ちを防ぎ、秀吉の信任を受け、高野山金堂《こんどう》の再建、方広寺《ほうこうじ》大仏殿の建立などに力を尽くす。関ヶ原の合戦後、近江飯道寺《はんどうじ》で隠遁《いんとん》生活を送り、ここで没する。

応其上人像　和歌山県・高野山蔵

彼が三八歳のとき、一五七三(天正《てんしょう》元)年一一月五日のこと。文殊院勢誉《もんじゅいんせいよ》から戒を受け、以来、応其と名乗ることとなる。

一説によれば、応其は二五、六歳のときにすでに剃髪《ていはつ》していたともいうが、高野山入山後、自ら剃髪したという説もあり、はっきりしない。

応其が木食上人と呼ばれるのは、塩と穀物を断つ木食行《もくじきぎょう》を積んだからで、一三年間にわたってこの行を続けたともいわれる。

こうした修行の結果、応其はその後、仁和寺《にんなじ》で仁助法親王《にんじょほうしんのう》について阿闍梨《あじゃり》の位につくまでになった。

これが高野山に上ってからの、応其の真言宗の僧侶としての経歴としてわかっていることである。

高野山に伝わる略伝によると、応其は近江《おうみ》(滋賀県)の生まれで、近江の名門佐々木氏の一族。父は佐々木義秀《よしひで》といい、親子ともに六角《ろっかく》(佐々木)義賢《よしたか》に仕えていていた。

しかし、織田信長《おだのぶなが》の上洛《じょうらく》の際の観音寺城《かんのんじじょう》の戦いで六角氏は破れ、応其は大和(奈良県)の越智《おち》氏に仕えることに。ところが、越智氏も松永久秀《まつながひきひで》との戦いに破れ、応其は二度までも主を失うことになった。

出家以前の応其についてわかっていることはこれだけである。

出家の理由についてもわかっていない。

ただ『太閤記《たいこうき》』のなかに、応其について触れた一節がある。「この人は昔、妻の首をはね、子ども二人を刺し殺した」という記述だ。

この記述の真偽のほどは不明で、そのまま信じるわけにはいかない。しかし、妻子を死に追いやるといったような事態、あるいはそれに類するような悲惨な体験が、応其に武士を捨てさせ、仏門へと入らせることとなったとも推測できる。

秀吉の信任を得て、高野山を救う

天下統一の大事業に乗り出した織田信長、それを受け継いだ豊臣秀吉にとって、比叡山や石山本願寺に代表される中世的宗教教団の権威と力は放置しておけるものではなかった。比叡山延暦寺《えんりゃくじ》は信長軍によって焼き討ちされ、大坂の石山本願寺《いしやまほんがんじ》も討ち壊されている。高野山とて例外ではなかった。

一五八〇(天正八)年、石山本願寺攻撃中に信長に叛旗《はんき》をひるがえした荒木村重《あらきむらしげ》の旧臣五人が高野山に逃げ込む。源平の世から、高野山は戦いに破れた武士たちが逃れ、仏に救いを求める場であり、高野山もそうした武士たちを保護し、守ってきた伝統がある。応其もそのひとりと考えられる。

信長は裏切り者である村重を憎ん

でいたと同時に、高野山攻撃のきっかけとばかりに、執拗《しつよう》な探索を命じる。そして、信長陣営の捜索隊のあまりの乱暴狼籍《ろうぜき》ぶりに怒った高野山の衆徒が、捜索隊を皆殺しにしてしまうという事件も起こった。

　信長は報復に高野山の勧進僧《かんじんそう》や高《こう》野《や》聖《ひじり》を捕らえて処刑しただけでなく、一三万七〇〇〇の大軍で、高野山に押し寄せる。このとき、高野山に幸いだったのは、信長が四国平定に忙しく、高野山攻めに集中できないことだった。そして、こう着状態が続いているうちに、本能寺《ほんのうじ》の変が起こるのである。

　だが、高野山の危機が去ったわけではない。一五八四(天正一二)年、秀吉が織田信雄《のぶかつ》・徳川家康《とくがわいえやす》の連合軍と戦ったとき、根来寺《ねごろじ》の僧兵たちが大坂城に攻め上ろうとしたが、岸和《きしわ》田《だ》城の中村一氏《かずうじ》によって撃退される。

　秀吉は翌年三月、大軍で根来寺を攻撃、根来寺は大伝法院《だいでんぽういん》を残してすべてが焼失した。

応其が任助法親王《にんじょほうしんのう》から阿闍梨《あじゃり》位を受けた京都・仁和寺《にんなじ》。真言宗御室《おむろ》派の大本山だ

　根来寺を討った秀吉の次の対象は高野山であった。秀吉は高野山に、弘法大師《こうぼうだいし》以来の寺領を除く所有地の没収、鉄砲その他の武器を捨て、仏事に専念すること、謀反《むほん》人などをかくまわないことという三条件をだし、条件をのんで服従するか、比叡山や根来寺と同じ運命をたどるかと選択を迫ってきた。

　応其の高野山における身分は客僧であったが、応其は学侶方《がくりょがた》代表良運《りょううん》、行人方《ぎょうにんがた》代表空雅《くうが》とともに高野山の代表として秀吉と交渉、最終的に服従を申し入れる役目を負ったのである。

　高野山の服従申し入れに満足した秀吉は、すぐさま陣をといて大坂城に帰るが、このとき応其をともなっている。以来、秀吉と応其の緊密な関係が築かれることとなる。

　秀吉は高野山に金堂《こんどう》の再建を命じ、その資金として米一万石《ごく》、黄金一〇〇〇枚を提供するが、資金運用の責任者に任命されたのは応其である。これにより、客僧にすぎなかったはずの応其は、高野山を代表する存在となる。

　秀吉がどれほど応其を信頼していたかを物語るのが、一五八六(天正一四)年、応其が学侶二人とともに秀吉に金堂再建の礼に出向いたときのエピソードだ。

　秀吉は、学侶二人は末席に座らせたにもかかわらず、応其ひとりは自分のすぐそばに席を与え、高野山を永代引き立てることを約束したうえで、「高野山をここまで引き立てるのは木食応其ただひとりがいるからだ。高野山の木食と思ってはならぬ。木食の高野山と心得るようみなに申し伝えよ」とまでいったという。

　こうした応其に対する秀吉の信頼が、高野山を救うことになる。太閤《たいこう》検地《けんち》の一環で高野山も検地を受けることになった。そのときに、認められていた寺領以外に五万石の隠し領地があることが明らかになった。しかも、高野山側はこの寺領は秀吉によって認められていたはずだと主張したからたまらない。

　一五九〇(天正一八)年、秀吉が高野山の全寺領を没収して、一山を破却するといいだすまでになった。

　結局、応其の必死の説得によって秀吉も怒りを解き、新たに一万石の

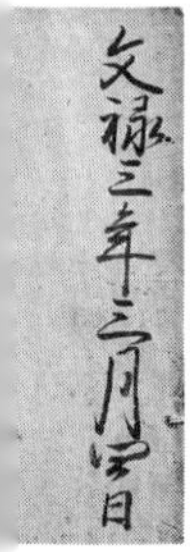

寺領を与えられ、破却はまぬがれた。
　このとき、秀吉は高野山に対して、「応其が嘆くので破却は容赦する。新しく寺を建立してもらったと心得、この恩を忘れてはならぬ」と申し渡したという。
　秀吉は京都東山に奈良を超える大仏の造営を命ずるが、その監督役となったのも応其である。応其は一方で高野山金堂の再建を指揮し、その一方で東山方広寺《ほうこうじ》大仏建立の監督もするという重大な責任を負ったのである。
　一五九四(文禄《ぶんろく》三)年、秀吉は亡母大政所《おおまんどころ》の三回忌法要のため、豊臣秀《ひで》次《つぐ》、徳川家康、前田利家《としいえ》、細川幽斎《ゆうさい》らをともなって高野山を訪れる。このときに接待役となったのも応其だ。秀吉の宿所は応其の寺、青巌寺《せいがんじ》に設けられ、連歌百韻《れんがひゃくいん》の興行では、発句を秀吉が詠《よ》み、応其が脇をつけている。

　応其は高野山にとって、絶大なる権力者秀吉との窓口であり、秀吉との緊密な関係によって応其は高野山に君臨するまでになったのだ。

　だがその反面で、秀吉との関係ゆえに応其は苦しい立場にたたされることもあった。関白秀次事件がそれである。

　秀吉の養子で、後継者と目され、関白職を継いでいた豊臣秀次が謀反の心ありということで秀吉に追放され、高野山に上ってきた。応其は秀次を剃髪させ謹慎の意を表させたが、ことはそれでは収まらなかった。

　福島正則《まさのり》をはじめとする使者が高野山を訪れ、五奉行の名において、秀次を切腹させるようにと書かれた応其宛ての書状を差しだしたのである。結局、集議でも結論はでず、応其は高野山を救うために秀次に切腹させるという苦渋の決断をせざるをえなかった。

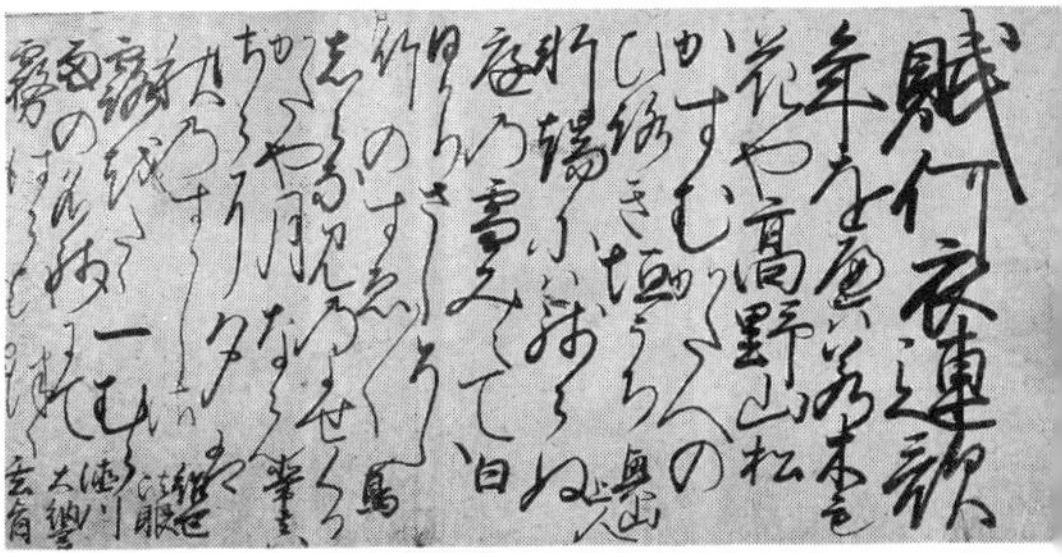

連歌百韻の興行で詠まれた懐紙。秀吉が「年を経ば若木も花や高野山」と初句を詠み、つづいて応其が「かすむかてへのひろき垣うち」と脇をつけている

数々の業績を残し、静かに舞台を去る

応其の活躍は、秀吉と高野山の窓口役としてだけではない。三十三間堂や東寺の五重塔の修復、建立などにも力を尽くす。応其が生涯に造営修築した寺社の堂塔は九七にものぼるといわれる。また、高野山の玄関口として栄える橋本市は、応其が紀《き》ノ《の》川に橋をかけ、ため池を造って開いた町である。さらに、連歌集『無《む》言抄《ごんしょう》』も著している。

これらの応其の活動を支える力となっていた秀吉が、一五九八(慶長《けいちょう》三)年、伏見《ふしみ》城で没した。応其は秀吉の葬儀をとりしきり、遺骸を東山阿弥陀ケ峰《あみだがみね》に葬り、一周忌法要に際しては、方広寺に豊国《ほうこく》神社を造営している。

しかし、秀吉の死によって時代は激動し、応其もその渦に巻き込まれていく。一六〇〇(同五)年、関ヶ原の合戦が起こる。このとき、応其は伏見城、安濃津《あのつ》城、大津城などに降伏をすすめる使者としてたつ。

応其が使者となったのは、これがはじめてではない。秀吉の島津征服のときにも、島津義久《よしひさ》のもとを二度にわたって訪れ、降伏をすすめている。自身が武士として二度の落城を経験している応其は、無益に人命が失われることを防ぎたかったに違いない。それが僧としての自分の役割だと考えたのだろう。

だが、島津征服のときと違ったのは、応其が降伏開城をすすめた城がいずれも東軍の城だったことだ。結局、合戦後、応其は家康から故秀吉側の西軍に加担したかどで詰問を受ける結果となる。

秀吉との窓口となって高野山を救った応其だが、今回は自分の存在が高野山に災いをもたらすと判断した。家康に覚え書きを差し出すと、自ら高野山を去り、近江の飯道山《はんどうさん》飯道寺《はんどうじ》に入る。そして、好きな連歌を楽しむ隠遁《いんとん》生活を送り、一六〇八(慶長一三)年一〇月一日、七三年の生涯を閉じたのである。

釈迦時代の仏教復活をめざした正法律の創始者

慈雲《じうん》

「仏教批判」を胸に出家

慈雲《じうん》は一七一八(享保《きょうほう》三)年、大坂中之島(大阪市北区)にあった高松藩の蔵屋敷で生まれた。幼名は満次郎《まんじろう》、のちに平次郎《へいじろう》となる。父は赤松氏の一族で、上月安範《こうづきやすのり》といい、たいへん男気のある人物だったと伝えられる。そして神道《しんとう》に詳しく、さらに大坂田辺(大阪市東住吉区)法楽寺《ほうらくじ》の洪善《こうぜん》に帰依《きえ》していたともいわれる。

父親が五四歳のときに七男として生まれ、一三歳で父を亡くし、その遺言によって法楽寺で出家する。法楽寺は平重盛《たいらのしげもり》が建立した古刹で、現在も「田辺のお不動さん」として親しまれている。

慈雲は幼いときから神童と呼ばれるほど聡明だった。また、性格も父譲りで、出家に際してもその性格をしのばせるエピソードを残している。

法楽寺の忍綱《にんこう》のもとで出家した慈雲だが、そのときに忍綱に向かって、

「自分は仏教が嫌いだ。出家するのは父の遺言と、仏教を学んで仏教批判をするためだ」

といって、忍綱を苦笑させたという。

慈雲プロフィール

1718〜1804年。慈雲尊者飲光《じうんそんじゃおんこう》。江戸時代中期、大坂中之島(大阪市北区)の高松藩蔵屋敷に生まれ、13歳で法楽寺《ほうらくじ》の忍綱《にんこう》のもとに入る。修行を通じて、仏弟子であることを強く意識し、釈迦《しゃか》の時代の仏教の精神に立ち帰ることを理想とし、正法律運動を指導、正しい袈裟《けさ》の裁ち方の研究、実践などの成果を上げる。また、梵語《ぼんご》の研究でも知られ、そのすぐれた実績は世界的にも高く評価されている。

慈雲上人坐像　大阪・法楽寺《ほうらくじ》蔵

なぜ、仏教を嫌っていたのだろうか。後年、慈雲自身が語ったところによると、慈雲の家に食客《しょっかく》(居候《いそうろう》)として滞在していた武市新蔵《たけちしんぞう》という武士が、兄たちに朱子《しゅし》学によって儒教の古典を教えているのを慈雲も聞いていて、その死後の世界を否定する説に感心し、僧侶や仏教を憎むようになったという。

また、公家《くげ》の養子になって高い地位を得た讃岐《さぬき》(香川県)の僧たちが家にやってくるのを見ていて、反発心を募らせて、あいさつもせず、話しかけられても返事もしなかったといっている。

慈雲が出家した大阪・法楽寺(上)と本格的な密教の修行の場となった大阪・野中寺《やちゅうじ》(右)

ただ、師となった法楽寺の忍綱が麻の衣に草履《ぞうり》という質素な姿で訪れると、ひそかに尊敬の念を抱いて、母とともに自ら進んで茶湯の給仕をしたらしい。

法楽寺での生活を送るようになった慈雲は、最初の素読の学習で早くも頭角をあらわし、翌年には、経典の修学のほか、梵語《ぼんご》(古代インドのサンスクリット)の基礎も学ぶようになる。

のちに、梵語の研究を深め、世界的にも高い評価を得ている『梵学津梁《ぼんがくしんりょう》』全一〇〇〇巻を著すことになる慈雲の梵学研究はここにはじまったのである。

一五歳の年、慈雲は真言宗の僧侶となる基礎的な修行である四度加行《しどけぎょう》を修する。これは十八道以下、四種の本尊を供養する修法の練習の初歩といえるものだが、のちに慈雲自身が語ったところによれば、この修行もはじめのうちは形を行うばかりで、信心の気持ちはいっこうに湧いてこなかったという。

ところが、次の段階である道場観《どうじょうかん》を学ぶころになると、「少し奇異の念が生じた」といい、実際に修法《しゅほう》に移ると、ついに、仏教は信じるべきものであることに気づくこととなる。そして、過去に儒教を聞きかじったことから、仏教を偏見をもってみていたことを後悔した。

こうして仏法の道を歩みはじめることになった慈雲だが、一六歳から三年間、京都の古学派の学者、伊藤東涯《とうがい》の古義塾で、儒学・詩・文学などを学んでいる。通常の密教修学とは異なるこの学問修行は、尊敬する師である忍綱の考えによるもので、

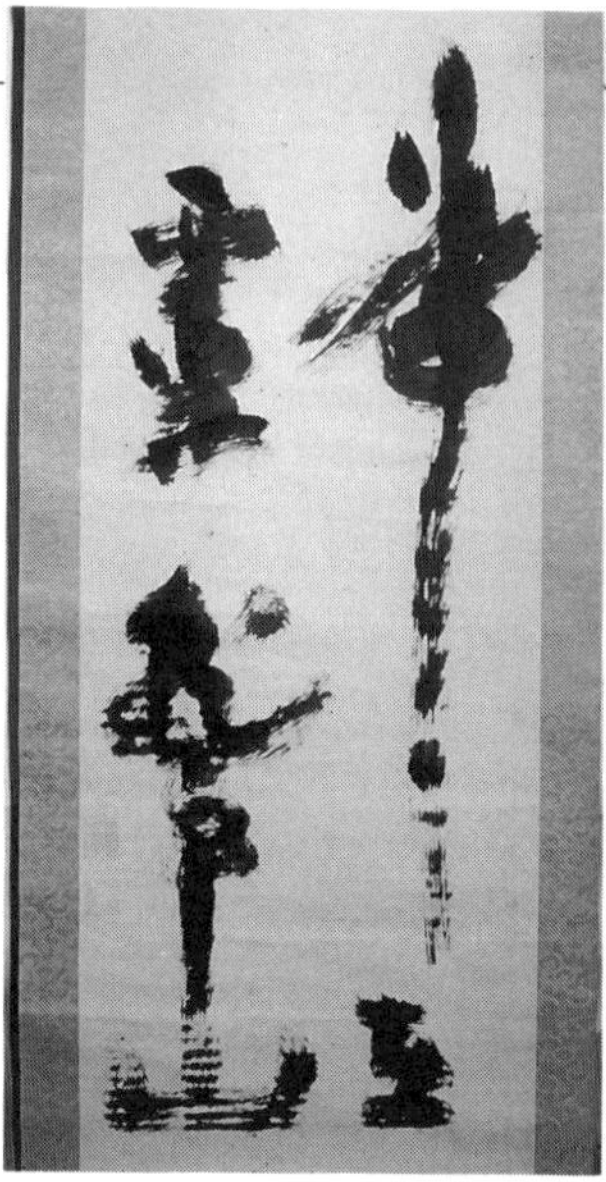

慈雲の墨蹟「常在霊鷲山《じょうざいりょうじゅせん》」　大阪・法楽寺蔵

忍綱は「学術がなくては、法将となって外道を降伏させることはできない」と考えたようだ。

たゆまぬ修行の日々

慈雲が密教の本格的な修行に入ったのは、一七三六(元文《げんぶん》元)年、野中《やちゅう》寺《じ》(大阪府羽曳野《はびきの》市)においてである。

野中寺は聖徳太子が開いたと伝えられる古刹で、北京律《ほっきょうりつ》、真言律と西大寺流密教を総合させた慈忍《じにん》ゆかりの寺で、明治以前は真言律の本山となっていた。

野中寺での修行は、慈雲にとって大きな意味があった。そのひとつは、四分律《しぶりつ》の五百結集《けつじゅう》の文と出合ったことである。

慈雲自身、後年になって、

「四分律の五百結集の文を見て、はじめて菩提《ぼだい》心を起こした」

と語っている。

また、野中寺での師、友との出会いもそれぞれに有意義であった。禅《ぜん》谷《こく》からは、「宗旨がたまり、祖師びいき」になることを堅く戒められ、灌頂《かんじょう》を受けた秀厳《しゅうげん》からは、「少しばかりのものを得て、それで満足してしまうことなかれ」と、さらなる修行の大切さをさとされている。そして、ここで出会った瑞輪《ずいりん》は慈雲にとって終生かけがいのない友となった。

野中寺での修行を、多くの成果を得て終えた慈雲は一七三八(同三)年、具足戒《ぐそくかい》を受け、さらに、翌年三月には師忍綱から西大寺流の伝法灌頂も受けて、一七四〇(同五)年、高井田(大阪府東大阪市)の西之坊(のちの長栄寺《ちょうえいじ》)に移った忍綱のあとを継いで、法楽寺の住職となった。

法楽寺で修行をはじめてから一〇年。慈雲は師忍綱の後継者としての地位を約束される存在となったのである。

しかし、慈雲は自身の修行に満足していなかった。住職という役職にありながら、寺務や修行者たちの指導には目もくれず、大輪《だいりん》から授かった阿字観《あじかん》の修学に没頭する毎日を送っている。

そして、翌年三月には法楽寺を松林《しょうりん》にまかせると、さらなる修行の場を求めて、信州内山《うちやま》(長野県佐久市)に正安寺《しょうあんじ》の大梅《だいばい》を訪ねる。

この慈雲の行動は、一種の出奔といってもいいもので、師忍綱の同意を得てもおらず、『野中寺僧名録』

には、「いったん当派を退く」と記されているほどだ。

だが、大梅のもとで過ごした三年間は、慈雲にとっては大きな意味をもっていた。ここで慈雲はついに解《げ》脱《だつ》の境地に達するのである。

釈迦の時代を理想として

大坂へ戻った慈雲は、一七四四年(延享《えんきょう》元)年、忍綱から長栄寺をゆずられることとなる。

これは信州へ出奔していた慈雲が、再び一派の僧として歩んでいけるようにするために忍綱がとった処置といわれている。この一件は忍綱の人間的豊かさ、奥行きの深さを示すとともに、師弟のつながりの強さを伝えているといえるだろう。

長栄寺での日々は、慈雲を歴史に残る名僧とするために、決定的な役割を果たす。

信州での修行によって解脱の境地に達した慈雲が望んでいたのは、「空閑に独処する」ことであった。山奥深くで一人で暮らし、求道《ぐどう》の生活を送りたいと思ったのである。

だが、慈雲に深く傾倒していた法弟愚黙《ぐもく》の説得によって、慈雲は長栄寺に僧坊を開き、愚黙らとともに自らの理想を追求することとなる。

慈雲が理想として考えたのは、釈《しゃ》迦《か》が弟子たちと暮らしていたころの生活ぶりであった。仏弟子としての自分を強く意識していた慈雲は、釈迦の時代に戻ることが、正しい仏の道であると考えたのだ。

このあとの慈雲の教え・考え方は、すべてこの〝釈迦が弟子たちと暮らしていたころの生活ぶり〟が基本となっている。

正法律《しょうぼうりつ》も、袈裟《けさ》に対する考え方も、宗派を超えよと説いた教えも、みな釈迦の時代はどうであったかを考えてのことなのである。

慈雲の説いた正法律とは、十善を基本として、釈迦の説いた原点に立ち戻って、ひたすらに修行することであり、そのための戒律なのであった。釈迦の時代の仏教を復活させようとしたといってもいい。

そうした考え方からすると、仏教界がいくつもの宗派に分かれ、それぞれの立場を守るために、お互いに攻撃しあうという状況は、慈雲にとっては耐えがたく、許しがたいことであった。

釈迦の時代には、宗派などはなかったのだから、宗派ではなく、仏弟子であることを最優先させた修行を送るべきだというのが慈雲の論である。

ただ、ここで注意しなければならないのは、慈雲は宗派を捨てる、超宗派的な立場をつくることを説いたのではなく、それぞれの宗派によりながらも、宗派の成立する以前の釈迦の時代に帰るという視点をもつことの重要性を説いたということだ。

　宗派によって袈裟や衣体が異なることを、「まがいものの仏教」「群魔横行」と断じたのも、慈雲にとっては同じ観点によるものなのである。

学僧としての数々の実績

　慈雲は僧として幾多の業績を残しているが、なかでも特筆しなければならないのは、学僧として常に探求心を持ちつづけ、その成果を著作として、後世に残したことである。

　そのひとつが、袈裟の製法・材質・染料・尺度など、袈裟の研究の集大成ともいえる『方服図儀《ほうぶくずぎ》』および『方服図儀講解《こうげ》』である。これはただ袈裟の研究にとどまらず、膨大な資料の収集によって、インド以来の戒律の分派やその主張などにまで言及したものだ。

　先にふれた梵語の研究も同様である。研究成果は、『梵学津梁《ぼんがくしんりょう》』全一〇〇〇巻、『普賢行願讃梵本聞書《ふげんぎょうがんさんぼんぽんききがき》』『理趣経講義《りしゅきょうこうぎ》』などにまとめられた。

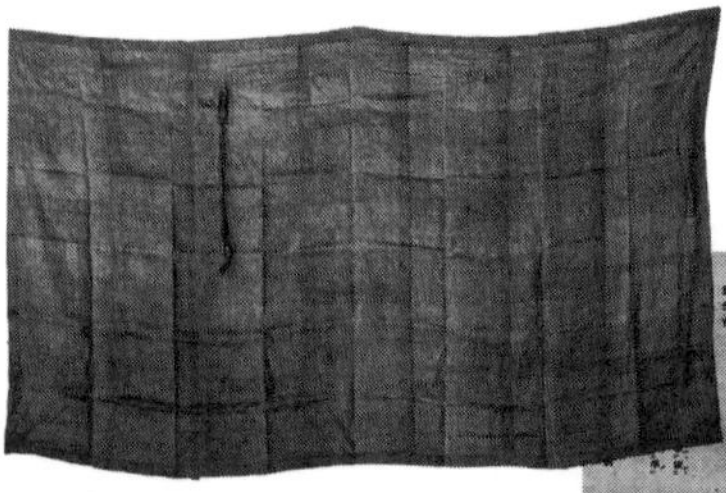
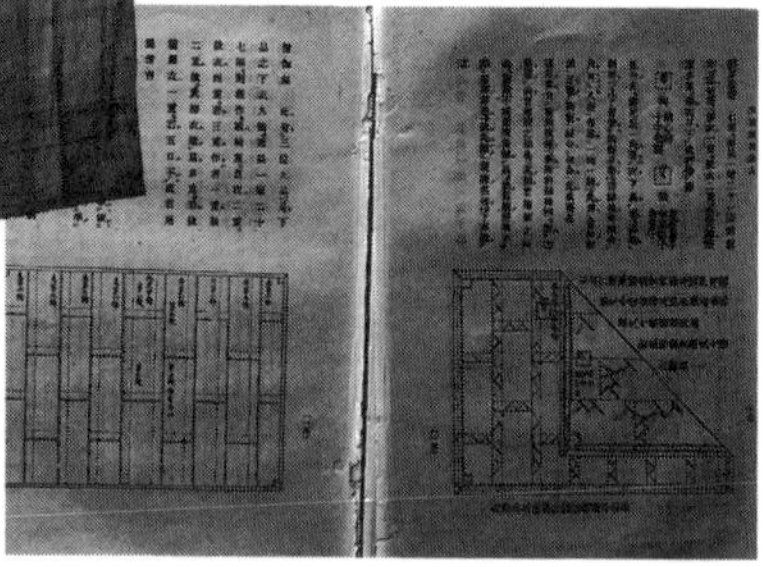

慈雲が法にかなうものとして材料・染料・尺度なども忠実に作成した袈裟《けさ》(左)と「方服図儀《ほうぶくずぎ》」(右) 大阪・高貴寺《こうきじ》蔵

　また、戒律の研究は『南海寄帰伝《なんかいききでん》』の注釈書『解纜鈔《かいらんしょう》』となっているし、釈迦の時代に帰ることを基本として説かれた法語の数々は『十善法語』として集大成されている。

　正法律の確立に、学問の研究に打ち込んだ慈雲は、次第に朝廷をはじめとして、多くの信者からその徳を慕われ、帰依《きえ》する者たちが数多くなっていき、京都阿弥陀寺《あみだじ》で十善の法を説くようになる。

　しかし、一七七六(安永《あんえい》五)年、突然、京都を去り、高貴寺《こうきじ》(大阪府河《か》南町《なんちょう》)に隠棲《いんせい》し、仏弟子としての講義を行う一方で学究生活を送り、『人となる道』『無題抄』『伝戒記《でんかいき》』『人となる道略語』『神儒偶談《しんじゅぐうだん》』『両部曼荼羅随聞記《りょうぶまんだらずいもんき》』『理趣経講義』などを著す。

　そして、一八〇四(文化《ぶんか》元)年、一二月二二日、八七歳の生涯を終えるのである。

金剛峯寺
教王護国寺（東寺）
智積院　長谷寺
善通寺　醍醐寺
仁和寺　泉涌寺
根来寺　ほか

第5章

ぜひ訪ねたい「真言宗ゆかりの名刹」

高野山金剛峯寺

高野山《こうやさん》 金剛峯寺《こんごうぶじ》

高野山真言総本山

＊大師信仰の聖地

データ
住所＝和歌山県伊都郡高野町《こうやちょう》高野山

いまなお、奥之院に生きつづける弘法大師

八一六（弘仁《こうにん》七）年、弘法大師空海が嵯峨《さが》天皇に高野山の下賜《かし》と寺院建立を願いでて、許されたことに始まる真言宗きっての古刹。以来、密教修行の根本道場としてあつい信仰を集めており、現在は、高野山真言宗の総本山となっている。

「金剛峯寺《こんごうぶじ》」という寺号は『金剛峯《こんごうぶ》楼閣一切瑜伽瑜祇経《ろうかくいっさいゆがゆぎきょう》』からとって、空海自身が名づけたといわれる。

勅許が下りた翌年、弟子の実恵《じちえ》らを遣わせて、自らも八一八（同九）年には高野山に入り、諸堂の建設も八一九（同一〇）年に始まった。しかし、現在の壇上伽藍《だんじょうがらん》と呼ばれる堂塔が完成するのを見ることなく、八三五（承和《じょうわ》二）年に六二歳で入定《にゅうじょう》する。金剛峯寺の伽藍が整備されるのは、弘法大師入定から五四年後のことであった。

白河《しらかわ》・鳥羽《とば》両上皇や藤原道長《ふじわらみちなが》・頼《より》通《みち》親子をはじめ、北条政子《ほうじょうまさこ》、上杉謙信《うえすぎけんしん》、豊臣秀吉《とよとみひでよし》など、皇族・公家・大名などが信仰し、寄進を繰り返したことから、高野山は順調に発展し、多くの塔頭《たっちゅう》が立ち並ぶことになる。

現在の高野山は、壇上伽藍と呼ばれる根本大塔《こんぽんだいとう》・金堂《こんどう》・不動堂・御影《みえ》堂《どう》などがある地域、金剛峯寺・明王院などからなる本中院谷《ほんちゅういんだに》、そして、弘法大師の祖廟《そびょう》がある奥之院《おくのいん》に分かれている。しかし、江戸時代に二度、落雷による大火災を経験しているため、創建当時の建物はほとんど残っていない。

一一九八（建久《けんきゅう》九）年に鳥羽上皇の

皇女八条女院の発願《ほつがん》によって一心院《いっしんいん》谷《だに》に造営され、明治末に壇上伽藍に移された不動堂が唯一の歴史的建造物で、金剛三昧院《こんごうさんまいいん》多宝塔とともに国宝に指定されている。残る堂塔は昭和になってから再建されたもの。江戸時代末に再建された金堂も一九二六(昭和元)年の火災で焼失、一九三二(同七)年の再建だ。

真言宗では、祖廟を信仰の源とすることが基本となっている。そのため、入定《にゅうじょう》信仰の中心となったこの奥之院が高野山真言宗の信仰のよりどころであり、歴史的人物をはじめとする数十万の墓石が立ち並ぶ。

霊宝館には多くの寺宝が収められている。そのなかには、三筆と称された弘法大師真筆《しんぴつ》もある。たび重なる火災によって、仏像なども失われたが、現在なお国宝・重要文化財など数多くの宝物が収蔵され、常設展および特別展も催されている。

八幡山《はちまんさん》 教《きょう》王《おう》護《ご》国《こく》寺《じ》（東《とう》寺《じ》）

東寺真言宗総本山

＊日本一高い五重塔

データ
住所＝京都市南区九条町《くじょうちょう》

五重塔と「弘法さん」でおなじみの真言密教の名刹

東京から新幹線で関西に向かうとき、列車が京都駅にすべりこむ直前に、車窓から壮大な五重塔が見えてくる。京都についたことを五重塔が教えてくれているかのようであるが、この五重塔こそ、京都のシンボルといわれる東寺《とうじ》の五重塔なのである。

東寺は七九四（延暦《えんりゃく》一三）年の平安遷都にともなって建てられた寺院である。遷都を実現した桓武《かんむ》天皇は、新都鎮護のために都の南である羅城《らじょう》門《もん》の東西に大寺院を建立し、それぞれ「東寺」「西寺」と呼んだ。ちなみに西寺は廃絶して、いまはない。

その約三〇年後、嵯峨《さが》天皇が唐《とう》から帰国した弘法大師に東寺を与え、真言密教の根本道場「教王護国寺《きょうおうごこくじ》」となった。

以来、後白河《ごしらかわ》法皇、源頼朝《みなもとのよりとも》、織《お》田《だ》、豊臣《とよとみ》、徳川《とくがわ》の各氏らの外護《げご》を受けてきた東寺だが、落雷や兵火によって創建当時の建物は残っていない。

高さ約五五メートルを誇る五重塔は、一六四四（寛永《かんえい》二一）年に徳川三代将軍家光《いえみつ》の寄進によって造営されたものである。しかし、南大門から金堂《こんどう》・講堂・食堂《じきどう》と直線的に並ぶ伽《が》藍《らん》配置は、創建当時の様式を守ったもので、奈良時代の寺院の姿をしのぶことができる。

おもに江戸時代の再建とはいえ、金堂・五重塔が国宝に、南大門・東大門・宝蔵など多数が国の重要文化財に指定されている伽藍は壮観だ。

また、東寺はすぐれた仏像の宝庫としても知られている。とくに、中

央に五仏、東方に五菩薩《ぼさつ》、西方に五大明王《みょうおう》、四隅に四天王、東西に梵天《ぼんてん》、帝釈天《たいしゃくてん》など二一の像を配して、立体曼荼羅《まんだら》の世界を表現した講堂は、類をみないみごとさである。

講堂の二一体の仏像のうち、一五体は弘法大師創建当時のものといわれ、いずれも国宝に指定されている。なかでも、いまでも彩色が残っている五大明王像は密教彫刻の傑作として名高い。

このように真言密教の大寺としての偉容と風格を誇る東寺であるが、その一方で広く庶民からも親しまれつづけている。

五重塔が京都観光の名所として、観光客が絶えないのはもちろんだが、弘法大師入定《にゅうじょう》の毎月二一日に大師堂前で開かれる弘法市《こうぼういち》の縁日は「弘法さん」の名で知られ、広い境内には露店も数多く並び、いつも信者や買い物客でにぎわいを見せる。

五百仏山《いおぶさん》 根来寺《ねごろじ》 智積院《ちしゃくいん》

真言宗智山派総本山

＊書院庭園は必見

データ
住所＝京都市東山区東瓦町《ひがしかわらちょう》

多くの名僧を生んだ江戸時代からの専門学寮

数々の名刹・古刹が建つ京都東山《ひがしやま》は、古都ならではの風情があって、観光客にとってはもってこいの散策コースである。

その東山の西麓で学山《がくさん》（仏教の学問所）として、多くの名僧学徒を育ててきたのが智積院《ちしゃくいん》だ。

現在は、真言宗智山派《ちさん》の総本山として、全国三〇〇〇カ寺の修行研鑽《けんさん》の根本道場であり、その檀信徒の総《そう》菩提所《ぼだいしょ》である。

智積院はもともと、紀州《きしゅう》（和歌山県）根来寺《ねごろじ》の塔頭《たっちゅう》のひとつであったが、一五八五（天正《てんしょう》一三）年、秀吉《ひでよし》軍の攻撃によって焼失。その後、徳川《とくがわ》家康《いえやす》の援助を受けて、玄宥《げんゆう》が京都東山の現在地に智積院を再興した。

江戸時代は真言教学の専門学寮として、名実ともに全国一の座にあり、多くの学僧を育成し輩出した。そして盛時には、寮舎が七〇を超えたという。

とくに、智積院七世運敞《うんしょう》は学徳が高く、門下一三〇〇人といわれるほどであった。そのほかにも、二二世動潮《どうちょう》、三二世海応《かいおう》、三七世信海《しんかい》は、傑出した存在である。

明治に入ってから、上地《あげち》による寺領喪失、寺域減少に続き、勧学院・金堂が焼失するなど、苦難の時代が続いたが、現在は盛時を思わせる復興ぶりで、智山派総本山にふさわしい大寺院である。境内には、金堂《こんどう》・講堂・明王殿《みょうおうでん》・大師堂・密厳堂《みつごんどう》（開山堂）などが立ち並んでいる。

国の名勝に指定されている庭園は、

高い築山《つきやま》を配し、中国の廬山《ろざん》をかたどって造られており、利休《りきゅう》好みといわれる安土桃山《あづちももやま》期から江戸初期を代表する書院庭園のひとつである。

宝物館には国宝・重要文化財などの寺宝が収められ、公開もされている。なかでも、国宝の智積院障壁画は、長谷川等伯《はせがわとうはく》らによる桃山障壁画を代表する傑作として名高い。

また、智積院会館という宿泊施設があり、精進料理も賞味できる。宿泊して翌朝、金堂での勤行《ごんぎょう》や明王殿での護摩に参列してみるのもよい。

広い境内には樹木が生い茂り、四季折々の美しさを見せてくれるが、とくに紅葉の季節はみごとで、多くの参詣者が訪れる。

主な年中行事には、お昆布式(一月一五日)、常楽会《じょうらくえ》(二月一五日)、正御影供《しょうみえく》(三月二一日)、青葉まつり(六月一五日)、冬報恩講(一二月一〇~一二日)などがある。

豊山《ぶざん》 長谷寺《はせでら》 真言宗豊山派総本山

＊西国観音霊場八番札所

データ
住所＝奈良県桜井市初瀬《はせ》

牡丹の名所としても有名な西国観音霊場のひとつ

初瀬《はせ》の景勝の地に建つ長谷寺《はせでら》は、真言宗豊山《ぶざん》派の総本山として、また、西国《さいごく》観音霊場の第八番札所として古くから信仰を集めてきた。昔は「初瀬寺」「泊瀬寺」とも書かれたという。

六八六(朱鳥《あかみどり》元)年、天武《てんむ》天皇の病気平癒を祈願して道明《どうみょう》が西の岡の石室に「銅板法華説相図《どうばんほっけせっそうず》(千仏多宝仏《せんぶつたほうぶっ》塔《とう》)」を安置した。その後、七二七(神亀《じんき》四)年に聖武《しょうむ》天皇の勅願により徳道《とくどう》が東の岡に諸堂を建て、霊木を刻んだと伝えられる十一面観音《じゅういちめんかんのん》像を安置。

七三三(天平《てんぴょう》五)年には行基《ぎょうき》を導師として開眼《かいげん》法要が営まれ、現在の長谷寺の基礎が築かれた。

徳道は西国観音霊場の創始者ともいわれ、長谷寺はその根本道場としての役割を果たしてきた。

長谷寺の本尊の十一面観音像は、観音と地蔵の合体相をもっていることから長谷型観音と呼ばれ、皇族や貴族をはじめ、多くの人々によって参詣されてきた。

そして長谷寺の観音信仰の高まりとともに、長谷型観音は全国に伝播《でんぱ》し、十一面観音像を本尊とする寺院が各地に生まれた。

長谷寺はたび重なる火災によって、諸堂や仏像などの多くを焼失したが、朝廷や豊臣秀吉《とよとみひでよし》の弟秀長《ひでなが》、徳川《とくがわ》歴代将軍から多くの援助を受けて再建されてきた。

とくに、徳川家康《いえやす》から寺領三〇〇石《こく》の寄進を受けたのをはじめ、三代家光《いえみつ》・四代家綱《いえつな》から多くの寄進を受

け、さらに五代綱吉《つなよし》の帰依《きえ》を得たことで、いっそうの隆盛を迎えることとなった。

長谷寺は寺宝が多いことでも知られており、現存する十一面観音像は一五三八（天文《てんもん》七）年の造立、高さ一〇メートルを超える大作で国の重要文化財に指定されている。銅板法華説相図をはじめとする国宝や多数の重文を含め、寺宝の総数は一〇〇〇点以上にのぼる。また、江戸時代に再建された懸造り《かけづくり》（舞台造り）の本堂も国宝。それ以外の建物は明治時代に大火にあって焼失、大正時代に入ってから再建された。

長谷寺は牡丹《ぼたん》の名所としても名高く「牡丹のお寺」の別称もある。季節になると、仁王門から本堂へと続く三九九段の登廊《のぼりろう》の両側に約一五〇種七〇〇〇本の牡丹が見事な花をつけて、参詣者たちの目を楽しませてくれる。

五岳山《ごがくさん》 善通寺《ぜんつうじ》

真言宗善通寺派総本山

データ

住所＝香川県善通寺市善通寺町《ぜんつうじちょう》

四国、弘法大師の生誕地に建つ古刹

八〇七(大同《だいどう》二)年、唐《とう》から帰国した弘法大師が、真言宗布教の勅許を得て、自分の生まれた地に建立したのが善通寺《ぜんつうじ》である。父(佐伯値田公《さえきのあたえたぎみ》)の諱《いみな》「善通《よしみち》」から「善通寺」と命名した。

室町幕府初代将軍足利尊氏《あしかがたかうじ》が国ごとに建立を命じた利生塔《りしょうとう》があり、江戸時代に入ってからは高松・丸亀両藩の援助を受けて発展してきた。

境内は、国の重要文化財の金堂《こんどう》・五重塔などがある東院《とういん》(伽藍《がらん》)と、御《み》影堂《えどう》・護摩堂・宝物館などがある西《さい》院《いん》(誕生院)とに分かれている。伽藍は大師が恩師恵果阿闍梨《けいかあじゃり》のいた長安の青龍寺《しょうりゅうじ》に似せて造ったといわれ、鎌倉時代に佐伯家の邸宅跡に誕生院が建立された。

宝物館には、国宝の『一字一仏法《ほ》華経序品《けきょうじょぼん》』が収納されている。朱と青の配色が美しい経典だ。このほか、地蔵菩薩立像《じぞうぼさつりゅうぞう》、吉祥天《きっしょうてん》立像が国の重要文化財となっている。

御影堂には、弘法大師が唐で授かったといわれる、もうひとつの国宝である金銅錫杖頭《しゃくじょうとう》が安置されており、特別開帳を願いでると拝観することが可能である。

四国八八カ所霊場の第七五番札所でもある善通寺は、文字どおりの大師信仰の拠点である。行きあうお遍路さんの姿も大師誕生地として、はずんでみえる。

参詣者に人気があるのが、御影堂地下にある真っ暗な通路を手探りで歩く「戒壇めぐり」で、身に悪行《あくぎょう》があると出られないという言い伝えがある。

＊戒壇めぐりが人気

深雪山《みゆきさん》 醍醐寺《だいごじ》

真言宗醍醐派総本山

＊理源大師聖宝が開創

データ

住所＝京都市伏見区醍醐東大路町《だいごひがしおおじちょう》

桜並木で知られ、堂塔八〇を数える巨刹

醍醐寺《だいごじ》は醍醐山の山上にある上醍醐《かみだいご》と山麓の下醍醐《しもだいご》の総称で、堂塔は八〇を超え、寺宝は十数万点にも及ぶという巨刹である。

醍醐寺は、理源《りげん》大師聖宝《しょうぼう》が八七四（貞観《じょうがん》一六）年に草庵《そうあん》を構えたことに始まる。理源大師は山中で出会った翁《おきな》が、湧き水を飲みながら「ああ醍醐味《だいごみ》かな」とつぶやくのを聞いて、草庵を構えることを決意したというが、その湧き水は諸病平癒の霊泉「醍醐水《だいごすい》」として、いまも愛されつづけている。下醍醐から上醍醐への道は、往復三時間以上かかる険しい山道だが、上醍醐の風情は苦労して登ってよかったと思わせてくれる。

堂塔が最初に整備されたのは上醍醐で、九〇七（延喜《えんぎ》七）年に醍醐《だいご》天皇の勅願寺となった。その上醍醐には、薬師堂・五大堂などがあり、理源大師の草庵跡といわれる准胝堂《じゅんでいどう》は西国《さいごく》観音霊場の第一一番札所となっているが、二〇〇八（平成二〇）年の落雷で焼失し再建中。

下醍醐は九二六（延長《えんちょう》四）年に開かれ、代々の皇室の帰依《きえ》によって上醍醐とともに発展し、近世に入ってからは豊臣秀吉《とよとみひでよし》の援助で伽藍《がらん》を復興。国宝に指定されている五重塔、秀吉が紀州《きしゅう》（和歌山県）より移築し、同じく国宝となっている金堂《こんどう》など、見逃せない堂塔が並ぶ。秀吉が全国から集めたという桜並木もつくられた。また、三宝院の庭園は特別名勝・特別史跡に指定されている。国宝・重要文化財の図像・仏像の宝庫としても知られ、これらが収蔵された霊宝館は春と秋に特別展を行っている。

大内山《おおうちさん》　仁和寺《にんなじ》
真言宗御室派総本山

データ
住所＝京都市右京区御室大内

旧紫宸殿を金堂とする皇室ゆかりの古刹

光孝《こうこう》天皇が「西山御願寺《にしやまごがんじ》」として造営を始めたものを、光孝天皇の崩御後、皇子《みこ》の宇多《うだ》天皇が引き継いで八八八（仁和《にんな》四）年に完成。宇多天皇が真言宗に帰依《きえ》していたことから、真言宗の寺院となり、ときの元号をとって「仁和寺《にんなじ》」と名づけられた。

宇多天皇は譲位後、仁和寺に入って出家し、法皇として執務をとったため、「御室御所《おむろごしょ》」と呼ばれることもある。

その後は、わが国最初の門跡《もんぜき》寺院となり、皇室の尊崇を受けて順調に発展、盛時には八キロメートル四方の寺域に塔頭《たっちゅう》が七〇を超えるほどまでになった。

だが鎌倉・室町時代にかけては、たび重なる火災で堂塔が焼失したうえに、応仁《おうにん》の乱（一四六七〜七七年）の兵火に巻きこまれて、荒廃するにまかされていた時期もある。

復興のきっかけとなったのは、一五七五（天正《てんしょう》三）年、織田信長《おだのぶなが》から寄進を受けたこと。その後、江戸時代に入ってからは、徳川《とくがわ》三代将軍家光《いえみつ》の外護《げご》と寄進を受けて、再興が進められた。

また、皇室からも援助の手がさしのべられ、御所から紫宸殿《ししんでん》・清涼殿《せいりょうでん》・常御殿《じょうごでん》が下賜《かし》されて、再び堂塔が整えられていった。

単層入母屋《いりもや》造りで優美さを誇る旧紫宸殿は金堂《こんどう》（国宝）となっており、内部には本尊阿弥陀《あみだ》三尊像が安置されている。

皇室と縁が深かったために、代々天皇の皇子が門跡（住職）を務め、明治維新まで三〇代続いた。

＊わが国最初の門跡寺院

東山《とうざん》 泉《せん》涌《にゅう》寺《じ》

真言宗泉涌寺派総本山

＊皇室の御寺

データ

住所＝京都市東山区泉涌寺《せんにゅうじ》山内町《やまのうちちょう》

俊芿がつくりあげた純粋な宋風寺院

弘法大師が創建した由緒ある寺院である。一二一八（建保《けんぽう》六）年、月輪《がちりん》大師俊芿《しゅんじょう》が再興したときは「仙遊《せんゆう》寺《じ》」と呼ばれていたが、境内から泉が湧きだしたことから「泉涌寺《せんにゅうじ》」と改められたといわれている。

後鳥羽《ごとば》上皇をはじめ、歴代の天皇が帰依《きえ》したことから、境内には御陵《ごりょう》が造営されて、皇室の菩提所《ぼだいしょ》となった。天智《てんじ》天皇から昭和天皇にいたるまで、歴代の御霊《みたま》を奉祀《ほうし》していることから「御寺《みてら》」と呼ばれ、庶民の尊敬を集めてきた。

仏殿・観音堂などが立ち並ぶ境内は月輪山《がちりんざん》の木々の緑に囲まれ、落ちついたたたずまいを見せる。

仏殿に納められた釈迦《しゃか》・阿弥陀《あみだ》・弥勒《みろく》の三世仏《さんぜぶつ》は、鎌倉時代の大仏師で、東大寺《とうだいじ》南大門の仁王像《におうぞう》の作者としても有名な運慶《うんけい》の作といわれる名品。

また、龍が描かれた天井画などは、江戸時代初期を代表する絵師で、江戸城や二条城などの障壁画制作を指揮した狩野探幽《かのうたんゆう》の作である。

観音堂に安置されているのが、秘仏として伝えられてきた楊貴妃観音《ようきひかんのん》像。この像は、唐《とう》の玄宗《げんそう》皇帝が亡くなった楊貴妃の冥福を祈るために造らせたといわれているものである。

いまでこそ、随時拝観することができるようになったが、一九五五（昭和三〇）年までは一〇〇年に一度しか公開されることがなかった。そのため、保存状態が非常によく、彩色も残っていて、美貌で知られた楊貴妃の姿をしのばせる美しい表情を見せてくれる。

一乗山《いちじょうざん》　大伝法院《だいでんぼういん》

根来寺《ねごろじ》

新義真言宗総本山

＊新義真言宗の根本道場

データ
住所＝和歌山県岩出市根来《ねごろ》

興教大師覚鑁の法流を伝える名刹

　真言宗中興の祖興教大師《こうぎょうだいし》覚鑁《かくばん》が鳥《と》羽《ば》上皇に願いでて一一三二(長承《ちょうしょう》元)年に高野山に真言教学研鑽《けんさん》のための大伝法院《だいでんぼういん》と修行道場として密厳《みつごん》院《いん》を建てたことに由来する。

　二年後、覚鑁は院宣により大伝法院と金剛峯寺《こんごうぶじ》の座主《ざす》を兼職するが、金剛峯寺の衆徒と対立して根来《ねごろ》の地に移り、一一四三(康治《こうじ》二)年、この地で生涯を閉じた。

　大伝法院は一二四二(仁治《にんじ》三年)に焼失。一二八八(正応《しょうおう》元)年、頼瑜《らいゆ》が大伝法院を現在地に移し、新義真言宗の宗門を樹立、根来寺《ねごろじ》の基礎が固められることとなった。

　根来寺は、新義真言教学の中心地として発展し、塔頭《たっちゅう》は二七〇〇以上、寺領七二万石《ごく》の規模を誇った。また、僧兵は勇猛を誇り、戦国時代にはその数一万人を超え、鉄砲隊を有するほどの勢力となった。

　しかし、一五八五(天正《てんしょう》一三)年の秀吉《ひでよし》の紀州攻めに敗れ、堂塔も一部を残して焼失してしまう。

　根来寺が再興されるのは、江戸時代に入って紀州徳川家の外護《げご》を受けるようになってから。

　現存する堂塔のなかで大塔と大師堂は、秀吉の紀州攻めの際にも焼失を逃れたもの。とくに大塔は一四八〇(文明《ぶんめい》一二)年から六七年かけて完成されたことがわかっており、国宝に指定されている。

　室町建築の代表的様式を伝える大師堂のほか、大伝法堂・光明真言殿・行者堂・聖天堂《しょうてんどう》・大門が国の重要文化財である。また、自然の滝と池を配した庭園は国の名勝。

成田山《なりたさん》 新勝寺《しんしょうじ》 真言宗智山派大本山

＊「お不動さま」で有名

データ
住所＝千葉県成田市成田

関東不動信仰の聖地、日本一の巨刹「成田山」

お不動さまといえば「成田山《なりたさん》」と、古くから関東の人々の信仰を集めてきた不動信仰の拠点。

九四〇(天慶《てんぎょう》三)年、朱雀《すざく》天皇の勅命により平将門《たいらのまさかど》の乱調伏《ちょうぶく》のため、寛朝《かんちょう》が高雄山神護寺《たかおさんじんごじ》の不動明王《ふどうみょうおう》を捧《ほう》持《じ》して下総国《しもうさのくに》(千葉県)に下ったことを起源とする。将門の乱平定後、東国鎮護の勅願寺として「新勝寺《しんしょうじ》」の寺号を賜った。

本尊の不動明王像は、嵯峨《さが》天皇の勅願により八一〇(弘仁《こうにん》元)年、弘法大師が自ら彫って護摩法を修したものと伝わるが鎌倉時代後期の名作で、国の重要文化財に指定されている。

山容が整えられたのは、不動信仰が高まった江戸時代中期から。元禄《げんろく》年間から幕末の安政《あんせい》年間までに二三回の出開帳《でがいちょう》が行われて信者も増え、不動信仰の中心地として、さらなる隆盛を誇ることになった。

本堂は何度か再建されており、現在の大本堂は一九六八(昭和四三)年に再建されたもの。元禄年間再建の本堂、安政年間再建の本堂は、それぞれ光明堂《こうみょうどう》、釈迦堂《しゃかどう》となっており、両堂ともに国の重要文化財である。このほか、十六羅漢《じゅうろくらかん》が彫りめぐらされた三重塔、文政《ぶんせい》年間建立の仁王門、近世庶民信仰をいまに伝える額堂が国の重要文化財となっている。

なお、東京門前仲町《もんぜんなかちょう》にあって、多くの参詣者を集める深川不動堂は、成田山の東京別院である。

そのほかに、札幌・函館・川越・横浜・大阪・名古屋・福井の別院、全国各地に教会、布教所があり、全国規模の信仰となっている。

金剛山《こんごうさん》 金乗院《きんじょういん》 平間寺《へいけんじ》(川崎大師《かわさきだいし》) 真言宗智山派大本山

＊大師信仰の中心地

データ
住所＝神奈川県川崎市川崎区大師町《だいしまち》

日本一の参詣者でにぎわう厄除け大師

平間寺《へいけんじ》は本尊に弘法大師をまつる大師信仰の中心地で、「川崎大師」として知られる。毎年、初詣《はつもうで》に全国で最高の参詣者が訪れる寺院であり、「厄除け大師」として名高い。

起源は、無実の罪によりこの地で漁師をしていた元武士の平間兼乗《ひらまかねのり》が四二歳の厄年のとき、夢のお告げにしたがって海中から弘法大師像を引き上げ、これを草庵《そうあん》にまつったのがはじまりといわれる。

あるとき、高野山《こうやさん》の僧尊賢《そんけん》が訪れ、大師像の話を聞いて兼乗とともに寺院を建立し、兼乗の姓をとって「平間寺」と名づけたのが一一二八(大《だい》治《じ》三)年と伝えられている。それから六年後、兼乗はお大師さまのご加護により無実の罪が晴れ、生国に帰ることができたという。

厄除け大師として信仰が関東一円に及ぶようになったのは、江戸時代後期になってから。一七九六(寛政《かんせい》八)年に徳川《とくがわ》一一代将軍家斉《いえなり》が参詣、その後も将軍家や御三家の参詣が続き、大師信仰は不動のものとなった。

明治に入ると、大師電気鉄道(現在の京浜急行電鉄)の開通によって、さらに参詣者を集めるようになる。

第二次世界大戦で多くの堂塔が失われたが、現在は、難を逃れた本尊大師像がまつられる大本堂を中心に不動堂や不動門、鐘楼堂など往時の偉容を取り戻している。

門前には名物のくず餅やせきどめ飴《あめ》の店が軒を連ね、駅から続く参道は情緒ある風情である。

また、一〇年に一度の川崎大師大開帳には赤札《あかふだ》が授与される。

高《たか》尾《お》山《さん》薬《やく》王《おう》院《いん》

有喜寺《ゆうきじ》　真言宗智山派大本山

データ
住所＝東京都八王子市高尾町《たかおまち》

ハイキング姿の参詣者も多い山岳密教の霊場「高尾山」

「高尾山薬王院《たかおさんやくおういん》」の名で親しまれ、多くの参詣者を集めているが、寺号は「有喜寺《ゆうきじ》」といい、江戸時代前半までは有喜寺の名で通っていたといわれる。

七四四（天平《てんぴょう》一六）年、聖武《しょうむ》天皇の勅命によって東国鎮護のために薬師如来をまつり、行基《ぎょうき》が開創したのが薬王院の名の由来とされる。

寺院として発展を遂げたのは、南北朝時代に京都醍醐寺《だいごじ》の俊源《しゅんげん》が入山し、飯縄大権現《いづなだいごんげん》を山上にまつってからのこと。この飯縄権現信仰と修験《しゅげん》道《どう》をあわせた山岳密教の霊場・修行地として発展を続けた。

とくに戦国時代には、関東一円の支配者となった小田原城主北条《ほうじょう》氏の外護《げご》を受けて、寺容が整えられていった。

飯縄権現信仰は江戸時代に入るとさらに盛んになり、薬王院への参詣者も増えていく。江戸での出開帳《でがいちょう》が何度も行われ、一八八六（明治一九）年の台風で倒壊した大本堂の再建のためにも行われた。

現在も、高尾山は山岳信仰の霊山となっている。境内には本堂・本社・山門・仁王門・大師堂・奥之院ほか諸堂が立ち並び、行場《ぎょうば》として滝行をする信者の姿も見うけられる。

また高尾山は武蔵野の自然を残しており、野鳥や野草の宝庫でもあるので、信者ばかりでなく、ハイキング姿の参詣者も数多く見られる。

＊火渡り祭が有名

三月の第二日曜に行われる火渡り祭《さい》は、修験道の聖地にふさわしく、たくさんの人々が真剣な表情で熱い火の上を歩き、無病息災を祈る。

神齢山《しんれいざん》 悉地院《しつじいん》 護国寺《ごこくじ》

真言宗豊山派大本山

＊江戸の面影を残す名刹

データ
住所＝東京都文京区大塚

徳川五代将軍綱吉が開創、明治の元勲も眠る大寺院

護国寺《ごこくじ》は都心にありながら関東大震災や戦災をくぐり抜け、いまも江戸の面影を残し、訪れる多くの人々に安らぎを与えてくれている。

また、豊山《ぶざん》派三〇〇〇カ寺の東の拠点である。

護国寺の創建は一六八一(天和《てんな》元)年、徳川《とくがわ》五代将軍綱吉《つなよし》が生母桂昌院《けいしょういん》の発願《ほつがん》により、上野国《こうづけのくに》(群馬県)碓井《うすい》八幡宮の別当大聖護国寺《だいしょうごこくじ》の亮賢《りょうけん》を招き、開山とした。

江戸幕府の高田薬園のあった場所にお堂を建て、桂昌院の念持仏であった天然琥珀如意輪観音《こはくにょいりんかんのん》像をまつり、「神齢山悉地院《しんれいざんしつじいん》護国寺」と号し、寺領三〇〇石《こく》を賜ったことに始まる。

一七一七(享保《きょうほう》二)年に神田の護持《ごじ》院《いん》が焼失したことから護国寺に合併し、本坊を「護持院」、観音堂を「護国寺」と称するようになった。寺領はあわせて二七〇〇石と隆盛をきわめ、幕府の祈願寺として江戸名所にも数えられていた。しかし明治維新後、護国寺に統一された。

元禄《げんろく》年間の建築工芸の粋を結集した観音堂(本堂)の雄大さは都内随一。月光殿《げっこうでん》は、近江《おうみ》(滋賀県)の三井寺《みいでら》の塔頭日光院《たっちゅうにっこういん》の客殿を移築したもので、桃山時代の書院造りを伝える貴重な建築として国の重要文化財に指定されている。

寺内には公園墓地の先駆けともなった大霊園がある。三条実美《さんじょうさねとみ》、大隈《おおくま》重信《しげのぶ》といった明治の元勲《げんくん》をはじめ、団琢磨《だんたくま》、池田成彬《いけだなりあき》など、明治時代から昭和初期にかけて活躍した著名人が数多く眠っていることでも知られ、お墓参りに訪れる人も多い。

信貴山《しぎさん》 朝護孫子寺《ちょうごそんしじ》 信貴山真言宗総本山

*「毘沙門さん」と親しまれる

データ

住所＝奈良県生駒《いこま》郡平群町《へぐりちょう》信貴山

信貴山頂近くに建つ壮麗な古寺

国宝の『信貴山縁起絵巻《しぎさんえんぎえまき》』で有名な朝護孫子寺《ちょうごそんしじ》は、本尊に聖徳太子《しょうとくたいし》自刻の毘沙門天王《びしゃもんてんのう》像をまつり、人々に親しまれている。そのご加護により重病が快癒した醍醐《だいご》天皇から、朝廟安穏・守護国土・子孫長久の祈願所として寺号を賜ったとされる。

毘沙門天王が、寅の年・寅の月・寅の日・寅の刻に出現したとの伝承から、初寅の日には初寅大法要が行われる。また、七月三日には毘沙門天王御出現大祭があり、たくさんの参詣者でにぎわう。

信貴山中腹の急斜面にせり上がるように配置された懸造り《かけづくり》の豪壮な本堂は見ごたえがある。

勝宝山《しょうほうざん》 西大寺《さいだいじ》 真言律宗総本山

*真言律宗の大道場

データ

住所＝奈良市西大寺芝町《さいだいじしばまち》

古い歴史を誇る南都七大寺のひとつ

七六五(天平神護《てんぴょうじんご》元)年、称徳《しょうとく》天皇の勅願により建立された古刹。

南都七大寺のひとつに数えられ、奈良時代は東大寺と並び称されるほどの大寺であった。鎌倉時代、叡尊《えいそん》によって再興され、真言律宗の大道場となった。

毎年一〇月三日より三日三晩行われる光明真言会《こうみょうしんごんえ》は七〇〇年以上の伝統をもつ。また、大茶碗でまわし飲みする大茶盛式《おおちゃもりしき》が有名。

現在の堂塔は江戸時代の再建だが、創建以来の寺宝が残る。『金光明最勝王経《こんこうみょうさいしょうおうきょう》』『大毘盧遮那成仏神変加持経《だいびるしゃなじょうぶつじんぺんかじきょう》』、平安時代初期の作と伝えられる十二天《じゅうにてん》画像など、いずれも国宝。

生駒山《いこまさん》 宝山寺《ほうざんじ》 真言律宗大本山

＊宝山湛海が中興開山

データ

住所＝奈良県生駒市門前町《もんぜんちょう》

庶民信仰を集める「生駒の聖天さん」

生駒山《いこまさん》は大昔から神や仙人が住む山とあがめられ、一六七八（延宝《えんぽう》六）年入山の宝山湛海《ほうざんたんかい》を中興開山とする。

本尊は湛海自刻の不動明王坐像《ふどうみょうおうざぞう》だが、鎮守としてまつる秘仏大聖歓喜《だいしょうかんき》自在天《じざいてん》（聖天《しょうでん》）がとくに信仰を集め、「生駒の聖天さん」と呼ばれ、商売繁盛にご利益があるとして庶民信仰の中心となってきた。毎月一日と一六日の聖天の縁日には、参詣者があとをたたない。

「獅子閣《ししかく》」と呼ばれる客殿は、一八八四（明治一七）年に建てられた西洋風二階建て、扉と欄間に色ガラスがはめこまれた異色の建物だ。本尊・獅子閣はじめ、多数の重文をもつ。

蓬莱山《ほうらいさん》 清荒神清澄寺《きよしこうじんせいちょうじ》 真言三宝宗大本山

＊火の神・かまどの神

データ

住所＝兵庫県宝塚市米谷《まいたに》字清《きよ》シ

「荒神さん」の呼び名で親しまれている

八九六（寛平《かんぴょう》八）年、宇多《うだ》天皇の勅願により創建され、七堂伽藍《がらん》をそなえた寺容は「西の高野《こうや》」といわれるほどであったという。

本尊は大日如来だが、鎮守として宇多天皇から「日本第一清荒神《きよしこうじん》」の称号を賜ったといわれる清荒神をまつる荒神堂があり、火の神・かまど（台所）の神として信仰を集める。

毎月二七・二八日の縁日には大勢の参詣者でにぎわい、とくに年初の「初荒神」、年末の「納《おさめ》荒神」には数十万人もの人で境内が埋め尽くされるほどだ。

また、境内には富岡鉄斎《とみおかてっさい》の作品が展示されている鉄斎美術館がある。

石光山《せっこうざん》 石山寺《いしやまでら》 東寺真言宗

＊西国観音霊場一三番札所

データ
住所＝滋賀県大津市石山寺

石山詣でにぎわった平安文学の舞台

七四七（天平《てんぴょう》一九）年、聖武《しょうむ》天皇の勅願により良弁《ろうべん》が開創。平城京改修のとき、近江の保良宮《ほらのみや》遷都にともない、淳仁《じゅんにん》天皇と孝謙《こうけん》上皇によって伽《が》藍《らん》が整えられた。その後、一時衰退していたが、菅原道真《すがわらみちざね》の孫淳祐《しゅんにゅう》によって真言密教の修行道場として再興された。

本尊は秘仏如意輪観音半跏像《にょいりんかんのんはんかぞう》で、西国《さいごく》観音霊場の第一三番札所である。皇都に近く風光明媚《ふうこうめいび》なことから、皇族や貴族の石山詣《いしやまもうで》が盛んになり、平安文学の舞台としてもたびたび登場している。国宝に指定されているわが国最古の多宝塔は、源頼朝《みなもとのよりとも》が寄進したものと伝えられる。

嵯峨山《さがさん》 大覚寺《だいかくじ》 真言宗大覚寺派大本山

＊生け花発祥の寺

データ
住所＝京都市右京区嵯峨大沢町《さがおおさわちょう》

嵯峨野の自然を残す平安時代の名刹

八七六（貞観《じょうがん》一八）年、嵯峨《さが》天皇の離宮に、淳和《じゅんな》天皇の皇子《みこ》である恒寂《ごうじゃく》法親王《ほうしんのう》を開山として開創。以来、代々法親王が継承してきた門跡《もんぜき》寺院。

大沢池《おおさわのいけ》をはじめとした景観は実にみごとで、訪れた人々に感動を与える。その景勝の美しさから、時代劇などのロケ地として使われることで有名でもある。

寝殿造りの宸殿《しんでん》（重文）は後水尾《ごみずのお》天皇から下賜《かし》された建物で、襖絵《ふすまえ》は狩野山楽《かのうさんらく》らの筆による名作ぞろい。

また、生け花嵯峨御流《さがごりゅう》の家元でもある。宵弘法《よいこうぼう》（八月二〇日）、観月の夕べ（旧暦八月一五日前後）などの行事も有名。

蜂岡山《はちおかさん》 広《こう》隆《りゅう》寺《じ》

真言宗御室派大本山

「太秦寺」の名でも知られる聖徳太子ゆかりの古刹

聖徳太子《しょうとくたいし》から仏像を授けられた秦《はたの》河勝《かわかつ》が、六〇三年に造立したと伝えられる京都きっての古刹。

国宝第一号として名高い飛鳥《あすか》時代につくられた弥勒菩薩半跏思惟像《みろくぼさつはんかしゆいぞう》をはじめ、奈良天平《てんぴょう》年間の不空羂索観音像《ふくうけんじゃくかんのんぞう》(国宝)、平安時代初期の阿弥陀《あみだ》如来像《にょらいぞう》・地蔵菩薩像《じぞうぼさつぞう》・虚空蔵菩薩《こくうぞうぼさつ》像《ぞう》・千手観音像《せんじゅかんのんぞう》(いずれも重文)など、貴重な仏像が数多く残る。

地名から「太秦寺《うずまさでら》」「蜂岡寺《はちおかじ》」の別称でも親しまれている。

また、聖徳太子の命日一一月二二日には、御火焚祭《おひたきまつり》が催され、秘仏の聖徳太子像と薬師如来像が特別公開される。

＊御火焚祭で秘仏公開

データ

住所＝京都市右京区太秦蜂岡町《うずまさはちおかちょう》

牛皮山《ぎゅうひさん》 随《ずい》心《しん》院《にん》

真言宗善通寺派大本

仁海が創建した京都山科の名刹

九九一(正暦《しょうりゃく》二)年に「雨乞《あまご》い」で有名な仁海《にんがい》が「曼荼羅寺《まんだらじ》」として創建した京都山科《やましな》の古刹。

五世増俊《ぞうしゅん》が曼荼羅寺の塔頭《たっちゅう》として随心院《ずいしんにん》を建立し、七世親厳《しんごん》のときに後堀河《ごほりかわ》天皇より門跡《もんぜき》の宣旨《せんじ》を賜り、以後「随心院門跡」と称される。

その後、応仁《おうにん》の乱の兵火に遭《あ》い、堂塔を焼失したが、一五九九(慶長《けいちょう》四)年に本堂が再建された。

さらに、江戸時代に入ると、幕府の外護《げご》を受けて、境内の整備が進められ、あつい信仰を集めた。

また、境内は小野小町《おののこまち》の住居跡といわれ、小野小町ゆかりの伝承が数多く残っている。

＊門跡寺院として発展

データ

住所＝京都市山科《やましな》区小野《おの》御霊町《ごりょうちょう》

亀甲山《きっこうざん》 勧修寺《かじゅうじ》 真言宗山階派大本山

＊醍醐天皇が建立

データ

住所＝京都市山科区勧修寺《かんしゅうじ》仁王堂町《におうどうちょう》

朝廷の信仰を集めた門跡寺院

九〇〇（昌泰《しょうたい》三）年、醍醐《だいご》天皇が生母藤原胤子《いんし》の菩提《ぼだい》をとむらうために建立。本尊は醍醐天皇の等身大という千手観音立像《せんじゅかんのんりゅうぞう》。

宇多《うだ》天皇の孫雅慶《がけい》以来、代々法親王が入寺する門跡《もんぜき》寺院として、朝廷や藤原氏の尊崇を受けて栄えた。豊臣秀吉《とよとみひでよし》によって寺領の大半を没収され、伽藍《がらん》も壊されるという苦難を味わったが、徳川《とくがわ》四代将軍家綱《いえつな》・五代将軍綱吉《つなよし》の帰依《きえ》を受けたこともあって再興の道を歩むこととなった。

庭園は、江戸元禄《げんろく》年間に再造された際に古図をもとに、創建当時の氷室池《ひむろのいけ》を中心に造園された姿を取り戻しているといわれる。

宀一山《べんいちさん》 室生寺《むろうじ》 真言宗室生寺派大本山

＊雨乞いの聖地

データ

住所＝奈良県宇陀市室生

「女人高野」として名高い龍神信仰の霊地

古代より龍神信仰の霊地として知られる山岳信仰の聖域。龍は雨を呼ぶと考えられたことから、とくに雨《あま》乞《ご》いの聖地となった。

江戸時代には、徳川《とくがわ》五代将軍綱吉《つなよし》の生母桂昌院《けいしょういん》の帰依《きえ》を受け、寺域が飛躍的に整備された。

女性の入山を禁じていた高野山に対し、室生寺《むろうじ》は女性の参詣を認めていたために「女人高野《にょにんこうや》」と呼ばれ、とくに女性の信仰を集めてきた。

五重塔は、その比類ない美しさで有名である。そのほか、本堂・金堂《こんどう》・十一面観音立像《じゅういちめんかんのんりゅうぞう》などが国宝となっているのをはじめ、すぐれた建築・仏像が数多い。

上野山《じょうやさん》 福祥寺《ふくしょうじ》（須磨寺《すまでら》） 真言宗須磨寺派大本山

＊須磨のお大師さん

「須磨のお大師さん」と親しまれる神戸随一の大寺

福祥寺《ふくしょうじ》というよりも「須磨寺《すまでら》」の名で知られ、「須磨のお大師さん」と神戸市民に親しまれている。

また、観光客も多く、境内はいつもにぎわっている。

須磨浦《すまうら》の和田岬の海底から引き上げられた聖観音菩薩像《しょうかんのんぼさつぞう》の霊験があらたかだったことから、八八六（仁和《にんな》二）年、光孝《こうこう》天皇の勅願により開鏡《かいきょう》が開創したといわれる。

一谷《いちのたに》の合戦で討死した悲劇の若武者平敦盛《たいらのあつもり》愛用の「青葉の笛」など、源平《げんぺい》合戦にまつわる遺物が数多く宝物殿に納められている。国の重要文化財の十一面観音立像《じゅういちめんかんのんりゅうぞう》、絹本著色普賢十羅刹女像《けんぽんちゃくしょくふげんじゅうらせつにょぞう》など寺宝も多い。

データ

住所＝兵庫県神戸市須磨区須磨寺町《すまでらちょう》

紫雲山《しうんざん》 中山寺《なかやまでら》 真言宗中山寺派大本山

＊安産・子授けのお寺

聖徳太子が開いた日本最初の観音霊場のひとつ

安産・子授け祈願のお寺として有名な中山寺《なかやまでら》は、西国《さいごく》観音霊場の第二四番札所であり、聖徳太子《しょうとくたいし》が創建した日本最初の観音霊場と伝えられている。

現在も三万坪の寺領を誇るが、盛時にはいまの二〇倍もの寺領を占めるほど隆盛をきわめた。そして「極楽中心仲山寺」といわれ、比叡山《ひえいざん》、高野山《こうやさん》と並び称されるほどであった。

毎年八月九日に行われる「星下り大会式《だいえしき》」は有名で、西国観音霊場すべての観音さまが星に乗って参集するとされる。

また、大門から本堂に向う参道の西側には塔頭《たっちゅう》が立ち並んでいる。

データ

住所＝兵庫県宝塚市中山寺

雨降山《あぶりさん》 大山寺《おおやまでら》 真言宗大覚寺派準大本山

＊山岳信仰の霊場

雨乞いで知られる大山信仰の中心

古くから山岳信仰の霊場として、雨乞《あまご》いの拠点として栄えてきた。大山《おおやま》の中腹にあることから「おおやまでら」と呼ばれ、山頂の阿夫利《あふり》神社とともに大山信仰の中心となってきた。通称「大山《おおやま》不動」。

七五五(天平勝宝七《てんぴょうしょうほう》)年、良弁《ろうべん》によって開創されたと伝えられる。その後、鎌倉幕府、室町幕府、徳川《とくがわ》将軍家の外護《げご》を受けて発展した。

現在伝わっている本尊の鉄造《くろがねづくり》不《ふ》動明王坐像《どうみょうおうざぞう》と二童子像《にどうじぞう》はいずれも鎌倉時代末期の作で国の重要文化財。

明治維新後、大山寺は末寺の来迎《らいごう》院《いん》に移され、跡地には阿夫利神社の下社《しもしゃ》である拝殿が造営された。

データ

住所＝神奈川県伊勢原市大山《おおやま》

高雄山《たかおさん》 神護寺《じんごじ》 高野山真言宗別格本山

＊真言密教の根本道場

和気清麻呂が開創、平安仏教の拠点となった古刹

平安京造営の功労者であった和気《わけの》清麻呂《きよまろ》が、七八一(天応元《てんおう》)年に氏寺として開創。高雄山寺《たかおさんじ》ともいう。

和気氏が弘法大師空海と最澄を庇《ひ》護《ご》したことから、神護寺は平安仏教の拠点のひとつとなる。

とくに、空海が鎮護国家のための御修法《みしほ》、金剛界《こんごうかい》・胎蔵界《たいぞうかい》の灌頂《かんじょう》を相次いで修したことから、真言密教の根本道場となった。

金堂《こんどう》の本尊薬師如来立像《やくしにょらいりゅうぞう》と多宝塔の五大虚空蔵菩薩坐像《こくうぞうぼさつざぞう》は、貞観《じょうがん》彫刻の傑作として名高く、国宝。また、空海在世時の作である高雄曼荼羅《たかおまんだら》も国宝。大師堂は桃山建築の粋を集めたものとして国の重要文化財。

データ

住所＝京都市右京区梅ヶ畑高雄町《うめがはたたかおちょう》

大《だい》安《あん》寺《じ》 高野山真言宗別格本山

＊天平年間の仏像が残る

聖徳太子と弘法大師ゆかりの古刹

聖徳太子《しょうとくたいし》が開いた熊凝精舎《くまごりしょうじゃ》が起りで、七四五（天平《てんぴょう》一七）年に大安寺《だいあんじ》となったと伝えられる。平城京の左京に建つ国家鎮護の官寺として栄え、南都七大寺のひとつだった。

弘法大師とのかかわりも深く、大師が讃岐国《さぬきのくに》（香川県）から上洛《じょうらく》したときに身を寄せた佐伯《さえき》氏の氏寺香積寺《こうしゃくじ》のあったところともいわれ、大師は八二九（天長《てんちょう》六）年には大安寺の別当となっている。また、御遺告《ごゆいごう》で「大安寺をもって本寺となすべし」といったといわれている。

本尊十一面観音立像《じゅういちめんかんのんりゅうぞう》はじめ、天平《てんぴょう》年間の仏像が多数残る。これらの仏像は一木の木彫で大安寺様式という。

データ

住所＝奈良市大安寺町《だいあんじちょう》

自生山《じしょうざん》 那《な》谷《た》寺《でら》 高野山真言宗別格本山

＊江戸初期の名庭園

白山系修験道の行場として栄えた古刹

七一七（養老元《ようろう》）年に開創されたと伝えられる古刹。

本尊は十一面千手観音立像《じゅういちめんせんじゅかんのんりゅうぞう》。白山《はくさん》三カ寺のひとつとして、白山系修験《しゅげん》道《どう》の行場《ぎょうば》としても栄えた。

江戸時代初期、加賀《かが》藩三代藩主前《まえ》田利常《だとしつね》によって伽藍《がらん》の再建整備が行われた。

大悲閣《だいひかく》（本殿）・三重塔・書院・鐘《しょう》楼《ろう》・護摩堂は、いずれも江戸寛永《かんえい》年間に建てられたもので、国の重要文化財となっている。

また、庭園も同時期に造られたもので、江戸時代初期の書院式露地の石組みに特色があり、国の名勝指定を受けている。

データ

住所＝石川県小松市那谷町《なたまち》

高幡山《たかはたさん》 明王院《みょうおういん》 金剛寺《こんごうじ》（高幡不動尊《たかはたふどうそん》） 真言宗智山派別格本山 ＊不動信仰の拠点

都会の信仰と憩いの場「高幡不動尊」

「高幡不動尊《たかはたふどうそん》」の名で親しまれる金剛寺《こんごうじ》は、不動信仰の拠点として、たくさんの参詣者でにぎわっている。

行基《ぎょうき》の開創と伝えられ、一〇六二（康平《こうへい》五）年に源頼義《みなもとのよりよし》が前九年の役《えき》に出陣の折、戦勝を祈願したころより、信仰が広まった。

室町時代には、足利《あしかが》氏や上杉《うえすぎ》氏の尊崇を受けて伽藍《がらん》の整備が行われ、江戸時代には、真言宗武蔵《むさし》方の学問所の本拠地として、真言教学の研鑽《けんさん》道場として大いに栄えた。

新東京百景に数えられる三万坪の境内は、多摩丘陵の自然と四季の花々に恵まれた都民の憩いの場となっている。

データ

住所＝東京都日野市高幡

北野山《きたのさん》 真福寺《しんぷくじ》 宝生院《ほうしょういん》（大須観音《おおすかんのん》） 真言宗智山派別格本山 ＊骨董市で有名

日本有数の古文書の宝庫「大須文庫」

本尊は聖観音菩薩立像《しょうかんのんぼさつりゅうぞう》で、「大須《おおす》観音」の名で親しまれている。

能信《のうしん》が一三二四（元亨《げんこう》四）年、現在の岐阜県羽島市大須に創建し、多くの書写を行う。一六一二（慶長《けいちょう》一七）年、木曽川《きそがわ》の洪水を避けて現在地に移り、尾張《おわり》（愛知県）地方の真言密教の根本道場として栄える。

奈良から室町時代の古文書が数多く伝えられていることでも有名で、大須文庫（真福寺《しんぷくじ》文庫）として日本有数の古文書の宝庫である。『古事記《こじき》』『漢書食貨志《かんしょしょっかし》』など国宝も多数。

また、毎月一八・二八日に境内で開かれる骨董市《こっとういち》は有名で、遠方からも人が集まる。

データ

住所＝愛知県名古屋市中区大須

出流山《いづるさん》 満《まん》願《がん》寺《じ》　真言宗智山派別格本山

子授け観音で有名な坂東の札所

坂東《ばんどう》観音霊場の第一七番札所の満《まん》願寺《がんじ》は、本尊に災難・厄除けに霊験あらたかとされる弘法大師自刻の千《せん》手観音《じゅかんのん》像をまつる。さらに、奥の院には鍾乳石《しょうにゅうせき》からなる十一面観音像《じゅういちめんかんのんぞう》が安置され、関東一円に「子授けの観音さま」として知られている。

七六五（天平神護《てんぴょうじんご》元）年、勝道《しょうどう》によって開創。徳川《とくがわ》将軍家の外護《げご》を受け、さらに興隆した。

＊真言密教の修行道場

また、真言密教の修行道場としても知られ、滝行に励む人々も多い。宿坊があるので、宿泊して早朝護摩への参列が可能。

門前に蕎麦屋が軒を連ねており、「出流蕎麦《いづるそば》」として名高い。

データ
住所＝栃木市出流町《いづるまち》

檜尾山《ひのおさん》 観《かん》心《しん》寺《じ》　高野山真言宗

楠木正成ゆかりの古刹

七〇一（大宝《たいほう》元）年ころ、役行者《えんのぎょうじゃ》が開創。その後、弘法大師が再興し、大師の高弟実恵《じちえ》が淳和《じゅんな》天皇から伽藍《がらん》建立を命じられ、八二七（天長《てんちょう》四）年から造営に着手した。その後も皇室の帰依《きえ》を受け、清和《せいわ》天皇の勅願定額《ちょくがんじょうがく》寺《じ》となり、真言密教の修行道場として隆盛してきた。

＊役行者が開創

国宝の金堂《こんどう》は、鎌倉時代に後醍醐《ごだいご》天皇が楠木正成《くすのきまさしげ》を奉行として造営したもの。建武《けんむ》の新政《しんせい》後、正成は三重塔の建立にも着手したが、完成前に討死したために初層のまま建掛塔《たてかけとう》（重文）として現在に伝わっている。

また、塔頭《たっちゅう》の中院《ちゅういん》は楠木家の菩提《ぼだい》寺《じ》で、境内には楠公首塚《なんこうくびづか》もある。

データ
住所＝大阪府河内長野《かわちながの》市寺元

二上山《にじょうざん》 當麻寺《たいまでら》 単立（高野山真言宗・浄土宗）

＊日本最古の弥勒仏塑像

データ
住所＝奈良県葛城市當麻

奈良・平安期に建立された東西の三重塔が現存

聖徳太子《しょうとくたいし》の弟麻呂子王《まろこおう》が河内国《かわちのくに》山田郷（大阪府太子町）に弥勒仏坐像《みろくぶつざぞう》をまつったのがはじまりで、その孫の當麻真人国見《たいまのまひとくにみ》が六八一年に現在地に移し、當麻寺《たいまでら》としたと伝わる。

弘法大師がこもって祈願したことから真言宗となったが、その後、恵《え》心僧都《しんそうず》により浄土信仰の中心ともなった。そのため、真言宗と浄土宗の両方に属する。

弥勒仏坐像は金堂《こんどう》にまつられ、塑像としては日本最古、鐘楼の梵鐘《ぼんしょう》も和鐘としてはこれまた最古のもの。また、奈良後期と平安初期に建立された東西の三重塔が現存するのは當麻寺だけである。いずれも国宝。

水晶山《すいしょうざん》 玉蔵院《ぎょくぞういん》 常福寺《じょうふくじ》（閼伽井嶽薬師《あかいだけやくし》） 真言宗智山派

＊火渡りで有名

データ
住所＝福島県いわき市平赤井字赤井嶽

東北を代表する山岳信仰の霊山「閼伽井嶽薬師」

「閼伽井嶽薬師《あかいだけやくし》」として知られる東北有数の霊山で、車で行くことが可能になった現在でも、鬱蒼《うっそう》とした木々のなかを抜けていくと、心ひき締まる思いがする。

大地震や疫病が流行した七三四（天平六《てんぴょう》）年、源観《げんかん》がインドから伝来した薬師如来像《やくしにょらい》を当地に安置し、祈願したのがはじまりである。

早くから真言密教の修行道場として名高く、数多くの名僧を生んだことでも知られている。

八月三一日・九月一日には柴燈大護摩《さいとうおおごま》（火渡り）が行われ、多くの人々でにぎわう。とくに縁結び、安産にご利益があると信仰されている。

補陀洛山《ふだらくさん》 那古寺《なごじ》 真言宗智山派

＊鏡ヶ浦を眺望

坂東観音霊場の結願所

坂東《ばんどう》観音霊場の結願所《けちがんじょ》となるのが、第三三番札所の那古寺《なごじ》である。

境内から鏡ヶ浦《かがみがうら》を眺望する景色は、観音菩薩の南方補陀洛山《ふだらくさん》浄土をイメージさせ、古くから観音信仰の拠点であったことが納得させられる。

七一七(養老《ようろう》元)年、行基《ぎょうき》が海中から得た霊木を刻んだ千手観音像《せんじゅかんのんぞう》を安置し、元正《げんしょう》天皇の病気平癒を祈願したことにはじまる。

室町時代には、安房里見《あわさとみ》氏の外護《げご》を受け、真言密教の修行道場として隆盛をみた。

観音堂(本堂)にいたる道には、仁王門・阿弥陀堂《あみだどう》・多宝塔などが立ち並び、結願所にふさわしい。

データ
住所＝千葉県館山市那古

五台山《ごだいさん》 竹林寺《ちくりんじ》 真言宗智山派

＊合格祈願に人気

文殊菩薩の霊場として知られる古刹

高知市民からは「五台山《ごだいさん》」の名で親しまれている。中国山西省《さんせいしょう》の五台山に似ていることから、文殊菩薩《もんじゅぼさつ》の霊場として人々の信仰を集めてきた。

江戸時代中期一七〇四(宝永《ほうえい》元)年には江戸で、翌年には大阪で、「出《で》開帳《がいちょう》」が行われるなど、その文殊信仰は早くから全国規模だった。

また、四国八八カ所霊場の第三一番札所として、自然に恵まれた景観も聖地にふさわしく見事である。

本堂(文殊堂)と書院、秘仏文殊菩薩像ほか、宝物館に奉安される仏像群が国の重要文化財、禅僧夢窓国師《むそうこくし》作庭と伝わる竹林寺庭園は、高知唯一の国の名勝に指定されている。

データ
住所＝高知市五台山

高野山《こうやさん》 最教寺《さいきょうじ》 真言宗智山派

＊子泣き相撲が有名

西九州の大師信仰の拠点「西高野山」

「西高野山《にしのこうやさん》」「談議所」の名で知られる最教寺《さいきょうじ》は、西九州一帯の大師信仰の中心である。弘法大師が、仏教の奥義を求めて唐《とう》に船出したのは、平戸の田ノ浦《たのうら》であったこともあり、平戸市民の大師信仰は、宗派・宗教を超えたものとなっている。

本尊は虚空蔵菩薩坐像《こくうぞうぼさつざぞう》で、奥の院

本殿には大師像をまつっている。

毎年一二月一一日に行われる論議は、真言教学の研鑽《けんさん》を競う法要で、貴重なものである。ここに肥前談議所としての風格が感じられる。

また、節分に行われる子泣き相撲《ずもう》は、子供の邪気払いの行事で、県外からも多数参加する。

データ

住所＝長崎県平戸《ひらど》市岩《いわ》の上町《うえちょう》

五智山《ごちさん》 遍照院《へんじょういん》 総持寺《そうじじ》（西新井大師《にしあらいだいし》） 真言宗豊山派

＊下町の厄除け大師

「お大師さん」と親しまれる東京下町の名刹

八二六（天長《てんちょう》三）年、弘法大師が開創したと伝えられる古刹で、「西新《にしあら》井大師《いだいし》」の名で親しまれている。

関東巡錫《じゅんしゃく》の途中、この地に立ち寄った大師は、疫病の流行を知り、十《じゅう》一面観音像《いちめんかんのんぞう》を彫って、悪疫退散を祈願。その十一面観音像を本尊として建立したのが総持寺《そうじじ》だといわれる。

西新井大師は古くから「厄除け大師」として下町っ子たちの信仰を集めてきた。

また、毎月一日・八日・一一日・二一日が縁日で、多くの参詣者が集まる。とくに、一月二一日の初大師にはだるま市が立ち、朝から露店が並ぶ。

データ

住所＝東京都足立区西新井

巌金山《がんこんさん》 宝厳寺《ほうごんじ》（竹生島観音《ちくぶじまかんのん》） 真言宗豊山派

＊国宝多数

データ

住所＝滋賀県長浜市早崎町《はやざきちょう》

琵琶湖に浮かぶ竹生島の弁才天堂

七二四（神亀《じんき》元）年、聖武《しょうむ》天皇の勅願により行基《ぎょうき》が開創。その後、弘法大師によって真言宗となった。

本尊の大弁才天像は日本三弁才天のひとつに数えられる。また、千手《せんじゅ》千眼観世音菩薩《せんがんかんぜおんぼさつ》がまつられ、西国《さいごく》観音霊場の第三〇番札所として知られている。ともに秘仏。

現在の諸堂は桃山城の遺構を移築したものが多く、唐門《からもん》は国宝、観音堂や石造五重塔、舟廊下が国の重要文化財となっている。

文化財の一大宝庫でもあり、『法《ほ》華経序品《けきょうじょほん》（竹生島経）』（国宝・奈良国立博物館に寄託）、弘法大師真筆《しんぴつ》『御請来目録表《ごしょうらいもくろくひょう》』（重文）などがある。

蹉蛇山《さださん》 補陀洛院《ふだらくいん》 金剛福寺《こんごうふくじ》 真言宗豊山派

＊四国霊場三八番札所

データ

住所＝高知県土佐清水市足摺岬

足摺岬に建つ平安時代からの古刹

四国最南端の足摺岬《あしずりみさき》を見おろす小高い丘の上にあり、椿《つばき》や松などの樹林のなかにおごそかに諸堂がたたずんでいる。

嵯峨《さが》天皇の勅願により弘法大師が自刻の三面千手観音像《せんじゅかんのんぞう》を安置したのがはじまりといわれる。以来、代々天皇の勅願所として隆盛した。

平安時代後期には観音霊場として都でも有名になり、和泉式部《いずみしきぶ》も訪れたといわれている。

中世以降は五摂家《せっけ》のひとつ一条《いちじょう》家や、土佐《とさ》藩の山内《やまうち》家の信仰を得て、整備された。四国八八カ所霊場の第三八番札所として、いまも多くのお遍路さんたちが訪れる。

第6章 知っておきたい「真言宗の仏事作法・行事」

- 仏壇のまつり方
- 日常のおつとめ
- おつとめの作法
- 葬儀のしきたり
- 法要のしきたり
- お墓のまつり方
- お寺とのつきあい方
- 真言宗の年中行事
- お彼岸とお盆のしきたり

曼荼羅供法会　高野山金剛峯寺

仏壇のまつり方

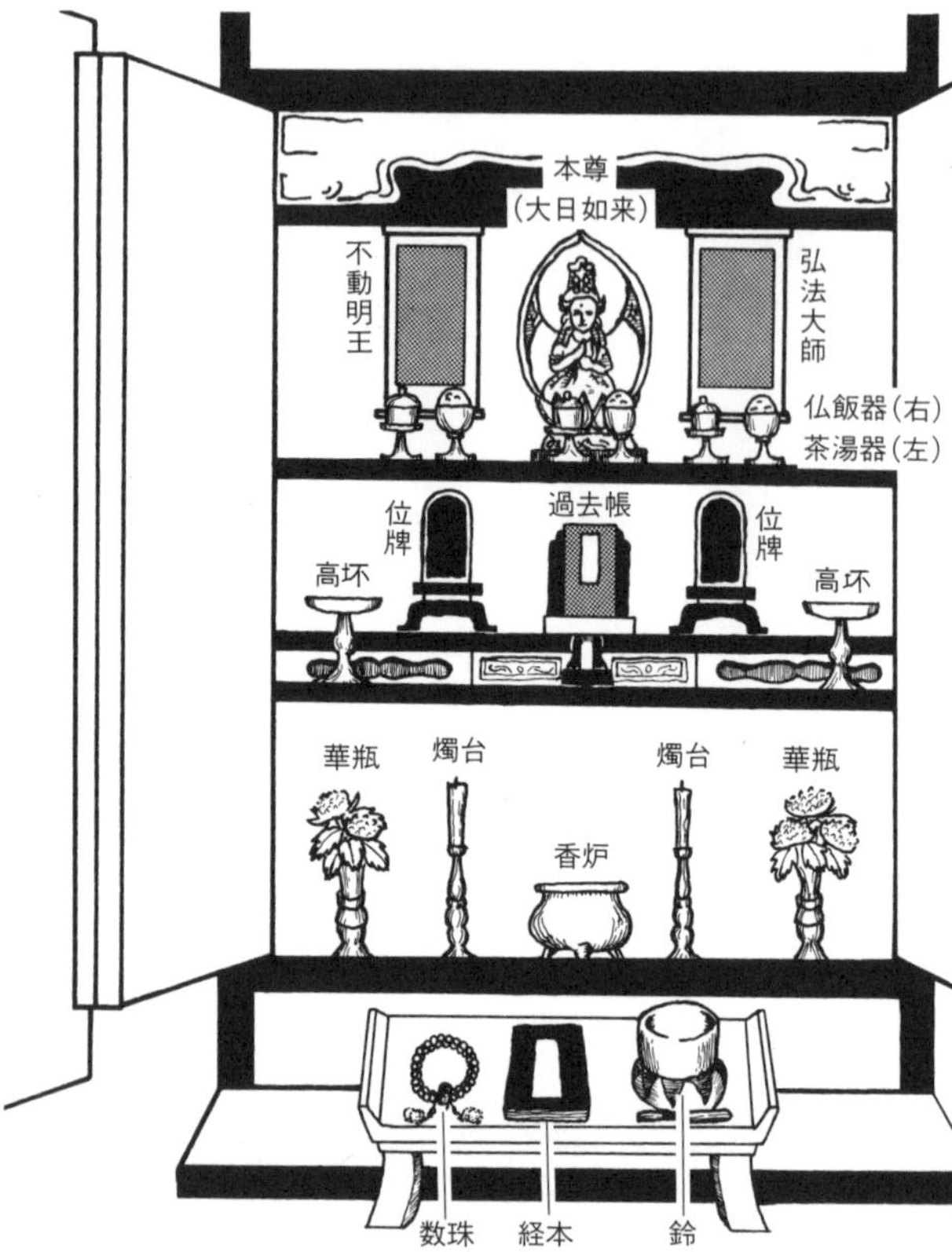
本尊
（大日如来）
不動明王
弘法大師
仏飯器（右）
茶湯器（左）
位牌
過去帳
位牌
高坏
高坏
華瓶
燭台
燭台
華瓶
香炉
数珠
経本
鈴

本尊のまつり方

真言宗では観世音菩薩《かんぜおんぼさつ》、薬師如来《やくしにょらい》、不動明王《ふどうみょうおう》など、お寺によってまつっている本尊も異なる。

しかし、総本尊は大日如来《だいにちにょらい》で、ほかの如来や菩薩は大日如来の多くの徳をあらわしている仏さまである。

そのため仏壇には、総本尊である大日如来、あるいは真言宗の宗祖弘《こう》法大師《ぼうだいし》を本尊としてまつるのが一般的である。

弘法大師は曼荼羅《まんだら》を伝承した祖師であり、その徳は大日如来にも通じていることから、弘法大師を本尊としてまつることは大日如来を本尊とすることと同じであると考えられている。

また、菩提寺《ぼだいじ》が本尊としてまつっている如来や菩薩を本尊としてもよいし、すでにある仏さまを本尊にしてもかまわない。

大日如来を本尊とする場合は、仏壇の上段の中央に大日如来、向かって右に弘法大師、左に大日如来の使者とされる不動明王をまつる。

弘法大師を本尊とする場合には、右に大日如来、左に不動明王をまつる。

ほかの仏さまを本尊とする場合には、右に大日如来、左に弘法大師をまつるとよい。

住居の都合などで小さな仏壇しかまつれないという場合には、上段の中央に総本尊の大日如来あるいは弘法大師をまつって、その両側に位牌を安置するという略式のまつり方もある。

正式なまつり方・略式のまつり方いずれの場合も、本尊は木像でも絵像でもどちらでもかまわない。

ときどき、仏壇のなかに本尊と決めたもの以外にもたくさんの仏さまをまつっている家庭もあるようだが、原則としてこれは避けるべきことだ。菩提寺に相談して預かってもらうのがよいだろう。

また、菩提寺関係以外で受けたお守りやお札《ふだ》なども仏壇にまつるのではなく、別な場所にまつるのが基本である。

本尊を受けたい旨を菩提寺に伝えて、わからないことがあったら相談してみることだ。

仏壇を新しくしたら

仏壇は位牌や本尊の単なる置き場所ではない。仏壇は家族の心のよりどころであり、家庭のなかにあるお寺といってもよい。

それだけに、新しい仏壇を購入したときは、菩提寺にお願いして本尊の開眼《かいげん》法要をしてもらわなければならない。

開眼法要は御霊《みたま》（魂）入れともお性《しょう》根《ね》入れともいわれるように、本尊に命を吹きこみ、本来の働きができるようにすることである。この開眼法要によって、仏壇ははじめて聖なるものとなる。

開眼法要は、仏像や仏画、お守り、お札、石塔、塔婆《とうば》、位牌《いはい》などを新しくしたときや改修したときなどにも、本来は行わなければならないものなのである。

開眼法要は、あまり重視されないこともあるようだが、一周忌や三回忌などの法要と同じように大切な儀式である。できるかぎり、家族全員がそろって行うことが望ましい。

また、仏壇を買い替えたり修理に出す場合には、本尊の御霊抜きをし、新しい仏壇に安置するときに開眼法要を行う。

古くなって処分しなければならない仏壇の処理には困るものだが、新しい仏壇を買った店に相談して、お焚《た》きあげを頼むとよいだろう。

仏具とお供え

仏壇はふつう三段になっており、その上段に本尊をまつり、中段には位牌《いはい》と過去帳（霊簿《れいぼ》）をまつる。過去帳を中央に置いて、向かって右側に祖先の霊を合祀《ごうし》した先祖代々精霊《しょうりょう》の位牌を、左に個々の戒名を書いた位牌をまつる。

位牌には、先祖代々の位牌をまとめて収める繰《く》り出《だ》し位牌と、故人を一人ずつまつる札《ふだ》位牌がある。

そして、大日如来、弘法大師、不動明王の前にはそれぞれ仏飯《ぶっぱん》を右、茶湯を左にそなえ、位牌の前にも菓子、果物などを高坏《たかつき》にのせてそなえる。

下段には香炉《こうろ》・燭台《しょくだい》（ロウソク立て）・華瓶《けびょう》（花立て）をそなえるが、それぞれが一つずつの場合は三具足《みつぐそく》、燭台・華瓶が一対《つい》ずつの場合は五具《ごぐ》足《そく》と呼ばれる。

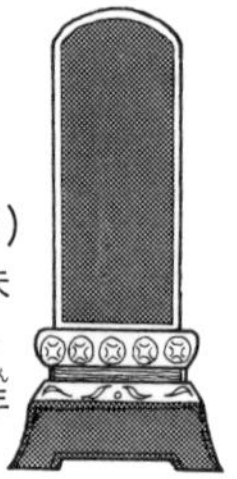

札位牌《ふだいはい》（本位牌）

故人1人または夫婦で1つ。戒名《かいみょう》・命日《めいにち》・俗名《ぞくみょう》・享年《きょうねん》が記されている。

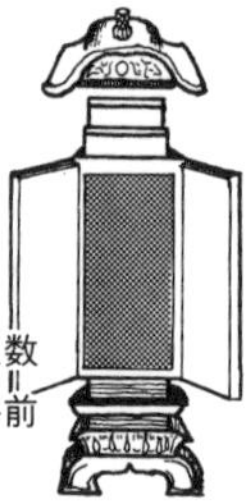

繰《く》り出《だ》し位牌《いはい》

位牌の札板が複数入り、いちばん手前のものが見える。

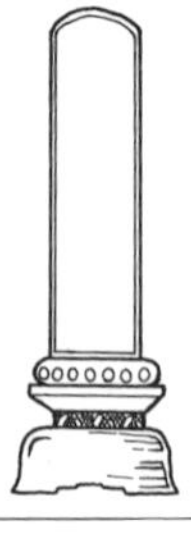

白木《しらき》の位牌《いはい》

一般的に四十九日忌までのもの。その後は本位牌（上記）を用意する。

三具足の場合は、香炉を中心に右に燭台を、左に華瓶を配置し、五具足では香炉を中心に内側に燭台一対を、外側に華瓶一対を配置する。

さらに経机に経本、鈴《りん》、数珠《じゅず》などを置く。また、仏壇の下の台（下台《しもだい》）は、引き出しか戸袋になっているので、予備の線香やロウソクを入れておいたり、法要の記録などをしまっておくとよい。

真言宗の六種供養

真言宗のお供えの基本は、六種供養といわれる、茶湯《ちゃとう》・塗香《ずこう》・華曼《けまん》（花）・焼香《しょうこう》・飯食《おんじき》・灯明《とうみょう》の六種類で、とくにこのお供えによる供養の意義と功徳が重く考えられている。

この六種供養は、茶湯＝水の万物を生かす力から施しの徳、塗香＝心身を清らかにすることで悪事を防ぐ戒めの徳、華曼《けまん》（花）＝心をなごませることから忍辱《にんにく》の徳、焼香＝休みなく燃えつづけるために精進《しょうじん》の徳、飯食＝満足と落ちつきをもたらすので禅定《ぜんじょう》の徳、灯明＝闇を破る光、つまり知恵の徳、とそれぞれ考えられ、六波羅蜜《ろくはらみつ》の徳と結びつけて説明されるほど大切なものなのである。

仏飯器《ぶっぱんき》

ご飯をそなえる器。必ず炊きたてをそなえること。

茶湯器《ちゃとうき》

お茶や湯、水などを入れる器。生きている人が食事後にお茶を飲むのと同じように、仏前にも必ずご飯と一緒にお茶などをそなえる。

高坏《たかつき》

菓子や果物などをそなえる器。半紙を敷いてのせる。足の数が偶数の場合は2本が正面を向くように、奇数なら1本を前に出すように置く。

霊供膳《りょうぐぜん》

霊膳《れいぜん》ともいう。お盆や法要のときに仏前にそなえる小型の本膳《ほんぜん》。手前に箸、左に飯椀《めしわん》、右に汁椀、奥左に平椀（煮もの）、右に腰高坏《こしたかつき》（香のもの）、中央に壺《つぼ》（あえもの）を並べ、一汁三菜の精進料理を盛りつけたら、仏前に箸が向くようにそなえる。

過去帳《かこちょう》

霊簿《れいぼ》ともいい、故人の戒名や俗《ぞく》名《みょう》、命日、享年《きょうねん》などを記したもの。

経机《きょうづくえ》

仏壇の前に置き、経本、数珠、鈴などをのせる。

鈴《りん》（打鳴《うちな》らし）

毎日のおつとめのときに叩く。澄んでいつまでも鳴り響く音色が邪念を払ってくれるといわれる。

華瓶《けびょう》（花立て）

三具足では向かって左に、五具足ではいちばん外側に対《つい》にして置く。

香炉《こうろ》

線香や抹香を焚《た》くための道具。家紋付のものは紋が正面に向くように置く。三具足、五具足ともに中心に配置する。

燭台《しょくだい》（ロウソク立て）

灯明《とうみょう》ともいう。三具足では向かって右に、五具足では華瓶の内側に対《つい》にして置く。

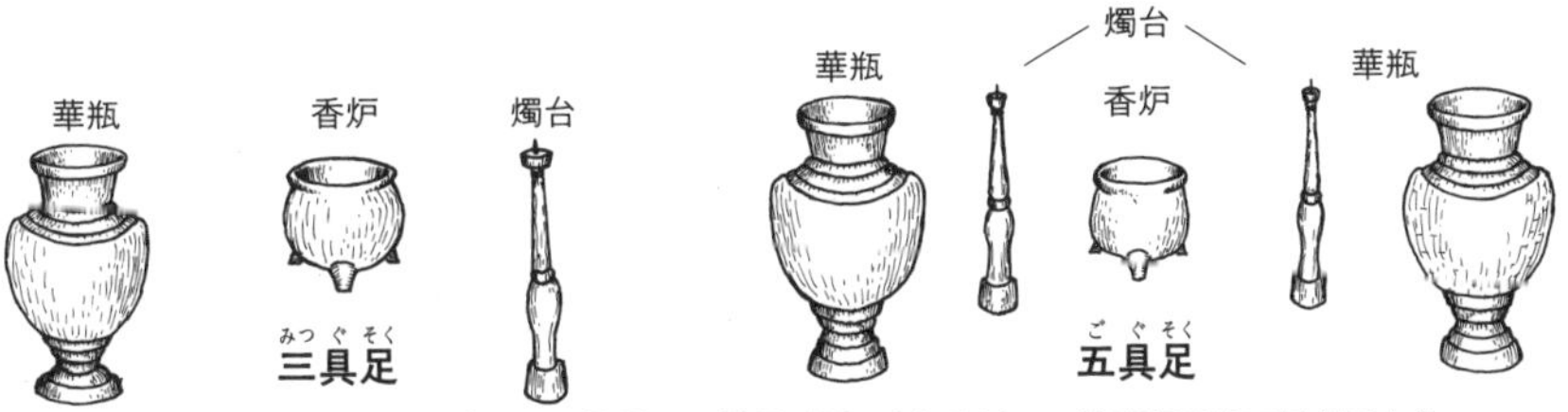
華瓶
香炉
燭台
三具足《みつぐそく》
華瓶
燭台
香炉
華瓶
五具足《ごぐそく》

お寺の本堂や大きな仏壇では五具足や七具足が用いられるが、一般家庭では三具足で十分。

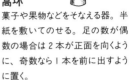

日常のおつとめ

おつとめとは

おつとめには、一切時・六時・四時・三時・二時の五種類がある。この「時」とは時間ではなく、回数のこと。一般の家庭では二時、つまり朝夕一日二回行うのがよいだろう。

昔から「信は荘厳《しょうごん》から」といわれ、おつとめはお供物を整えることから始まる。朝起きて洗顔を終えたら、仏壇の扉を開き、花立ての水を替え、仏飯《ぶっぱん》、茶湯《ちゃとう》をそなえ、ロウソクに火をともし、線香に火をつける。

鈴《りん》を鳴らして合掌礼拝《らいはい》し、一日の誓いと仏さまの加護を祈る。読経《どきょう》を終えたら、再び合掌する。そしてロウソクの火を消す。

夜は寝る前に手を合わせ、今日一日の無事を仏さまに感謝する。そして、仏飯、茶湯を下げ、ロウソクや線香などの火が消えていることを確認して、仏壇の扉を閉める。

仏壇は仏さまをまつる一家の大切なよりどころである。おつとめのあとは掃除をして、毎日きれいにしておきたいものだ。旅行などで長期間留守にするときは、仏壇の扉を閉めておく。

灯明と線香のあげ方

ロウソクをともすのは、単に仏壇を明るくするためではない。ロウソクの火は灯明《とうみょう》と呼ばれ、知恵の徳をあらわしている。明かりが闇を開くように、仏さまの知恵が迷いの闇を開くことを願ってのことである。

最近では防火のためもあって電気式の灯明も増えてきているようだが、やはりロウソクの清らかな光が望ましい。

ロウソクに火をともしたら、その火で線香に火をつけて、香炉に立てる。直接マッチで火をつける人もいるようだが、ロウソクから線香に火をつけるのが正しい作法だ。

真言宗ではふつう、三密《さんみつ》（88頁参照）をあらわす意味で線香を三本立てる。ただし、通夜の枕もとには1本とする。

香炉は灰が散らかっていることのないよういつも掃除を心がけ、ときどきは灰も替えたほうがよい。また、マッチの燃えかすなどは、絶対に香炉に立ててはいけない。

ロウソクや線香の火を消すときは、必ず手や団扇《うちわ》であおいで消す。決して息を吹きかけて消してはいけない。神聖な仏壇の前で、食べ物の生臭さの混じった息を吹きかけて消すことは無作法だからである。消えにくいときのために、ロウソク消しなどの道具を用意しておくと便利だ。

お供物のあげ方

毎日そなえるものとしては、ご飯とお茶の二つがあれば問題はない。毎月の命日、祥月命日《しょうつきめいにち》（亡くなった月の命日）、年忌法要には、果物、菓子、あとは故人が生前に好きだったものをそなえればよい。

ただし、いくら好物といっても、生魚やステーキなど、生臭さを感じさせるものは避けたほうがよい。

また、ニンニク、ニラ、ショウガ、ネギ、ラッキョウなど、においの強いものもなるべく避ける。これらは精進料理でも使われることのない材料なのである。

最近では、仏壇にそなえたものを捨ててしまう家庭も少なくないようだが、本来は家族で食べるものだった。おそなえした仏飯は昼までに下げてお下がりをいただき、いただきものがあったときには、まず仏壇にそなえ、それから家族が食べるという習慣が残っているところもある。果物や菓子は傷まないうちに早めにおろして食べるのがよいだろう。

お供物はふつう礼拝者《らいはいしゃ》のほうに向けてそなえるが、霊供膳《りょうぐぜん》だけは本尊に向ける。

花を礼拝者のほうに向けて飾るのは、装飾と仏さまの慈悲を意味しており、花を見ると人は喜び、悲しみや苦しみがやわらぐからである。

花を枯らしてはいけないと造花をそなえている家庭もあるようだが、一本でもよいからできるだけ生花をあげるようにしたい。

仏壇にあげる花は野の花でもかまわないが、刺のあるもの、毒々しい色のもの、悪臭のあるものは避けるのが常識である。

また、花を毎日替える必要はないが、花を長持ちさせる意味でも、水だけは毎日替えるべきだ。

そなえた水は清められた水、浄水《じょうすい》と呼ばれ、植木や花などにかけるとよいといわれている。

合掌と礼拝のしかた

仏教では、右手を仏さま、左手を自分として、仏さまと自分が一体になるという気持ちで合掌することを基本としている。

真言宗の一般的な合掌のやり方には、蓮華《れんげ》合掌と金剛《こんごう》合掌がある。

どちらの場合も、手を胸に軽くつけて四五度の角度にし、背筋をのばし、あごをひくと美しい姿勢になる。

合掌したまま、軽く頭を下げて三《さん》礼《らい》して読経に入るが、ていねいにするなら、五体投地《ごたいとうち》の礼拝のしかたもある。こちらも三度繰り返す。三度というのは、仏・法・僧の三宝に帰《き》依《え》することをあらわしている。

また、「南無《なむ》大師《だいし》遍照《へんじょう》金剛《こんごう》」ととなえる宗祖御宝号も、〝南無《なむ》〟とは信心するという意味なので「弘法大師さまを信心します」という意味になる。

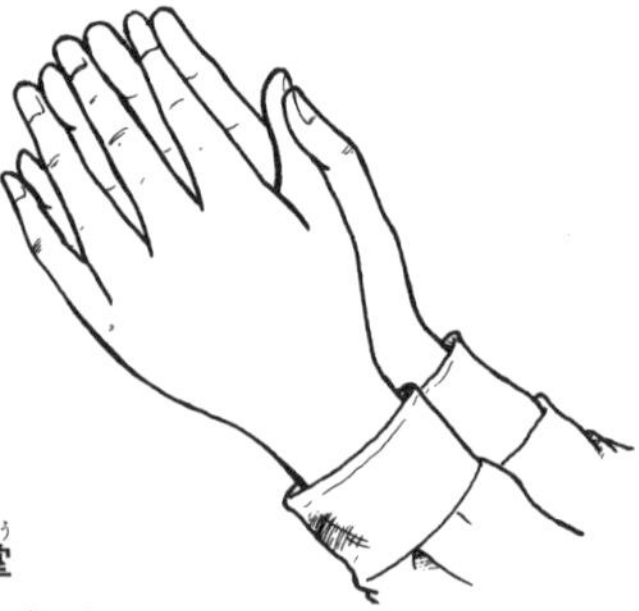

金剛《こんごう》合掌《がっしょう》

右手の指を上にして、
左右の指を組み合わせる。

蓮華《れんげ》合掌《がっしょう》

五本の指をそろえて、
蓮華のつぼみのように中指が少し開く形にする。

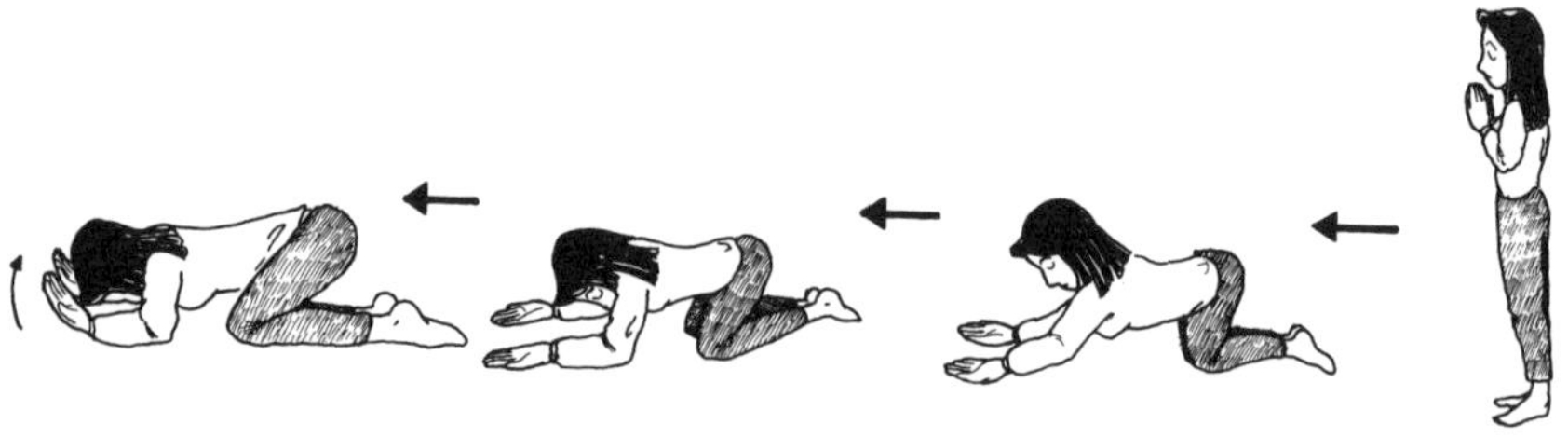

五体投地《ごたいとうち》の礼

仏前に立って手を合わせ、ひざをついて両手の手のひらを上に向け、
額とひじと手の甲を畳につけてから、手のひらを上にあげる。
これを3度繰り返す。

本連の数珠

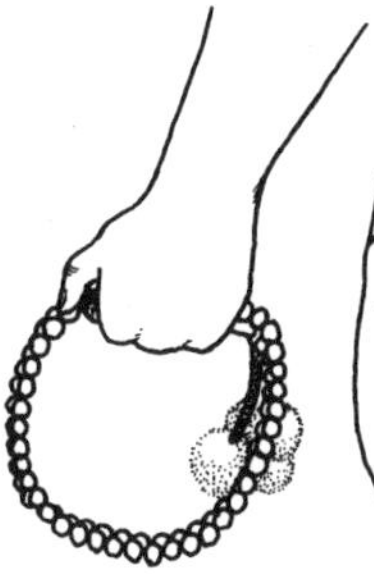

手に持つときは左手で

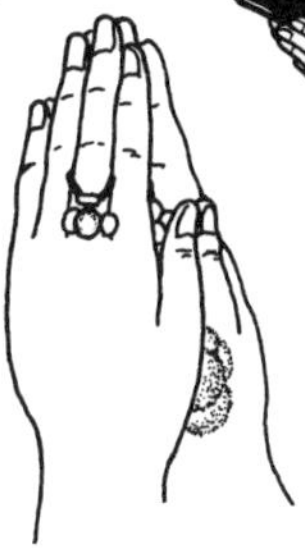

合掌するとき

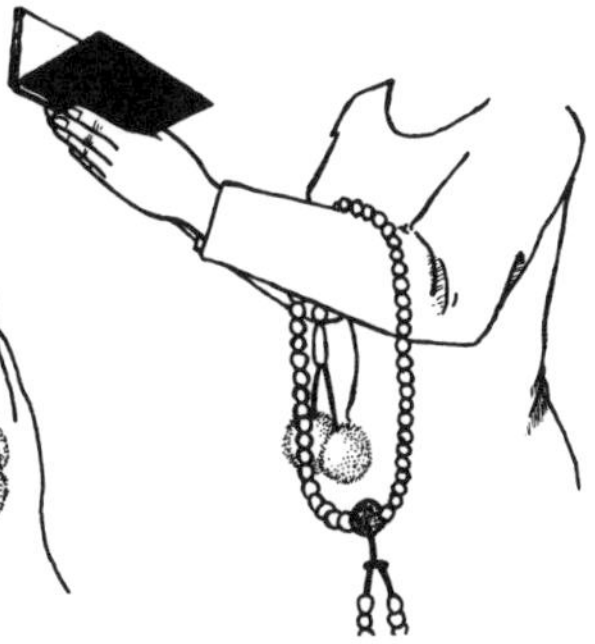

読経のとき

数珠（念珠）の持ち方

仏前に礼拝するときの必需品である数珠《じゅず》は、真言宗では念珠《ねんじゅ》と呼ばれている。本来は、光明真言など、繰り返してとなえる真言の回数を数える道具である。また、念珠を持って仏さまを念ずれば、一〇八の煩悩が直ちに胎蔵曼荼羅《たいぞうまんだら》の慈悲深い諸尊に通じ、苦しみをとり、楽を与えてくれるといわれている。

玉の一つひとつが人間の煩悩をあらわしているといわれるように、一〇八個のものが正式で、本連《ほんれん》と呼ばれる。しかし、一〇八個では大きく、しかも重くなり、一般の人には大変ということで、半連《はんれん》と呼ばれる五四個のもの、さらにその半分の二七個の四半連《しはんれん》などが多くなってきた。ほかにも、二一個のもの、一八個のものなど、最近ではさまざまな玉数のものがある。

真言宗で用いられる念珠は、振分《ふりわけ》念珠と呼ばれ、弘法大師が唐から伝えたものを基本としたものだ。ほかの宗派でも用いられることから八宗《はっしゅう》用《よう》とも呼ばれるが、宗派によって若干の違いも見られる。購入するときには、真言宗のものと指定することが必要である。

念珠はおつとめの始めと終わりに、右手の中指と左手の中指にかけて手のなかで包むようにして三度軽く擦《す》る。それから読経のあいだは、一重にして左手首にかけておく。

なお、念珠を持つときは二重にして左手で持ち、仏前に置くときは三重にして二つの房を内側にたたむようにするのが作法にかなっている。

葬儀や法事のときにあわてて人に借りることもあるようだが、念珠は毎日のおつとめでも大事なものである。できれば自分専用のものをもって、大切にしたいものだ。

おつとめの作法

真言宗の日常のおつとめ

おつとめは正式には勤行《ごんぎょう》というが、梵語《ぼんご》ではビーリヤ＝パーラミターといって、菩薩が行う六波羅蜜《ろくはらみつ》(布施《ふせ》・持戒《じかい》・忍辱《にんにく》・精進《しょうじん》・禅定《ぜんじょう》・知恵《ちえ》)のうちの精進波羅蜜にあたる。

真言宗では茶湯《ちゃとう》・塗香《ずこう》・華曼《けまん》(花)・焼香《しょうこう》・飯食《おんじき》・灯明《とうみょう》の六つを六種供養といって、六波羅蜜をあらわすものとして重視している。また「礼拝《らいはい》は供養のあと」といい、仏前にこれらの六種供養を整えてから礼拝、読経《どきょう》することが原則となっている。

勤行の作法は各派ごとに「在家勤行法則《ほっそく》」が定められ、お寺によっても違いがある。くわしい作法については菩提寺に相談し、指導を受けるとよい。

ここでは、高野山真言宗の「仏前勤行次第」を例に紹介する。

高野山真言宗の日常勤行

一、合掌礼拝《がっしょうらいはい》

仏さまを恭しく礼拝する気持ちで手を合わせる。

二、懺悔《さんげ》

むさぼりの心、怒り狂う心、無知、この三つの煩悩から生じた悪行を仏さまの前で悔い改め、許しを請うためのもの。

三、三帰《さんき》

真実の教えを説いた仏さまを敬って、多くの人々とともに、仏さまと同じ道を歩むことを誓うためにとなえるお経。

四、三竟《さんきょう》

仏・法・僧を現在から未来にかけて信じていく信念ができたことを仏さまに誓う。

五、十善戒《じゅうぜんかい》

信心する心ができたあと、仏さまの教えを実行していくための戒めを一〇カ条に示したお経で、日々の生活の心がまえとなる。

六、発菩提心《ほつぼだいしん》

悟りを求める心を起こしたことを仏さまに告げて、導いていただくことをお願いするためのもの。

七、三摩耶戒《さんまやかい》

悟りの心を誓うためのもの。「悟りを求める心を起こした自分と仏さまは、平等であることを悟りました。このことを見失わずに、いつまでも精進します」と誓う。

八、開経偈《かいきょうげ》

お経の徳をたたえるための経文。すばらしく尊い仏さまの教えにめぐりあえたことに感謝して、真実の教えを体得できるようにと願い、祈る。

真言宗智山派の日常勤行

一、合掌礼拝《がっしょうらいはい》
二、懺悔文《さんげもん》
三、三帰礼文《さんきらいもん》
四、十善戒《じゅうぜんかい》
五、発菩提心真言《ほつぼだいしんしんごん》
六、三昧耶戒真言《さんまやかいしんごん》
七、開経文《かいきょうもん》
八、般若心経《はんにゃしんぎょう》
九、光明真言《こうみょうしんごん》
一〇、御宝号《ごほうごう》
「南無本尊界会《なむほんぞんかいえ》」
「南無両部界会《なむりょうぶかいえ》」
「南無大師遍照金剛《なむだいしへんじょうこんごう》」
「南無興教大師《なむこうぎょうだいし》」
一一、普回向《ふえこう》

真言宗豊山派の日常勤行

一、合掌礼拝《がっしょうらいはい》
二、懺悔文《さんげもん》
三、三帰《さんき》
四、三竟《さんきょう》
五、十善戒《じゅうぜんかい》
六、発菩提心真言《ほつぼだいしんしんごん》
七、三昧耶戒真言《さんまやかいしんごん》
八、開経偈《かいきょうげ》
九、般若心経《はんにゃしんぎょう》
一〇、五大願《ごだいがん》
一一、光明真言《こうみょうしんごん》
一二、御宝号《ごほうごう》
「南無本尊界会《なむほんぞんかいえ》」
「南無大師遍照金剛《なむだいしへんじょうこんごう》」
「南無興教大師《なむこうぎょうだいし》」
「南無専誉僧正《なむせんよそうじょう》」
一三、回向文《えこうもん》

九、般若心経《はんにゃしんぎょう》

仏さまの説いた宗教的な真実の知恵で、理想の世界に到達するための本質、仏教諸宗の教えがすべて示されている。

一〇、本尊真言《ほんぞんしんごん》

仏壇の本尊の真言をとなえる。
（99頁「密教の諸尊」参照）

一一、十三仏真言《じゅうさんぶつしんごん》

真言宗では十三仏の尊影をまつり、おつとめのときにはその真言をとなえる。胎蔵曼荼羅の十三大院から一三という数字が出てきたのだが、同時に十は十方、三は三世をあらわし、十三仏は十方三世のすべての仏菩薩の代表となっている。

十三仏とは、不動明王《ふどうみょうおう》、釈迦如来《しゃかにょらい》、文殊菩薩《もんじゅぼさつ》、普賢菩薩《ふげんぼさつ》、地蔵菩薩《じぞうぼさつ》、弥勒菩薩《みろくぼさつ》、薬師如来《やくしにょらい》、観音菩薩《かんのんぼさつ》、勢至菩薩《せいしぼさつ》、阿弥陀如来《あみだにょらい》、阿閦如来《あしゅくにょらい》、大日如来《だいにちにょらい》、虚空蔵菩薩《こくうぞうぼさつ》である。（99頁「密教の諸尊」参照）

一二、光明真言《こうみょうしんごん》

大日如来の真言。そのなかには深い意義と功徳が含まれている。真心をこめてとなえれば、真言の功徳によって、幸福な世界が約束される。

一三、御宝号《ごほうごう》

大日如来と同様に、光明をもって私たちを導いてくれる、偉大な弘法大師に帰依《きえ》することを誓うもの。

一四、祈願文《きがんもん》

勤行の終わりに、仏さまと先祖に祈るための経文。自分のことだけでなく、仏さまの子として、大きく全体的なことを祈る。

一五、回向《えこう》

勤行の最後のお経。勤行している自分の善行功徳を、家族の幸せのため、亡き人や先祖の供養のため、そして、社会全体の平和のために、と願い、少しでも早く仏さまの悟り、教えの道に到達できるように導いてくれることを念ずるもの。

葬儀のしきたり

真言宗の葬儀の意味

真言宗の葬儀は、故人に戒名を授け、即身成仏へと教え導く儀式でもある。つまり、故人がぶじに大日如来の曼荼羅の世界へと帰っていくことを願うものである。

そして、故人との別れを惜しむ厳粛な儀式であると同時に、生きていることの本質をみきわめるための大切な場である。

臨終

●末期の水

本来、末期《まつご》の水とは死にゆく人に最期の水を飲ませること。現在では臨終確認後に、葬儀社の用意した先端に脱脂綿のついた割り箸で口を湿らせる。樒《しきみ》の葉を使う地方もある。

●湯潅・死化粧

仏弟子となる儀式を受けるために全身をふいて心身を清めることを湯《ゆ》潅《かん》という。死化粧《しにけしょう》は、男性なら髭《ひげ》をそり、女性は薄化粧をして、美しい死に顔に整えてあげる。

●死装束

湯潅が終わったら、死装束《しにしょうぞく》をつける。経帷子《きょうかたびら》を左前に着せ、頭巾をつけて、六文銭《ろくもんせん》、米、血脈《けちみゃく》などの入った頭陀袋《ずだぶくろ》を首にかけ、手甲《てっこう》、脚絆《きゃはん》、白足袋、わらじをはかせて金剛杖をかたわらに置く。そして、左手に数珠をかけ、両手を握りあわせる。

死装束をつけないときには、愛用していた服または浴衣《ゆかた》を着せる。

●遺体の安置

仏間または座敷などに頭を北に向けて寝かせ(北枕《きたまくら》)、顔を白布で覆い、

死装束

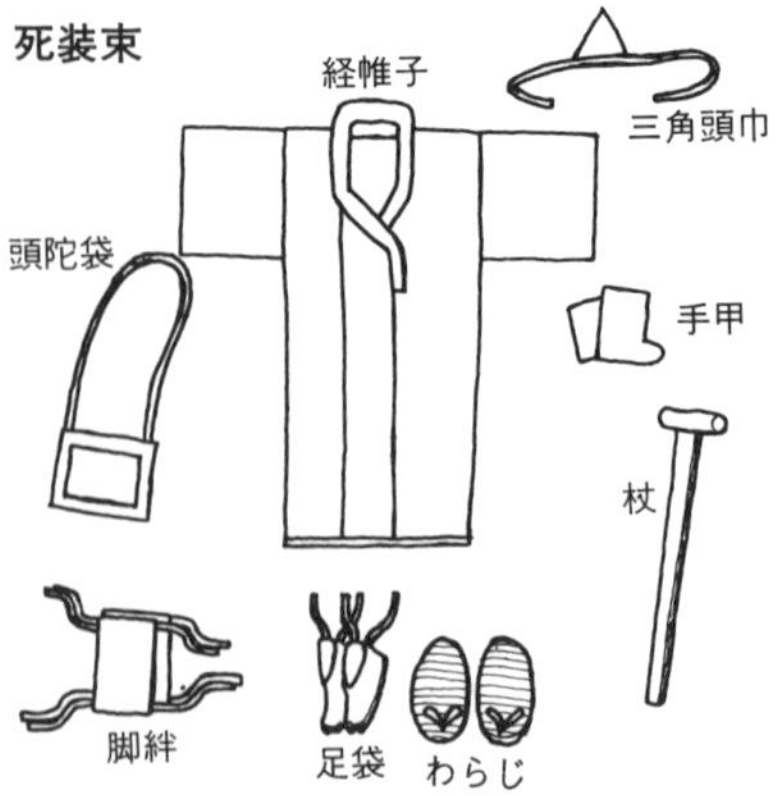
経帷子
三角頭巾
頭陀袋
手甲
杖
脚絆
足袋
わらじ

枕飾り

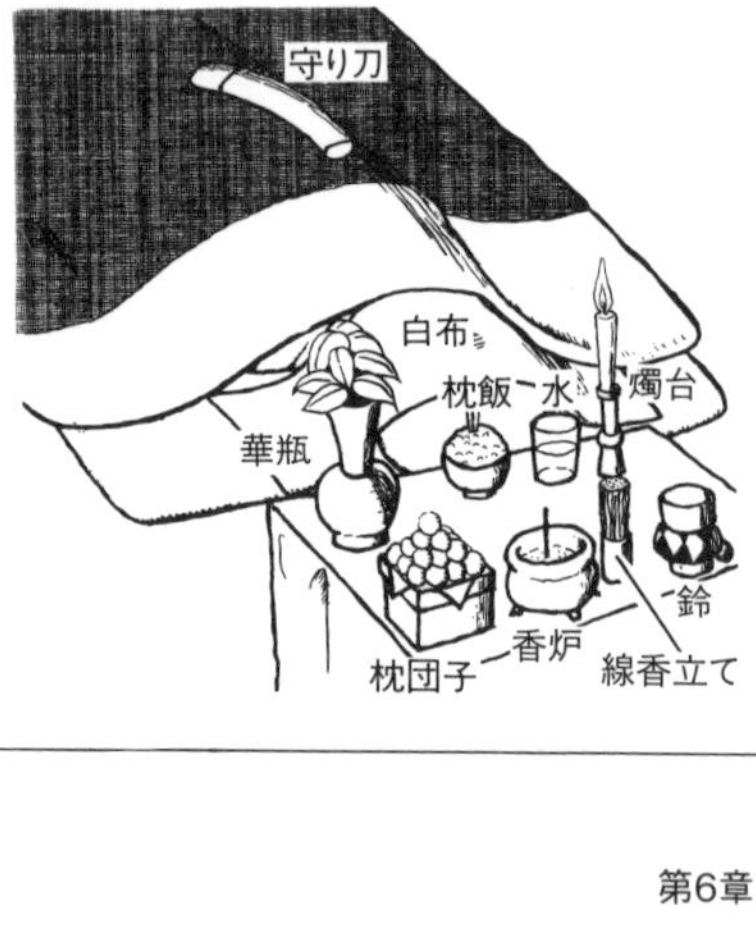
守り刀
白布
枕飯
水
燭台
華瓶
鈴
香炉
線香立て
枕団子

枕元か胸元に守り刀を置く。

●枕飾りと枕経

故人の枕元に供養のための壇を設けるのが枕飾りだ。小さな机に白い布をかけ、右から燭台《しょくだい》・香炉・華瓶《けびょう》の三具足《みつぐそく》を置く。ロウソクの火と線香は絶やさないようにする。

枕飾りを整えたら、菩提寺《ぼだいじ》の住職を招いて、読経してもらう。これを枕経《まくらぎょう》という。

●戒名

四十九日までは白木の位牌がまつられるが、真言宗では位牌に戒名を書き入れるときに、大人であれば梵字の𑖀(ア)を、小児の場合は𑖎(カ)を戒名の上に書き入れる。

ア字は故人の霊が大日如来の悟りに帰入することを、カ字は地蔵菩薩の導きに従うことを示している。

戒名をもらっていないときには、枕経の終わったときにお願いするとよいだろう。

通夜

通夜とは、親族や知人が夜を徹して遺体のそばで過ごし、霊を慰めること。以前は近親者だけが出席するものだったが、最近は葬儀に出席できない人が出席するようになったこともあって、半通夜《はんつや》といって、午後六時ごろから二～三時間で終わることが多くなっている。

しかし、午前〇時を過ぎるまでは交代でだれかが起きていて、灯明や線香を絶やさないようにしたほうがよいだろう。

死亡から葬式まで二日おく場合は、死亡当日は枕経、二日目に通夜《つや》が営まれる。枕経では喪服でなくてもかまわないが、通夜のときには遺族は喪服を着用するのが礼儀である。喪主は弔問客のあいさつを受ける際に、答礼は短く済ませ、話しこむことなどないよう注意が必要だ。

通夜の進行例

一、一同着座

二、導師(僧侶)入堂

三、読経・焼香

焼香は、喪主、遺族、親戚、弔問客の順に行う。部屋がせまい場合は、回し焼香にすることもある。

四、法話(省略されることもある)

五、導師(僧侶)退堂

六、喪主あいさつ

故人にかわって感謝の気持ちを伝える。通夜ぶるまいの準備があるときは、その旨を知らせる。

七、通夜ぶるまい

僧侶が辞退されたときは、折詰をお寺に持参するか「御膳料」を包む。

葬儀・告別式

真言宗の葬儀は導師《どうし》と呼ばれる僧侶によって執り行われる。導師が故人に戒を授けて仏弟子とし、成仏のための秘印明《ひいんみょう》を与えることに特徴がある。

導師が引導を渡すとき、ほかの僧侶たちは『理趣経《りしゅきょう》』、『阿弥陀陀羅尼《あみだだらに》』、光明真言《こうみょうしんごん》などをとなえる。

この引導作法のあとで、導師は諷《ふ》誦文《じゅもん》を読み、新精霊《しょうりょう》の加護を祈念し、仏の世界に入ったことを参列者に知らせる。

真言宗の葬儀儀礼は、複雑なうえ、各流派、地域によっても違う。

なお告別式とは、故人の友人や知人が最後の別れをする儀式である。葬儀と告別式は本来違う意味の儀式であるため、別々に行うものであったが、最近は続けて行われることが多くなっている。

葬儀の進行例（高野山真言宗）

一、一同着座
二、導師入堂
三、洒水《しゃすい》・加持供物《かじくもつ》
四、三礼《さんらい》の文
五、剃髪授戒《ていはつじゅかい》
六、戒名《かいみょう》・表白《ひょうはく》
七、神文《しんもん》・教化《きょうけ》
八、引導《いんどう》の印《いん》・真言
九、破地獄《はじごく》の印・真言
一〇、五鈷杵《ごこしょ》授与
一一、金剛界・胎蔵界の印・真言
一二、大師御引導の大事
一三、開眼の印・真言
一四、血脈《けちみゃく》
一五、六大の印・真言
一六、諷誦文《ふじゅもん》
一七、焼香（読経）
一八、読経・祈願
一九、導師最極秘印《さいごくひいん》
二〇、導師退堂

告別式の進行例

一、**参列者入場着席**
遺族は一般の会葬者よりも早めに席についておく。

二、**導師入堂**
会葬者は正座か、イス席の場合は起立して導師を迎える。

三、**開式の辞**

四、**読経**

五、**弔辞拝受**

六、**弔電披露**
読み終えた弔電と弔辞は、必ず祭壇に供える。

七、**会葬者焼香（読経）**
喪主、遺族は会葬者のほうを向いて座り直し、一人ひとりに黙礼する。

八、**導師退堂**

九、**喪主あいさつ**
会葬者に参列、焼香のお礼を述べる。

一〇、**閉会の辞**

焼香の作法

葬儀や法要の焼香には、数種類の香木を刻んで調合した五種香《ごしゅこう》が使われる。日常使われる線香は、長持ちすることからお墓参りなどで使われるようになった略式のものだ。

焼香の作法は、通夜も葬儀のときも変わらない。導師から合図があったら、喪主を先頭に血縁の順番に焼香を行っていく。親族のあと、知人、一般会葬者となる。

焼香の回数については、真言宗では仏《ぶつ》・法《ぽう》・僧《そう》の三宝《さんぽう》に供養すること、また三密《さんみつ》修行《しゅぎょう》に精進するため、三回といわれているが、必ずしも三回でなければいけないというわけではなく、会葬者の人数により一回で済ませてもかまわない。

香炉を順送りして自分の席で焼香する回し焼香の場合も、基本は同じである。

①数珠を左手に持って
祭壇の前に進み、
僧侶に一礼、仏前に
合掌礼拝する。

②抹香を右手の親指と
人差し指で軽くつまむ。

③左手をそえて、抹香を
額の前に軽くささげる。

④香炉に入れる。
3回焼香するときは、
②〜④を繰り返す。

⑤もう一度、
仏前に合掌礼拝する。

⑥僧侶に一礼し、
自分の席に静かに戻る。

出棺・火葬

葬儀が終わると、柩《ひつぎ》が祭壇からおろされ、近親者や親しい友人が遺体を花で飾る。これが遺体との最後の対面となり、棺は親族によって運ばれ、霊柩車《れいきゅうしゃ》で火葬場へ向かう。

火葬場に行くのは原則として、遺族、親族、親しい友人だが、同行してもらいたい人には、まえもってその旨を伝えておくべきである。導師をつとめてもらった僧侶にもまえもって依頼しておいて、同行してもらい、読経してもらうとよい。

火葬場に持っていかなければならないものは、火葬許可書、白木の位牌、遺影などである。火葬許可書は火葬が済むと執行済みの印が押され、これが埋葬許可書となる。

火葬場につくと、柩はかまどに安置され、その前の小机に位牌、遺影、香炉、燭台、花などが飾られて、一同焼香して最後の別れをする。

火葬が終わると拾骨《しゅうこつ》となる。拾骨は箸渡《はしわた》しといって、長い竹の箸でお骨を拾い、順にはさんで渡し、最後の人が骨壺《こつつぼ》に入れる。地方によっては、男女一組で竹と木の箸で骨を拾って骨壺に納めていく方法もある。

骨壺は白木の箱に入れ、白布で包んで自宅に持ち帰るが、分骨する予定があれば、このとき一部を小さな骨壺に分け入れ、錦の袋に入れて持ち帰る。

遺骨を迎える

出棺後にも弔問にくる人の応対と遺骨を迎える準備のために、遺族のなかからも留守番を残しておかなければならない。留守番の人は葬儀社の人に依頼し、四十九日の忌明《きあ》けまでまつる中陰壇《ちゅういんだん》の準備をし、玄関や門口に小皿に盛った清めの塩と手を洗う水を用意しておく。

火葬場から帰った人は、清めの塩で身を清め、水で手を洗う。お清めが済んだら、遺骨を中陰壇に安置して、僧侶にお経をあげてもらう。最近では、続けて初七日《しょなのか》の法要を行うことも多い。

そのあと「精進落《しょうじんお》とし」といって、会葬者に酒食の接待をする。あくまで僧侶や手伝ってくれた人たちを接待する席であるから、喪主、遺族は末席に座り、喪主は葬儀がぶじ終了したことのお礼のあいさつをする。

中陰壇

忌明けと納骨

故人が亡くなった日から四十九日めまでを忌中《きちゅう》といい、四十九日の法要で忌明《きあ》けとなる。

納骨は、四十九日の法要とあわせて行われることが多い。しかし、地方によっては、火葬のあとすぐに納骨するところもあるし、拾骨のあとお骨をそのままお寺に預けてそれから納骨するところもある。

墓地やお墓をまだ用意していない場合は、お寺や霊園などの納骨堂に一時的に預かってもらい、一周忌から三周忌をめどとして墓を建て納骨する。

近年は、墓地の相続が大変なことからお寺や霊園が一定期間管理・供養してくれる永代供養墓や合祀墓《ごうしぼ》の選択肢もある。

墓地に埋葬するときには、菩提寺または自宅で納骨法要をしていただいてから、墓地に移動して納骨式を行う。

また、そのとき墓地に立てる卒塔婆は、まえもって菩提寺に頼み、戒名や御宝号を書いておいてもらう。

忌明けとともにしなければならないことが香典返しだ。

香典返しはもともと忌明けの知らせであり、香典をもらったすべての人に会葬礼状と品物を送る。ふつう、半返し、三分の一返しといい、もらった香典の半額から三分の一の金額の品物を返すのが目安となっている。表書きは「志《こころざし》」または「粗供養《そくよう》」とし、黒白の水引を使う。

お布施・謝礼

葬儀をつとめていただいた導師への謝礼は、葬儀の翌日あらためてお寺へ出向いて渡してもよい。

正式には奉書紙で中包みしてさらに上包みし、筆で「御布施」と表書きするが、一般の不祝儀袋を使ってもかまわない。水引は黒白のものにする。

お布施を渡すときは、直接手渡すよりも、小さなお盆などにのせて差しだすと、よりていねいなかたちになる。

香典と表書き

香典は薄墨で「御香資《ごこうし》」と表書きし、遅くとも四十九日までに届くようにする。連名で包むときには、表に姓名を書くのは三名まで。それ以上のときには「〇〇一同」「〇〇有志」などと記して、別紙に全員の名前を書いて、中包みに入れておくようにする。

市販の不祝儀袋を用いる場合は「御霊前」を使用し、「御仏前」は法事の際に用いる。

法要のしきたり

法要とは

一般的には法事と呼ばれ、この世に残ったものが善い行いをして、故人が浄土で安楽になるようにと行う追善供養である。また、故人を供養することを通して、祖先たちの恩をしのび、自分たちがいまあることに感謝するという意味もある。

死亡から四十九日までは中陰《ちゅういん》または中有《ちゅうう》といわれる。これはインドの輪廻転生《りんねてんしょう》の考え方からきているもので、死から次に生まれ変わるまでの期間と考えられている。七日ごとに七人の仏さまに守護を願って、追善供養をするようになった。これが中陰忌法要で、初七日《しょなのか》、三十五日（五七日《いつなのか》）、満中陰の四十九日（七七日《なななのか》）は親戚を招いて行われる。

地方によっては、四十九日が三カ月めにあたる場合は「始終苦《しじゅうく》が身《み》につく」といわれ、三十五日できりあげる習慣がある。また関西などではお逮夜《たいや》といって、前夜にこれらの法要が営まれるところもある。

次が百カ日法要で、四十九日まではあわただしく、悲しみのなかで過ごした遺族も、このころになると落ちつきや気持ちのゆとりもでてくるということから、悲しみの終わる日として供養する。卒哭忌《そっこくき》ともいわれる。

毎月の命日に故人の好物を仏壇にそなえ、家族でお参りするのを月忌法要という。死亡した日と同月同日は祥月命日《しょうつきめいにち》と呼ばれ、年忌法要が行われる。

年忌法要は、一周忌、三回忌、七

中陰忌日と年忌および十三仏

初七日《しょなのか》（七日め）	不動明王
二七日《ふたなのか》（一四日め）	釈迦如来
三七日《みなのか》（二一日め）	文殊菩薩
四七日《よなのか》（二八日め）	普賢菩薩
五七日《いつなのか》（三五日め）	地蔵菩薩
六七日《むなのか》（四二日め）	弥勒菩薩
七七日《なななのか》（四九日め）	薬師如来
百カ日（一〇〇日め）	観音菩薩
一周忌（一年め）	勢至菩薩
三回忌（二年め）	阿弥陀如来
七回忌（六年め）	阿閦如来
十三回忌（一二年め）	大日如来
十七回忌（一六年め）	大日如来
二十三回忌（二二年め）	大日如来
二十七回忌（二六年め）	大日如来
三十三回忌（三二年め）	虚空蔵菩薩
五十回忌（四九年め）	大日如来

回忌、十三回忌、十七回忌、二十三回忌、二十七回忌、三十三回忌、五十回忌と行われ、そのあとは五〇年ごととなるが、一般には三十三回忌をもって弔《とむら》い上《あ》げとし、祖先の霊に合祀される。また、高野山真言宗では二十三回忌と二十七回忌の中間をとって二十五回忌をすすめている。

一周忌は親族はもちろん、友人、知人などにも参列してもらって盛大に営まれることが多いが、三回忌以降は故人と血縁の濃い親族やとくに親しかった人を招くか、家族だけで営まれる。

年忌法要がたまたま同じ年に重なるときには、あわせて行うこともある。これを併修《へいしゅう》または合斎《がっさい》という。

しかし、併修ができるといっても、七回忌までは、できるだけ故人一人について行いたいものである。

また中陰忌法要と年忌法要は同時に行わないのが昔からの習わしだ。

法事の準備

法事はどの程度の規模で執り行うのかによっても違ってくるが、早めに準備をしておくことが大切だ。お寺や僧侶の都合、招待者の都合もあるから、できれば半年前、最低でも三カ月前には準備を始めたい。

法事の日取りは、故人の祥月命日にあわせて行うのがいちばんだが、休日などとの兼ね合いもあって、多少日をずらすこともある。ただ、その場合は命日よりも遅らせずに、早めるようにする。

実際に日取りを決める際には、菩提寺に相談するのが最初である。会場の決定と予約、招待客への案内状、料理、引き物、供物など、準備は数多くある。料理や引き物の手配をするためにも、早めに招待者を決定し、案内状に返信用のはがきを同封するなどして出席の有無をあらかじめ知

法事の進行例

一、**僧侶を出迎える**
施主が玄関まで必ず迎えにでて、控えの間まで案内する。

二、**一同着座**
故人と血縁の深い人から順に着席する。

三、**僧侶着座**

四、**施主のあいさつ**
省略することもある

五、**読経**
僧侶の礼拝にあわせて、参会者一同が合掌礼拝する。経本があるときは、参会者もあわせて読経する。

六、**焼香**

七、**法話**

八、**施主のあいさつ**
お墓参りも行う場合は、施主から説明し、お墓へ向かう。

九、**お墓参り・塔婆供養**

一〇、**お斎**
会食が終わったら参会者に引き物を渡す。

らせてもらうようにしたい。

会場は、家族だけで営むような場合は自宅で、多人数のときにはお寺や斎場を借りて行う。菩提寺にお墓がある場合には、お墓参りのことも考えて、お寺にお願いすることが多いようだ。

また、忘れてはならないのは経費である。確実に計算にいれておかなければならないのは、会場費、会食費、引き物、供物代、お布施、案内状の印刷費などだ。このほかにも、招待客の送迎の車代や場合によっては宿泊費なども考えなければならないこともある。

基本的に法事の費用は施主が負担することになるが、最近では、兄弟などで分担するということも多くなっている。

お墓参りと卒塔婆供養

法事が終わったら、お墓参りをする。法事の前にはあらかじめお墓の掃除をしておくことが大切だ。

年忌法要の際には、板塔婆をあげて供養する。この塔婆供養は、一切の不浄を除いてその場を浄土とし、霊の安住地とする意味があり、必ず行われる。

お釈迦さまの入滅後、弟子たちが遺骨を分骨し、塔を建てて供養したのがはじまりで、この塔をインドではストゥーパといい、それが日本語の卒塔婆《そとば》となって三重塔や五重塔を意味するようになった。そののち、五重塔を模して五輪塔が建てられるようになった。

五輪塔は人間の体を形どったもので、世界を構成している五大物質をあらわしている。

さらにその形をまねて板塔婆がつくられ、お墓の後ろに立てられるようになったのである。

真言宗では塔婆《とうば》に空・風・火・水・地を示す梵字が書かれ、大日如来の世界そのものをあらわしている。

塔婆は、まえもってお寺に依頼しておけば、法要当日までに用意してくれる。依頼するときには、建立者の名前などがまちがわないように、電話連絡で済ませるのではなく、必ず紙に書いて渡すようにする。

塔婆料はお寺によって決まっているので、依頼のときにたずねてかまわない。

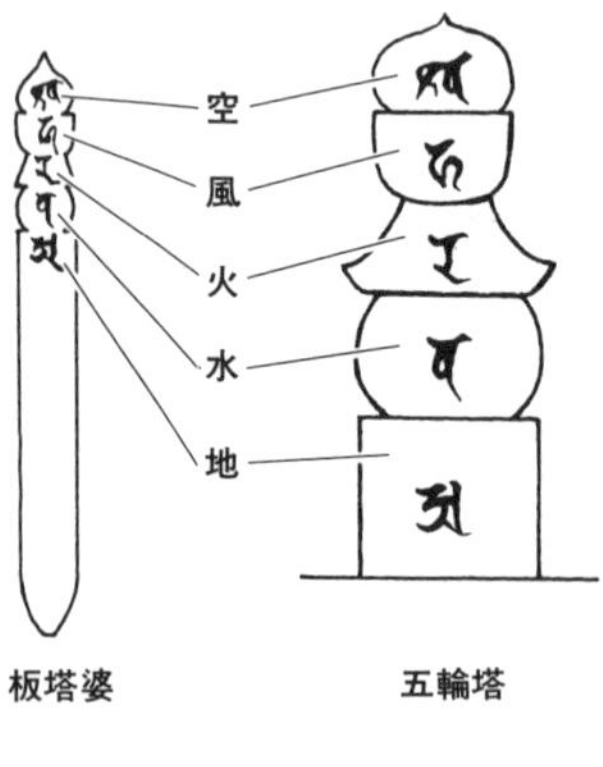

板塔婆　五輪塔

お斎と引き物

お墓参りが終わったら、僧侶や参会者に食事をふるまうが、これをお斎《とき》と呼ぶ。

自宅か、お寺の一室を借りて、仕出し料理をとる場合もあるが、料理屋やレストランなどを借りることも多い。料理は精進料理《しょうじんりょうり》が望ましいといわれているが、鯛《たい》など慶事に出されるようなものを除けば、精進料理にこだわる必要はない。

施主および家族は末席に座り、施主は下座から参会者へのお礼を述べ、あいさつする。お斎の正客は僧侶であるから上座に座っていただき、お膳やお酒などは、必ず僧侶から先に出すようにする。

参会者へのお礼と記念として、引き物の用意も大切だ。遠来の人のことも考え、かさばるもの、重いものは避ける。以前は菓子、海苔、お茶などが一般的だったが、最近ではブランドもののハンカチ、プリペイドカードなど多様化してきた。

引き物の表書きは「粗供養」または「志」とする。

また、都合でお斎をしないときは、引き物といっしょに料理の折詰やお酒の小瓶を用意して手渡す。

僧侶への謝礼

法事の際の僧侶への謝礼は、お布施として渡す。

不祝儀袋に「御布施」と表書きし、施主の名前、もしくは「○○家」と記せばよい。読経が終わったあと、別室で渡すようにする。

金額は地域、お寺の格式、僧侶の人数、故人の戒名などによって違ってくる。

僧侶に自宅などに出向いてもらったときには、送迎の有無にかかわらずお車代を用意する。また、お斎を省略したときや僧侶が列席されないときには御膳料を包む。

供物料と表書き

法事に招かれたときには、供物料を持参する。不祝儀袋に「御仏前」「御花料」「御供物料」などと表書きし、水引の色は黒白よりも銀、白と水色などのほうがよい。

または、生花、菓子、果物、線香などのお供物を持参してもよい。

卒塔婆《そとば》供養をしたいときは、法事の案内状の返事をするときにその旨を伝え、当日、供物料とは別に「御塔婆料」と書いて施主に渡す。

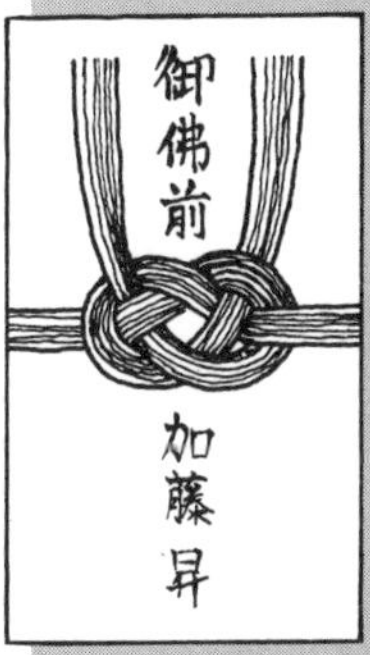

お墓のまつり方

お墓とは

日頃、我々は深く考えずに遺骨を埋葬するところという意味で「お墓」といっている。お墓というと土地がつきものというイメージもある。しかし最近、大都市圏などでは、マンションのような土地つきでないお墓も増えている。

また、お墓について誤解されやすいのが、「お墓を買う」という言い方だ。お墓を建てる土地を買うかのように聞こえるが、実際には半永久的に借りるのだ。つまり、墓地の永《えい》代《たい》使用料を一度に払うのである。

墓地と納骨堂

墓地にも、経営形態の違いなどによって、いろいろな種類がある。

●寺院墓地

お寺の境内にある墓地で、もともとそのお寺の檀家のためにあるものだ。寺院墓地をもとうとすれば、そのお寺の檀家にならなければならない。当然、法要などはそのお寺の宗派のやり方に則《のっと》って行われるから、故人や家の宗派と同じお寺を見つけなければならない。

●公営墓地

都道府県、市町村などの自治体が経営している墓地である。宗派に関係ないうえに、永代使用料が安く、管理もしっかりしているので、人気が高い。公営墓地の有無や申込方法などは、住んでいる自治体に問い合わせてみるとよい。

●民営墓地

財団法人や宗教法人が経営し、郊外に大規模な墓地を造成しているケースが多い。公営墓地と同じく、宗派に関係のないところがほとんどである。

●納骨堂

もともとは墓地に埋葬するまで遺骨を一時預かりする目的でつくられたものだったが、最近は永代使用ができるものも増えてきた。ロッカー形式のものと、仏壇があってその下に遺骨を納めるスペースが設けられたものと二タイプある。経営も寺院・民営・公営といろいろだ。

納骨堂

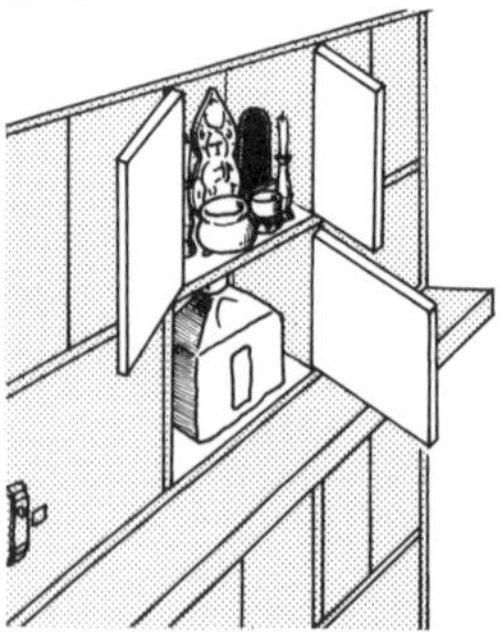

逆修と永代供養

生きているうちに自分で自分のお墓を建てることを逆修《ぎゃくしゅ》といい、長生きできるといわれている。

こうした生前墓を逆修墓《ぎゃくしゅぼ》あるいは寿墓《じゅぼ》などという。墓石に刻んだ自分の名前や戒名は、朱色に塗っておく。そして、亡くなったときに朱色を取りのぞく。

お墓のことで子供に迷惑をかけたくない、自分の眠るお墓は自分の手で建てたいなどの理由から、このごろではこうしたケースも珍しくなくなっている。

また、あとを継ぐ子供がいない、海外で暮らすからなどの理由で、寺院や霊園に永代供養を頼む人も増えてきているようだ。三回忌や七回忌を機に規定の金額を支払って依頼するが、できるかぎりは施主が供養するほうがよい。

お墓の種類

●家墓《いえばか》

現在、もっとも多いのが「○○家代々之墓」と刻まれ、一族が一つのお墓に入り、子孫へと代々受け継がれていくものである。「倶会一処《くえいっしょ》（ともに浄土で）」などと経典から文字を選んで刻む例もある。

●個人墓《こじんばか》

一人に一つずつ墓石を建てていくもの。正面に戒名を刻み、側面または裏面に俗名《ぞくみょう》、没年月日、業績などを刻む。かつてはよく見られたが、最近は土地不足などから減っており、とくに功績のあった人など、限られたケースのみになっている。

●比翼墓《ひよくぼ》

夫婦二人のためのお墓で、ふつうはどちらかが亡くなったときに建てる。戒名を刻む場合は、残された人も戒名を授けてもらい、逆修のときと同様に朱色に塗っておく。

●合祀墓《ごうしぼ》

事故や災害などで一度に大勢の人が亡くなったときに建てる。慰霊碑的色彩が強く、石碑に名前を刻み、名簿を納めたりする。

●一墓制《いちぼせい》

お寺に一基だけお墓があって、檀家の人が亡くなると、すべてそのお墓に入るというもの。ごく少数派であったが、最近では地縁血縁をこえた仲間同士による、新しいかたちの一墓制が生まれつつある。

お墓の構成

お墓には最低限、墓石とその前に花立て、線香立て、水鉢が必要だ。墓石の下には、遺骨を納めるカロート（納骨室）がある。

家墓では、埋葬者が多くなると戒名、没年月日などを墓石に刻みきれなくなってしまうため、墓誌を建て

一般的なお墓のつくり

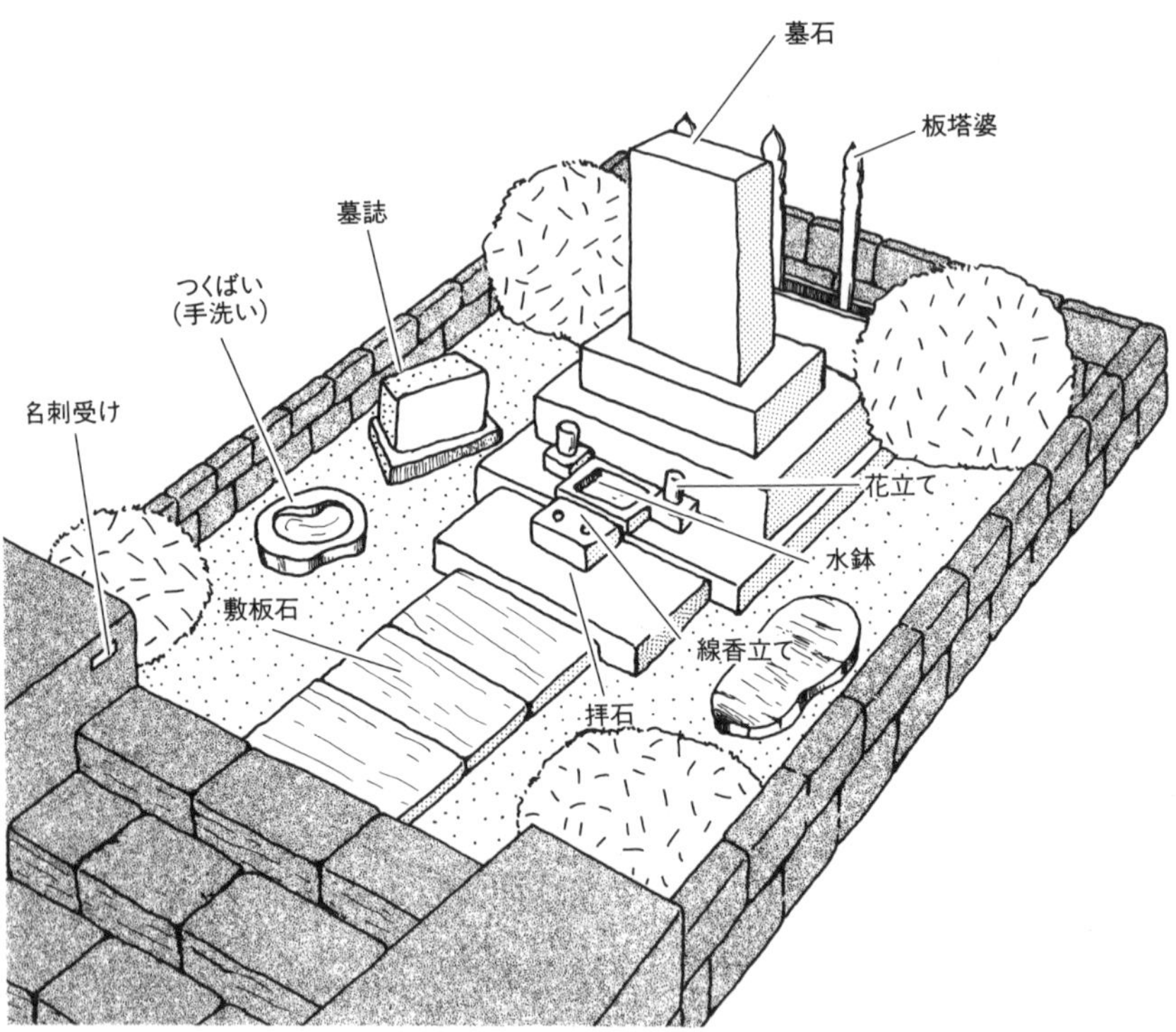
墓石
板塔婆
墓誌
つくばい
（手洗い）
名刺受け
花立て
水鉢
敷板石
線香立て
拝石

ることが多い。

また、墓石はふつう角石塔が多いが、その横に五輪塔が建っていることがある。これは大日如来の姿をあらわしており、成仏した先祖の霊をまつるものである。

真言宗では、角石塔の正面の梵字は大日如来をあらわし、五輪塔には空・風・火・水・地をあらわす梵字が刻まれる。

家紋を入れる場合は、花立てや水鉢などに刻むのがよいだろう。

なお、墓石に刻む文字は略字は使わず、旧字体のほうがよいといわれている。梵字や家紋なども間違いのないように石材店に正確に注文することが大切だ。

建墓と改葬

お墓を建てたり、墓石を新しくしたときには、開眼《かいげん》法要をしなければならない。

また、個人墓を整理して家墓にしたり、故郷から離れて暮らしているため、お墓を近くに移したいなどの理由から改葬することがある。古い墓石はお寺や霊園に頼んで処分していただくが、その前に御《み》霊《たま》抜《ぬ》きの儀式が必要である。

それぞれの儀式の行い方については、菩提寺の住職に相談すれば教えてくれる。

お墓参りの作法

故人の命日や年忌法要、お盆、お彼岸などにでかけることが多いが、入学、進学、就職、結婚など、人生の節目に報告をかねて、お墓参りをするのもよい。

お墓参りのときに注意しなければならないのは、お供物を必ず持って帰ることだ。そのままにしておくと、腐ったり、動物や鳥が食い荒らし、汚れの原因になる。

お墓参りの手順

① お寺の住職または霊園の管理事務所にあいさつし、必要なものを借りる。
② 手を洗い清め、手桶に水をくんでお墓に向かう。
③ 合掌礼拝してから、お墓の掃除をする。落ち葉やゴミを拾い、雑草を抜き、墓石を洗う。花立てのなかのゴミ、香炉の灰も始末する。
④ 花立てに生花を飾り、お供物をそなえる。菓子や果物は二つ折りの半紙の上に乗せる。
⑤ 線香をあげる。
⑥ 墓石に水をかけるときは、線香を消さないように注意する。
⑦ 合掌礼拝し、数珠を持って1人ずつ手を合わせる。
⑧ お花以外のお供物は持ち帰る。

●墓参りに持っていくもの

ほうき、たわし、雑巾、バケツ、ひしゃく、手桶、マッチ、ロウソク、線香、半紙、数珠、お供物の花・果物・菓子など

※掃除用具などは、お寺や霊園事務所で借りられるところもある。

お寺とのつきあい方

菩提寺とは

死者の冥福を祈って、追善供養を行うことを「菩提《ぼだい》を弔《とむら》う」というが、菩提寺とは、祖先の霊の安住地であり、供養するところである。

檀那寺《だんなでら》ともいわれ、それに対し、お寺を守っていくのが檀家である。檀那という言葉は、梵語のダーナに由来し、施しをする人という意味だ。

檀家はお寺や僧侶に衣食を布施し、僧侶は檀家の人たちに仏法を説き、法を施す関係にある。

お布施には法施《ほうせ》・財施《ざいせ》・無畏施《むいせ》の三つがあるといわれている。

法施とは、人間が正しい生き方をするための教えを伝える精神的な施しであり、僧侶のつとめである。

財施とは、僧侶の法施に対して感謝の気持ちをあらわすために金品などを施すことをいう。

無畏施というのは、不安や恐れを抱いている人々に対して、広く慈悲を行うことである。これは僧侶でなくても一般の人でもできることだ。

このようにお布施というのは、まわりまわって功徳をお互いに施すということに意義がある。

また、お寺には檀家すべての過去帳がまつられている。その多くの檀家をまとめるためには、お寺と檀家のパイプ役となる世話役が必要である。世話役が行事の連絡や役割分担など、こまごました仕事を行う。

檀家を代表するのが総代である。総代は檀家を代表する篤志家であるから、戦前までは経済力のある地主や資産家が総代をつとめていた。

現在のような檀家制度が確立したのは、江戸時代初期のことである。いまでいえば住民票や戸籍に該当する宗門人別帳を提出させることによって、幕府は住民の把握を行っていたのである。

現在はお寺と檀家の関係が、葬儀や法事のみのつきあいとなっている場合が多い。かつてのように、菩提寺とのあいだに精神的な絆《きずな》など、強いつながりがなくなりつつある。その意味では、葬儀や法事だけでなく、もっと日常的なつながりをもつようにお寺の行事に積極的に参加することが必要だろう。

菩提寺を探す

独立して一家をかまえたり、郷里を離れて暮らしている場合など、菩提寺を新たに探すことも必要となってくる。

かつては、結婚すると嫁ぎ先の宗

派になるのが常識だったが、現在では長男長女同士の結婚や信仰の自由から、夫婦で別々の宗教、宗派になることもある。

その場合は、葬儀やお墓について、生前に夫婦で十分話し合っておきたいものである。

特定の宗教、宗派の信仰をもっていないときは、実家の菩提寺と同じ宗派で、家から近いところにあるお寺を探すのがいちばんである。

しかし真言宗は、いくつもに分かれているので、見つけたお寺が実家の菩提寺と同じ派とは限らない。まず、実家の菩提寺や本山にたずねてみるとよい。菩提寺や本山に紹介してもらえば、そうした間違いを防ぐこともできる。

また、近所の人の話を聞いたり、お寺の行事を見学してみれば、だいたい様子がわかってくるものだ。

不幸があってから、あわてて菩提寺を探そうとしても間に合わない。何もない平穏なときこそ、菩提寺を見つけるチャンスなのである。

新たに檀家になる

ここだというお寺が見つかり、そこを菩提寺にするためには、そのお寺の檀家として認められなければならない。

一般的には、そのお寺が管理する墓地にお墓をもつと檀家として認められる。しかし、墓地をもたなくても、事情を説明してお寺の許可がもらえれば檀家になることができる。

檀家として認められたら、お寺で開催される年中行事には、なるべく家族で参加することだ。

その際には、お布施を包む。年中行事、建物の修繕など、お寺の運営費は檀家からのお布施に負っている部分が大きい。もし、都合で参加できないことがたび重なるときは、年末にまとめて志《こころざし》を届けるように心がけておくとよいだろう。

お寺とのつきあいで頭を悩ますのがお布施の金額だろう。お布施は本来、金銭に限らず、自分が精一杯できるものなら、なんでもよかったのである。それぞれの人が自分の能力に応じて、できる範囲の金額を包めばよい。

多くのお寺で施餓鬼会や説法会などが開かれているので、毎回は無理でも、ときどきは参加して、宗派の教えに日頃から親しんでおきたいものだ。そうすれば、数多くの檀家の人と知り合うこともできるし、僧侶との絆も深くなる。

いろいろな機会をとらえてお寺とのつながりを深め、檀家の人たちとも親しくなっておけば、いざというときに、僧侶はもちろん、檀家の人たちもいろいろな面で力になってくれるはずである。

お授け

お授けは、菩提寺や総大本山等の仏前で受けることができる。檀信徒として仏教への信仰を表明する場である。基本は、発心・受戒となる。

●発心式《ほっしんしき》

発心《ほっしん》とは、発菩提心《ほつぼだいしん》のことをいう。信心をおこして大日如来に絶対帰依《きえ》するという意味である。

『秘密三昧耶《さんまや》仏戒儀』によれば、菩提心とは人間の本当の心であり、次のように定義されている。

一、悪をなくし、善に生きようとする心

二、正しい教えによって自己の向上をはかる心

三、迷える人々に利益を与え、さとりに導こうとする心

つまり、人間の心と仏さまの心は、本来同じだというのである。

●受戒《じゅかい》

受戒はまず、導師による洒水《しゃすい》加持で始まる。洒水加持は、本堂内、参列者を清め、大日如来を迎え入れる準備である。

そして通常、檀信徒勤行式に準じた「お授けの文《もん》」を一句ずつ導師がとなえ、それを受者が反復するかたちで進められる。そのなかでも、大事なのが、三帰《さんき》・三竟《さんきょう》・十善戒《じゅうぜんかい》である。

三帰・三竟は、仏・法・僧の三宝に出合ったことを感謝し、帰依《きえ》し、後々まで守っていくことを誓うものである。

十善戒は、仏教徒として日常生活での戒めを示している。仏教の最も基本的な戒といえよう。

結縁灌頂

灌頂は密教特有の儀式で、在家者がだれでも受けられる結縁灌頂《けちえんかんじょう》と、出家者が長い修行を終えたのち、はじめて受けることを許される伝法灌頂《でんぽうかんじょう》がある。

伝法灌頂は、得度して四度加行《しどけぎょう》という厳しい修行を終えた者だけが授かる真言密教最高の儀式だ。そして、はじめて阿闍梨《あじゃり》の資格がいただけるのである。

結縁灌頂は、在家の信者が仏さまと縁を結ぶために受けるものである。受ける人は、白い布で目を覆われ、大壇の前に導かれ、その上に敷かれた曼荼羅《まんだら》の上に花を投げて自分の守り本尊を決める(投華得仏《とうげとくぶつ》)。そして、頭の上に如来の五智の法水を注いでもらい、大日如来と一体であることを自覚する。最後に結縁《けちえん》の印《しるし》として、守り本尊の真言と秘印《ひいん》の結び方、血脈《けちみゃく》を授かる。血脈とは、大日如来以来の教えを正当に受け継ぐ者としての証拠の品である。

結縁灌頂は、地方の寺院ではそう

たびたび行われるものではないが、総本山では毎年開かれているところもあるので、この機会に本山参りをされるのもよいだろう。

三帰

弟子某甲《でしむこう》
尽未来際《じんみらいさい》
帰依仏《きえぶつ》
帰依法《きえほう》
帰依僧《きえそう》

三帰

御仏《みほとけ》と聖法《しょうぼう》と之《これ》を
伝持弘通《でんじぐづう》する
僧宝《そうぼう》とに
帰依《きえ》し奉《たてまつ》る

三竟

弟子某甲《でしむこう》
尽未来際《じんみらいさい》
帰依仏竟《きえぶつきょう》
帰依法竟《きえほうきょう》
帰依僧竟《きえそうきょう》

三竟

御仏《みほとけ》と聖法《しょうぼう》と之《これ》を
伝持弘通《でんじぐづう》する
僧宝《そうぼう》とに
帰依《きえ》し竟《おわ》る

『真言宗豊山派檀信徒宝典』より

三帰礼文《さんきらいもん》

人身《じんしん》受《う》け難《がた》し今既《いますで》に受《う》く。
仏法《ぶっぽう》聞《き》き難《がた》し今既《いますで》に聞《き》く。
此《こ》の身《み》今生《こんじょう》に度《ど》せずんば、
更《さら》に何《いず》れの生《しょう》に於《お》いてか
此《こ》の身《み》を度《ど》せん。
大衆諸共《だいしゅうもろとも》に至心《ししん》に三宝《さんぼう》に
帰依《きえ》したてまつる。
自《みずか》ら仏《ぶつ》に帰依《きえ》したてまつる。
当《まさ》に願《ねが》わくは衆生《しゅじょう》と共《とも》に、
大道《だいどう》を体解《たいげ》して無上意《むじょうい》を発《おこ》さん。
自《みずか》ら法《ほう》に帰依《きえ》したてまつる。
当《まさ》に願《ねが》わくは衆生《しゅじょう》と共《とも》に、
経蔵《きょうぞう》に入《い》りて知恵海《ちえうみ》の如《ごと》くならん。
自《みずか》ら僧《そう》に帰依《きえ》したてまつる。
当《まさ》に願《ねが》わくは衆生《しゅじょう》と共《とも》に、
大衆《だいしゅう》を統理《とうり》して一切無礙《いっさいむげ》ならん。

『智山勤行式』より

十善戒

日々の生活信条として、反省の基準とするもの。

一、不殺生《ふせっしょう》
すべての生きものの生命を大切にし
尊重します

二、不偸盗《ふちゅうとう》
他人のものを盗みません

三、不邪淫《ふじゃいん》
道にはずれた性的関係をもちません

四、不妄語《ふもうご》
嘘いつわりを言いません

五、不綺語《ふきご》
心にもないいいかげんなことを
言いません

六、不悪口《ふあっく》
人の短所を言って傷つけるような
悪口を言いません

七、不両舌《ふりょうぜつ》
人を中傷するような陰口を言いません

八、不慳貪《ふけんどん》
けちけちと物を惜んだり、
むさぼり求めません

九、不瞋恚《ふしんに》
憎んだり怒ったりしません

一〇、不邪見《ふじゃけん》
よこしまな誤った考えをしません

真言宗の年中行事

真言宗のお寺で行われている仏教行事は、弘法大師《こうぼうだいし》の教えに基づく正しい伝授によって、師から弟子へ受けつがれてきたものである。

とくに、ほかの宗派では見られない密教の加持《かじ》行法《ぎょうぼう》によって、諸仏の加護の功徳を参詣者に施し、信仰を深めることにその意義がある。

お寺固有の行事もあるが、ここでは、真言宗各派に共通する代表的な法会《ほうえ》を中心に紹介する。

修正会《しゅしょうえ》（一月）

修正とは、過ちをあらため、正しきを修めるということであるから、年のはじめに、去っていった年の反省をし、新たな年の決意をする新年初頭の法要をいう。

宗派を問わず行われ、世界の平和、人類の幸福、仏教の興隆などを祈るもの。日数や内容はお寺によって多少違う。

高野山の寺々では、仏間の鴨居《かもい》や床の間の長押《なげし》、台所の神棚などに垂らす絵衣《えぎぬ》（宝来《ほうらい》）を元旦に新しく取り替え、如意宝珠法《にょいほうしゅほう》といわれる秘法を修する。

後七日御修法《ごしちにちみしほ》（一月八日～一四日）

「国家を護持し、五穀が成就するように、修法すべし」との勅命を受けて、弘法大師が八三四（承和《じょうわ》元）年正月に宮中真言院で行って以来、何度かの中断はあったが、いまも東寺にて行われている真言宗最大の法会。

天皇陛下の御衣加持《みえかじ》を中心に、玉体安穏《ぎょくたいあんのん》、天下泰平《てんかたいへい》、天地長久《てんちちょうきゅう》、五穀《ごこく》豊穣《ほうじょう》を祈る。

節分会《せつぶんえ》（立春の前日）

豆をまいて諸厄を払い、福を招く追儺《ついな》の行事。

成田山新勝寺《なりたさんしんしょうじ》の節分会が有名だが、ここでは「鬼は外」とはいわず、「福は内」だけを連呼する。それは本尊の不動明王《ふどうみょうおう》が慈悲で鬼を福に変えてくれるからだといわれている。

節分会　千葉・成田山新勝寺

また、節分は季節の変わり目であり、星座も変わることから、真言宗では星供《ほしく》とも呼ばれる。

星曼荼羅《ほしまんだら》をまつり、人間の運命に影響を与えるという北斗七星《ほくとしちせい》、九曜《くよう》星《せい》、二十八宿《しゅく》を供養して、息災《そくさい》・増《ぞう》益《やく》・延命《えんめい》の三つを祈る。高野山では、北斗《ほくと》護摩《ごま》を焚《た》いて祈祷する。

常楽会《じょうらくえ》（二月一五日）

二月一五日はお釈迦《しゃか》さま入滅の日である。最後の説法の旅に出たお釈迦さまは、クシナガラ郊外でついに動けなくなり、弟子に沙羅双樹《さらそうじゅ》のあいだに床を敷かせ、そこに頭を北にして、西向きに横たわった。そして、弟子や集まった人たちが嘆き悲しむのを慰めながら、その夜半に静かに涅槃《ねはん》に入ったといわれる。

その光景を描いた涅槃図を掲げ、お釈迦さまの業績をたたえ、追慕、感謝するので涅槃会《ねはんえ》ともいう。

常楽会の名は、涅槃の四徳といわれている常《じょう》・楽《らく》・我《が》・浄《じょう》の上の二文字をとったものである。

高野山金剛峯寺《こうやさんこんごうぶじ》では、一四日夜から一五日正午まで、『四座講式《しざこうしき》』が朗々と奉読しつづけられる。四座講式とは、明恵《みょうえ》上人によって書かれたお釈迦さまの物語である。

仏涅槃図　京都・泉涌寺蔵

正御影供《しょうみえく》(三月二一日)

八三五(承和《じょうわ》二)年、高野山《こうやさん》にて入定《にゅうじょう》された宗祖弘法大師の祥月命日にあたり、大師の恩徳に感謝するために行われる。

高野山の御影堂《みえいどう》には、弘法大師の弟子であった真如《しんにょ》法親王によって描かれた御影がまつられ、いまも生きているものとしてこの日、衣替えの儀式が行われる。地方の寺院においても厳粛な法会が営まれる。また、毎月二一日を月並御影供《つきなみみえく》といい、供養の法要を行う。

青葉まつり　高野山

仏生会《ぶっしょうえ》(四月八日)

お釈迦さまの誕生した日を記念する法会。花で飾られた花御堂《はなみどう》にまつられた誕生仏に甘茶をそそぎながら祝うので、またの名を「花まつり」という。

大師降誕会《だいしごうたんえ》(六月一五日)

「青葉まつり」ともいい、宗祖弘法大師の誕生日を祝う。

大師は七七四(宝亀《ほうき》五)年讃岐国《さぬきのくに》(香川県)に生まれた。六月一五日誕生説は、大師の師である恵果阿闍梨《けいかあじゃり》の師にあたる不空三蔵《ふくうさんぞう》が七七四年のこの日に入滅していることから、再生信仰によるものと思われる。

また、中興の祖興教《こうぎょう》大師の誕生日

コラム　縁日

縁日とは神仏と縁を結ぶ日である。昔、お寺では縁日の前の晩に講が行われ、それぞれの神仏の徳を礼賛《らいさん》し、檀信徒の信仰と修行の増進、家庭・社会の繁栄と平和を祈った。

●お大師さまの縁日(毎月二一日)
「お大師さま」といえば、弘法大師《こうぼうだいし》空海《くうかい》。忌日である毎月二一日は月並御影供《つきなみみえく》といって、東京の西新井《にしあらい》大師、神奈川の川崎大師、京都の東寺《とうじ》などがにぎわいを見せる。

●お薬師さんの縁日(毎月八日・一二日)
薬師如来《やくしにょらい》の縁日。なかでも一月八日の初薬師は大いににぎわう。奈良の薬師寺《やくしじ》や法隆寺《ほうりゅうじ》、東京の新井薬師《あらいやくし》、京都の神護寺《じんごじ》などが有名。

●観音さまの縁日(毎月一八日)
観世音菩薩《かんぜおんぼさつ》の縁日。奈良の長谷寺《はせでら》、京都の清水寺《きよみずでら》、名古屋の大須観音《おおすかんのん》などが知られる。

●お地蔵さまの縁日(毎月二四日)
地蔵菩薩《じぞうぼさつ》の縁日。東京巣鴨《すがも》のとげぬき地蔵、大阪の八尾地蔵《やおじぞう》、京都の壬生寺《みぶでら》などが有名。

の六月一七日とあわせて法要を行うお寺も多い。

施餓鬼会《せがきえ》(七月・八月)

無縁仏を含めた三界《さんがい》のすべての精霊《しょうりょう》を供養するために行う法要。先祖供養のためのお盆といっしょに行われることが多いが、本来は別々のものである。

お釈迦さまの弟子のひとり、多聞《たもん》第一の阿難《あなん》は餓鬼に死を予言されたが、お釈迦さまに教えられたありがたい陀羅尼《だらに》をとなえながら餓鬼に食を施したところ、福徳の寿命を増したという『救抜焔口餓鬼陀羅尼神呪経《くばつえんくがきだらにしんじゅきょう》』に由来する。

五日三時《ごにちさんじ》の大法会《だいほうえ》(一一月・一二月)

恩師に報いるための法要。古くは唐の恵果阿闍梨《けいかあじゃり》が師である不空三蔵《ふくうさんぞう》を弔《とむら》うために行った。

そしてその修法は弘法大師に伝授され、日本では大師が恵果阿闍梨《あじゃり》の命日にあわせて八二二(弘仁《こうにん》一三)年一二月一一～一五日に行ったのがはじまりだ。

日取りはとくに決まっておらず、五日間毎日、朝・昼・晩の三回、懺《さん》悔滅罪法《げめつざいほう》として『理趣経《りしゅきょう》』を読む。

成道会《じょうどうえ》(一二月八日)

お釈迦さまが悟りを開き、仏陀《ぶつだ》となられた日を記念して行われる。真言宗では阿字観《あじかん》を行い、お釈迦さまの教えを守ることを誓う。

理趣三昧法会《りしゅざんまいほうえ》

『理趣経《りしゅきょう》』を読む日常の法会。

真言宗の僧侶は、朝夕の勤行《ごんぎょう》に必ず最もありがたいとされている『理趣経』を読む。このお経のなかにも「声を出して読み、その意味を考えたなら、必ず菩薩行《ぼさつぎょう》を完成するだろう」と書かれているが、真言宗のお

●お不動さまの縁日(毎月二八日)

不動明王《ふどうみょうおう》の縁日。交通安全、家内安全、商売繁盛などにご利益があるといわれ、千葉の成田山新勝寺《なりたさんしんしょうじ》、東京の高幡不《たかはたふ》動《どう》、等々力不動《とどろき》、埼玉の加須《かぞ》不動などが名高い。

●大黒さまの縁日(甲子《きのえね》の日)

インドの戦いの神大黒天は日本神話の大国主命《おおくにぬしのみこと》と結びついて信仰を集めてきた。大国主命がネズミに救われたという説話から、甲子の日が縁日となっていく、なかでも一一月の甲子の日には多くの人が集まる。東京上野の護国院《ごこくいん》、奈良の西大寺《さいだいじ》が知られる。

●毘沙門さまの縁日

(一・五・九月の初寅の日)

七福神のひとり、財宝や富をもたらす毘沙門天《びしゃもんてん》の縁日。仏教では多聞天《たもんてん》として知られる。奈良の信貴山《しぎさん》、京都の鞍馬寺《くらまでら》などが有名。

●弁天さまの縁日(巳《み》の日)

七福神唯一の女性の神が弁財天《べんざいてん》。水をつかさどる神であり、水が豊饒《ほうじょう》をもたらすことから財福の神とされ、知恵・文才・長寿をもたらす。神奈川の江ノ島、琵琶湖の竹生島《ちくぶじま》、広島の厳島《いつくしま》が日本三弁天として知られている。

寺で行われる数々の法会、檀家の法事などはすべて、理趣三昧法会を基本としている。

大般若法会《だいはんにゃほうえ》

『大般若波羅蜜多経《だいはんにゃはらみたきょう》』六〇〇巻を転読することで悪事災難を払い、般若の知恵を輝かせ、福徳円満、長寿健康を祈るもの。

曼荼羅供法会　高野山

転読とは、経本をパラパラとめくることをいい、知恵の風を起こし、煩悩《ぼんのう》のほこりを払うためという。大声を張りあげて経題を読みあげるのが特徴で、これは内外の災いを退散させるためである。

このお経は、唐の玄奘三蔵《げんじょうさんぞう》が天竺《てんじく》(インド)から持ち帰り、漢訳したもので、四弘誓願《しぐのせいがん》がこめられている。

曼荼羅供法会《まんだらくほうえ》

金剛界・胎蔵界の諸仏に供養をささげる法会。「曼供《まんく》」ともいわれる。

弘法大師は八〇六(大同《だいどう》元)年、この二つの曼荼羅図《まんだらず》を唐より持ち帰り、真言宗を開いた。そして八二一(弘《こう》仁《にん》一二)年、曼荼羅図の傷みが激しいので修理し、供養を行ったのが曼供のはじまりとされている。

いまも、高野山金剛峯寺《こうやさんこんごうぶじ》の金堂《こんどう》では四月一〇日に庭儀大曼荼羅供《ていぎだいまんだらく》が行われている。庭儀とは、本堂へ入る前に庭で儀式を行うことをいう。

ほかに堂上および平座によっても執り行われるが、たいへん大がかりな儀式なので、大本山以外ではほとんど行われない。

この法会に参加し、曼荼羅を拝めば、多くの仏さまの功徳をいただき、いままでの罪科がたちまち消え、長寿、幸福に恵まれるといわれている。

護摩供法会《ごまくほうえ》

密教ではよく護摩が焚《た》かれるが、火は知恵の光であり、炎は世間の悪や病魔を焼く効力があるとされているからである。

護摩は大衆の福徳を願って行われるだけでなく、加持祈祷にも応用され、国家安泰を祈願する修正会や伝法灌頂などの儀式には必ず焚かれる大切なものである。年中休みなく焚いているお寺もあるし、年中行事あるいは月例行事として日を決めて行っているお寺もある。

一方、護摩の種類にも、堂内で行う壇《だん》護《ご》摩《ま》、そして屋外で行う柴《さい》灯《とう》護《ご》摩《ま》の二つがある。

柴《さい》灯《とう》護《ご》摩《ま》は、山奥で修行中の行者《ぎょうじゃ》が毒蛇や獣から身を守るために始めたと伝えられている、実に豪快勇壮な護摩である。

土《ど》砂《しゃ》加《か》持《じ》法《ほう》会《え》

土砂は万物の根源であり、一切のものを産み育てる大いなる力をもっている。文字どおり、土砂を加持する法要である。

この法会は、深山幽谷の清浄な砂を光明真言で一〇八回加持することにより、土砂のもつ力がいよいよ増し、遺骨やお墓にかけてやれば、六道に堕ちて苦しんでいるどんな亡者《もうじゃ》でも、あらゆる罪の報いから開放され、蜜《みっ》厳《ごん》浄土に往生できるという『不《ふ》空《くう》羂《けん》索《じゃく》経《きょう》』に由来する。

四国遍路だけではない霊場めぐり

お寺やお堂を参拝して回るコースは、四国遍路だけではない。

観音菩薩を本尊とする、西国《さいごく》三三カ所、坂《ばん》東《どう》三三カ所、秩《ちち》父《ぶ》三四カ所が有名で、百観音霊場といわれている。ほかにも七福神めぐり、三六不動霊場などが、多くの人々に巡拝されてきた。

四国遍路は祖師巡礼として、弘法大師の修行の跡をたどることが大切にされるが、特定の神仏を巡拝する本尊巡礼では本尊を拝観することが重視される。

いずれにしても霊場めぐりは、信仰心を高めて、故人の供養と、自分と家族の幸せを祈るものである。

●西国三三カ所観音霊場

古くから観音霊場として知られる熊《くま》野《の》那《な》智《ち》の青《せい》岸《がん》渡《と》寺《じ》を一番札所として、奈良から和歌山・大阪・兵庫・京都・岐阜まで、二府五県をめぐる。八世紀に長谷寺《はせでら》の徳道《とくどう》上人によって創設され、一〇世紀に花山《かざん》法王が再興したといわれる。

●坂東三三カ所観音霊場

鎌倉幕府を開いた源頼朝《みなもとのよりとも》が観音信仰にあつかったことから、関東に観音信仰がひろまった。一番札所は鎌倉の杉本寺で、小田原をへて埼玉に向かい、東京の浅草寺《せんそうじ》、日光の中禅《ちゅうぜん》寺《じ》を含め、筑波、房総半島まで広範囲にわたる。

●秩父三四カ所観音霊場

埼玉県秩父地方をめぐる小規模な巡礼コース。一五世紀にはじまり、三三カ所に一カ所が加えられ、西国・坂東とあわせて日本百観音とされる。結《けち》願《がん》の水《すい》潜《ぜん》寺《じ》では、清水の湧く洞窟をくぐる胎内くぐりがある。

お彼岸とお盆のしきたり

日本の国民的な行事であるお彼岸とお盆は、正式には「彼岸会《ひがんえ》」「盂《う》蘭盆会《らぼんえ》」と呼ばれる仏教行事がもとになっている。

彼岸会（三月・九月）

お彼岸は、春分の日と秋分の日を中日とする前後三日間の合計七日間をいう。国民の祝日に関する法律に寄れば、春分の日は自然をたたえ、生物を慈しむ日、秋分の日は先祖を敬い、亡くなった人をしのぶ日と定められている。

お彼岸に法要するのは、昼夜等分の日であるところから仏教の中道《ちゅうどう》の教えにちなんで行うという説のほかにも諸説ある。

彼岸は、梵語のパーラミター（波羅密多）の漢訳「到彼岸《とうひがん》」からきた言葉で、「迷いの世界から悟りの世界にいたる」という意味である。

仏教では悟りへの道として、布施・持戒《じかい》・忍辱《にんにく》・精進《しょうじん》・禅定《ぜんじょう》・知恵の六《ろく》波羅蜜《はらみつ》がいわれる。

布施は人に施すこと、持戒は戒めを守ること、忍辱は耐えること、精進は努力すること、禅定は心を落ち着けること、知恵は真理にもとづく考え方や生き方をすることである。

お彼岸は、こうした仏教の教えを実践する仏教週間ともいえる。先祖をしのび、自分がいまあることに感謝して、先祖の供養をするとともに、自らも即身成仏できるよう精進するものである。

彼岸の入りには、家の仏壇をきれいにし、季節の花、初物、彼岸団子、春にはぼたもち、秋にはおはぎなどをそなえる。

中日には、家族そろってお墓参りをし、お寺で開かれる彼岸会《ひがんえ》にも参加したいものである。

盂蘭盆会（七月または八月）

盂蘭盆《うらぼん》とは梵語のウランバナを音訳したもので、「逆さ吊りの苦しみを救う」という意味である。

お釈迦さまの弟子で神通力《じんづうりき》第一といわれた目連《もくれん》がその神通力で母親の姿を見たところ、亡くなって餓鬼道《がきどう》に堕《お》ちていることがわかり、目連は母親を救うため、お釈迦さまに教えられたとおり、僧たちをもてなし、その功徳《くどく》によって母親を餓鬼道から救いだすことができたという『盂《う》蘭《ら》盆経《ぼんきょう》』の故事に由来している。

お盆は七月一三日から一五日または一六日だが、新暦、月遅れ、旧暦と地域によってさまざまである。

古くは精霊棚《しょうりょうだな》をつくり、蓮《はす》の葉の

精霊棚

上に少量の水をたらした閼伽《あか》水や、刻んだナスと洗米《せんまい》をまぜ、清水に浸した水《みず》の子《こ》、十三仏にちなみ一三個の迎え団子、キュウリやナスでつくった馬や牛などをそなえ、先祖の霊を迎えた。

お盆の入りには迎え火を焚《た》いて、先祖が帰ってくるときの目印に盆提灯をともす。そしてお盆のあいだは、家族と同様に一日三回、仏壇あるいは精霊棚に霊供《りょうぐ》膳《ぜん》をそなえる。

また、棚経《たなぎょう》といって菩提寺の僧侶が檀家を訪問し読経する。いつ来訪しても困らないようお布施をまえもって用意しておくとよい。読経中は、できるだけ家族そろって僧侶の後ろに座るようにしたい。

お盆の明けには、再び先祖の霊をあの世に送る道しるべとして送り火を焚く。

地方によっては、精霊《しょうりょう》流しや燈籠《とうろう》流しを行うところもある。

しかし最近では、お供えや飾りを川や海に流すことを禁止しているところが多いので、送り火のときにいっしょに燃やしたり、菩提寺に納めたりする。

またお盆の行事の一環として、お寺では、無縁仏となっている三世十《さんぜじっ》方法界《ぽうほうかい》の万霊《ばんれい》を供養する施餓鬼会《せがきえ》が営まれることも多い。

●新盆

四十九日の忌明け後、はじめて迎えるお盆は新盆《にいぼん》または初盆《はつぼん》といって故人の好物をそなえ、供養を営む。

忌明けが済まないうちにお盆を迎えたときは、次の年が新盆となる。

地方によっては、新盆に白い提灯をともす風習もあり、お盆が明けたら菩提寺に納める。

年忌早見表

没年＼回忌	一周忌	三回忌	七回忌	十三回忌	十七回忌	二十三回忌	二十七回忌	三十三回忌
1992(平成4)年	1993	1994	1998	2004	2008	2014	2018	2024
1993(平成5)年	1994	1995	1999	2005	2009	2015	2019	2025
1994(平成6)年	1995	1996	2000	2006	2010	2016	2020	2026
1995(平成7)年	1996	1997	2001	2007	2011	2017	2021	2027
1996(平成8)年	1997	1998	2002	2008	2012	2018	2022	2028
1997(平成9)年	1998	1999	2003	2009	2013	2019	2023	2029
1998(平成10)年	1999	2000	2004	2010	2014	2020	2024	2030
1999(平成11)年	2000	2001	2005	2011	2015	2021	2025	2031
2000(平成12)年	2001	2002	2006	2012	2016	2022	2026	2032
2001(平成13)年	2002	2003	2007	2013	2017	2023	2027	2033
2002(平成14)年	2003	2004	2008	2014	2018	2024	2028	2034
2003(平成15)年	2004	2005	2009	2015	2019	2025	2029	2035
2004(平成16)年	2005	2006	2010	2016	2020	2026	2030	2036
2005(平成17)年	2006	2007	2011	2017	2021	2027	2031	2037
2006(平成18)年	2007	2008	2012	2018	2022	2028	2032	2038
2007(平成19)年	2008	2009	2013	2019	2023	2029	2033	2039
2008(平成20)年	2009	2010	2014	2020	2024	2030	2034	2040
2009(平成21)年	2010	2011	2015	2021	2025	2031	2035	2041
2010(平成22)年	2011	2012	2016	2022	2026	2032	2036	2042
2011(平成23)年	2012	2013	2017	2023	2027	2033	2037	2043
2012(平成24)年	2013	2014	2018	2024	2028	2034	2038	2044
2013(平成25)年	2014	2015	2019	2025	2029	2035	2039	2045
2014(平成26)年	2015	2016	2020	2026	2030	2036	2040	2046
2015(平成27)年	2016	2017	2021	2027	2031	2037	2041	2047
2016(平成28)年	2017	2018	2022	2028	2032	2038	2042	2048
2017(平成29)年	2018	2019	2023	2029	2033	2039	2043	2049
2018(平成30)年	2019	2020	2024	2030	2034	2040	2044	2050
2019(平成31/令和元)年	2020	2021	2025	2031	2035	2041	2045	2051
2020(令和2)年	2021	2022	2026	2032	2036	2042	2046	2052
2021(令和3)年	2022	2023	2027	2033	2037	2043	2047	2053
2022(令和4)年	2023	2024	2028	2034	2038	2044	2048	2054
2023(令和5)年	2024	2025	2029	2035	2039	2045	2049	2055
2024(令和6)年	2025	2026	2030	2036	2040	2046	2050	2056
2025(令和7)年	2026	2027	2031	2037	2041	2047	2051	2057
2026(令和8)年	2027	2028	2032	2038	2042	2048	2052	2058
2027(令和9)年	2028	2029	2033	2039	2043	2049	2053	2059
2028(令和10)年	2029	2030	2034	2040	2044	2050	2054	2060
2029(令和11)年	2030	2031	2035	2041	2045	2051	2055	2061
2030(令和12)年	2031	2032	2036	2042	2046	2052	2056	2062
2031(令和13)年	2032	2033	2037	2043	2047	2053	2057	2063
2032(令和14)年	2033	2034	2038	2044	2048	2054	2058	2064
2033(令和15)年	2034	2035	2039	2045	2049	2055	2059	2065
2034(令和16)年	2035	2036	2040	2046	2050	2056	2060	2066

真言宗年表

時代	西暦	年号	天皇	宗教関係	一般事項
奈良時代	七七四	宝亀五	光仁	空海誕生	
奈良時代	七八四	延暦三	桓武		長岡京遷都
平安時代	七九四	延暦一三	桓武	京都に、東寺・西寺（現在、廃寺）を建立	平安京遷都
平安時代	七九六	延暦一五	桓武	空海、久米寺（奈良県）で『大日経』と出合う	
平安時代	七九七	延暦一六	桓武	空海『三教指帰』を著す	
平安時代	八〇一	延暦二〇	桓武		坂上田村麻呂、蝦夷を討伐
平安時代	八〇四	延暦二三	桓武	最澄・空海、入唐	
平安時代	八〇五	延暦二四	桓武	最澄、唐より帰国（翌年、天台宗を開く）	
平安時代	八〇六	大同元	平城	空海、唐より帰国（真言宗を開く）	
平安時代	八〇九	大同四	嵯峨	空海、高雄山寺（のちの神護寺・京都）の住職となる	
平安時代	八一六	弘仁七	嵯峨	空海、高野山（和歌山県）を開創	
平安時代	八一八	弘仁九	嵯峨	空海『般若心経秘鍵』を著す	
平安時代	八二一	弘仁一二	嵯峨	空海、満濃池（香川県）の治水事業に成功	
平安時代	八二二	弘仁一三	嵯峨	最澄没（七六六〜）	
平安時代	八二三	弘仁一四	淳和	空海、東寺を賜り、教王護国寺と改名、根本道場とする	
平安時代	八二八	天長五	淳和	空海、東寺に綜藝種智院を開く	
平安時代	八三〇	天長七	淳和	空海『秘密曼荼羅十住心論』『秘蔵宝鑰』を著す	
平安時代	八三二	天長九	淳和	聖宝誕生	
平安時代	八三四	承和元	仁明	空海、宮中で後七日御修法を行う	
平安時代	八三五	承和二	仁明	空海没（七七四〜）	
平安時代	八四七	承和一四	仁明	聖宝、真雅の門に入る	

時代	西暦	年号	天皇	院	宗教関係	一般事項
平安時代	八七四	貞観一六	清和		**聖宝、京都笠取山(醍醐山)に草庵を構える**(醍醐寺のはじまり)	
	八八八	仁和四	宇多		**宇多天皇、仁和寺(京都)を完成**	
	八九四	寛平六	宇多			菅原道真により遣唐使廃止
	九〇一	延喜元	醍醐		**宇多法皇、東寺の益信より伝法灌頂を受ける**	
	九〇五	延喜五	醍醐		**聖宝、東大寺東南院院主となる**	『古今和歌集』なる
	九〇七	延喜七	醍醐		**醍醐天皇の勅願により上醍醐の伽藍が完成**	
	九〇九	延喜九	醍醐		**聖宝没(八三二〜)**	
	九三五	承平五	朱雀			承平・天慶の乱(〜九四一):平将門、東国で反乱。藤原純友、西海で反乱 このころ『土佐日記』なる
	一〇〇〇	長保二	一条			このころ『枕草子』なる
	一〇〇六	寛弘三	一条		南都興福寺の僧徒強訴	
	一〇一〇	寛弘七	一条			このころ『源氏物語』なる
	一〇一七	寛仁元	後一条			藤原道真、太政大臣となる。頼通、摂政となる
	一〇五一	永承六	後冷泉			前九年の役:安倍頼時の反乱(〜一〇六二)
	一〇五二	永承七	後冷泉		末法第一年といわれ、末法思想流行	
	一〇五三	天喜元	後冷泉		藤原頼通、平等院鳳凰堂(京都宇治)を建立	
	一〇八三	永保三	白河			後三年の役:清原家衡の反乱(〜一〇八七)
	一〇八六	応徳三	堀河	白河		白河天皇、院政を開始。上皇となる
	一〇九五	嘉保二	堀河	白河	**覚鑁誕生**	
	一一〇一	康和三	堀河	白河		このころ『栄花(華)物語』なる
	一一〇七	嘉承二	鳥羽	白河	**覚鑁、仁和寺の寛助の門に入る**	このころ『今昔物語集』なる
	一一一四	永久二	鳥羽	白河	**覚鑁、高野山にのぼる**	
	一一二四	天治元	崇徳	白河	藤原清衡、中尊寺金色堂(岩手平泉)を建立	
	一一三一	天承元	崇徳	鳥羽		このころ『大鏡』なる
	一一三二	長承元	崇徳	鳥羽	**覚鑁、高野山に大伝法院を完成**	
	一一三三	長承二	崇徳	鳥羽	法然誕生	

鎌倉時代

天皇：近衛｜後白河｜二条｜六条｜高倉｜安徳｜後鳥羽｜土御門｜順徳｜仲恭

院政：後白河｜高倉｜後白河｜後鳥羽｜後高倉院

将軍：源頼朝｜源実朝｜（北条政子）

執権：北条時政｜北条義時

西暦	和暦	事項	一般事項
一一四〇	保延六	**覚鑁、紀州（和歌山県）根来に移る**	
一一四三	康治二	**覚鑁没（一〇九五～）**	
一一五六	保元元		保元の乱：皇位継承争い。後白河天皇が勝利、上皇となる
一一五九	平治元		平治の乱：後白河上皇の近臣間（源義朝VS.平清盛）の対立
一一六四	長寛二	このころ平家納経がさかんに行われる	
一一六六	仁安元	**俊芿誕生**	
一一六七	仁安二		平清盛、太政大臣となる。平氏全盛
一一七五	承安五	法然、浄土宗を開く	
一一八〇	治承四	平重衡、南都を焼き討ちし、東大寺・興福寺など焼失	源頼朝・源義仲の挙兵。源平の争乱始まる
一一八五	元暦二		平氏、壇の浦に滅亡
一一九一	建久二	栄西、宋より帰国（臨済宗を伝える）	
一一九二	建久三		頼朝、征夷大将軍となる（鎌倉幕府の成立）
一一九五	建久六	東大寺大仏殿再建	
一一九八	建久九	法然、『選択本願念仏集』を著す 栄西、『興禅護国論』を著す	
一一九九	建久一〇	**俊芿、入宋**	源頼朝没。頼家、家督相続
一二〇一	建仁元		このころ『平家物語』なる
一二〇三	建仁三		頼家、修禅寺に幽閉される
一二〇五	元久二		このころ『新古今和歌集』なる
一二〇七	承元元	念仏停止	
一二一一	建暦元	**俊芿、宋より帰国**	
一二一二	建暦二	法然没（一一三三～）	
一二一五	建保三	栄西没（一一四一～）	
一二一九	承久元	**俊芿、『泉涌寺勧縁疏』を著す**	
一二二一	承久三		承久の乱：討幕計画に失敗した後鳥羽上皇ら三上皇流罪となる

時代	西暦	年号（南朝）	年号（北朝）	天皇（南朝）	天皇（北朝）	院	将軍	執権	宗教関係	一般事項
鎌倉時代	一二二二	承久四		後堀河		後高倉院	（北条政子）	北条義時	日蓮誕生	
	一二二四	元仁元						北条泰時	親鸞、『教行信証』を著す（浄土真宗を開く）	
	一二二五	嘉禄元								頼朝の妻北条政子没
	一二二六	嘉禄二					藤原頼経		**俊芿、泉涌寺（京都）に宋風伽藍を完成**	
	一二二七	嘉禄三							**俊芿没（一一六六〜）** 道元、宋より帰国（曹洞宗を開く）	
	一二五三	建長五		後深草		後嵯峨		北条時頼	道元没（一二〇〇〜） 日蓮、鎌倉で布教開始（日蓮宗を開く）	
	一二六〇	文応元		亀山				北条長時	日蓮、『立正安国論』を著す	
	一二六二	弘長二							親鸞没（一一七三〜）	
	一二七四	文永一一		後宇多		亀山		北条時宗	一遍、念仏をひろめる（時宗を開く）	文永の役：元軍、九州に来襲
	一二八一	弘安四								弘安の役：元軍、九州に再度来襲
	一二八二	弘安五							日蓮没（一二二二〜）	
	一二八八	正応元		伏見		後深草		北条貞時	**頼瑜ら、紀州（和歌山県）根来に大伝法院を移し、新義真言宗を分立**	
	一二八九	正応二							一遍没（一二三九〜）	
	一三〇〇	正安二		後伏見		伏見				このころ『吾妻鏡』なる
	一三二四	正中元		後醍醐				北条高時		正中の変：後醍醐天皇の討幕計画、失敗
	一三三〇	元徳二						北条守時		このころ『徒然草』なる
南北朝	一三三一	元弘元	元徳三	後醍醐	光厳					元弘の変：後醍醐天皇、隠岐流罪となる
	一三三三	元弘三	正慶二							鎌倉幕府の滅亡。後醍醐天皇、京都に戻る
	一三三四	建武元	建武元							後醍醐天皇、建武の新政
	一三三五	建武二	建武二							足利尊氏、新政権に反旗をひるがえす
	一三三六	延元元	建武三		光明					南北朝の対立：後醍醐天皇、吉野に移る
	一三三八	延元三	暦応元				足利尊氏（北朝将軍）			尊氏、征夷大将軍となる（室町幕府の成立）

室町時代

戦国時代

西暦	年号	天皇	将軍		
一三四一	興国二 / 暦応四	後村上 / 光明	足利尊氏		尊氏、天龍寺船を元に派遣
一三五六	正平一一 / 延文元	後光厳			『菟玖波集』なる。倭寇の活動さかん
一三七〇	建徳元 / 応安三	長慶	足利義満		このころ『太平記』なる
一三九二	元中九 / 明徳三	後亀山 / 後小松			南北朝の統一
一四〇〇	応永七	後小松	足利義持		このころ能楽なる
一四〇一	応永八				義満、第一回遣明船派遣(明と国交樹立)
一四〇四	応永一一				勘合貿易始まる(一四一一～三一中断)
一四〇八	応永一五			足利義満の北山殿を鹿苑寺(金閣寺)とする	
一四二八	正長元				正長の土一揆
一四二九	正長二	後花園			播磨の土一揆
一四四一	嘉吉元		足利義教		嘉吉の乱：足利義教、殺される。嘉吉の土一揆
一四六七	応仁元	後土御門	足利義政		応仁の乱(～一四七七)：将軍家の相続争いと幕府の実権をめぐる争い
一四八五	文明一七		足利義尚		山城の国一揆(～一四九三)
一四八八	長享二			加賀(石川県)の一向一揆(～一五八〇)	
一四八九	延徳元			足利義政の遺言により東山殿を慈照寺(銀閣寺)とする	
一四九五	明応四		足利義澄		『新撰菟玖波集』なる
一五三二	天文元	後奈良	足利義晴	畿内各地に一向一揆、法華一揆さかん	
一五三六	天文五			**木食応其誕生** 天文法華の乱：比叡山僧徒、京の日蓮宗徒を破る	
一五四三	天文一二				鉄砲伝来
一五四九	天文一八		足利義輝	フランシスコ・ザビエル来日(キリスト教を伝える)	
一五六八	永禄一一	正親町	足利義栄		織田信長、足利義昭を奉じ、京都に入る
一五六九	永禄一二		足利義昭	織田信長、キリスト教の布教許可	
一五七一	元亀二			信長、比叡山を焼き討ち	
一五七三	天正元			**木食応其、高野山にのぼる**	信長、義昭を追放。室町幕府の滅亡
一五七五	天正三			信長、越前(福井県)の一向一揆を平定	

時代	西暦	年号	天皇	将軍	宗教関係	一般事項
安土・桃山時代	一五七九	天正七	正親町		安土宗論：日蓮宗と浄土宗との論争	
	一五八二	天正一〇			天正遣欧使節：大友宗麟ら、ローマ教皇に使節を派遣（〜一五九〇）	本能寺の変：信長没
	一五八五	天正一三			**秀吉、根来寺（和歌山県）を焼討ち。玄宥、智積院を京都に再興（智山派）、専誉、奈良長谷寺に移る（豊山派）**	豊臣秀吉、関白となる。翌年、太政大臣となる
	一五八七	天正一五	後陽成		秀吉、バテレン追放令	
	一五八八	天正一六				秀吉、刀狩令
	一五九〇	天正一八				秀吉、全国統一。このころ千利休が茶道を完成
	一五九二	文禄元				文禄の役：秀吉、朝鮮に出兵。朱印船を発遣
	一五九三	文禄二			**木食応其、高野山に青巌寺を建立**	
	一五九七	慶長二				慶長の役：秀吉、朝鮮に再出兵
	一六〇〇	慶長五			**木食応其、飯道寺（滋賀県）に隠遁**	関ヶ原の戦い
江戸時代	一六〇三	慶長八		徳川家康	このころ阿国歌舞伎始まる	徳川家康、征夷大将軍となる（江戸幕府の成立）
	一六〇八	慶長一三			**木食応其没（一五三六〜）。**江戸宗論：日蓮宗と浄土宗との論争	
	一六一二	慶長一七	後水尾	徳川秀忠	幕府、キリスト教禁止令（〜一六一三）	
	一六一三	慶長一八			幕府、修験道法度を制定	
	一六一五	元和元			幕府、諸宗諸本山法度を制定	大坂夏の陣：豊臣氏滅亡。武家諸法度・禁中並公家諸法度の制定
	一六一六	元和二				幕府、欧州船の寄港地を平戸と長崎に制限
	一六一七	元和三				俳諧さかん
	一六二九	寛永六			このころ、長崎で絵踏みが始まる	
	一六三二	寛永九	明正	徳川家光	幕府、諸宗本山の末寺帳（寛永本末帳）を作成（〜一六三三）	
	一六三五	寛永一二			幕府、寺社奉行の設置	幕府、参勤交代を制度化
	一六三七	寛永一四			島原の乱：キリスト教徒を中心とする農民一揆。寺請制度始まる	
	一六三九	寛永一六				鎖国の完成
	一六四〇	寛永一七			幕府、宗門改役の設置。宗門人別帳の作成	
	一六四九	慶安二	後光明			慶安の御触書：農民のぜいたくを禁じる
	一六五四	承応三	後西	徳川家綱	明僧隠元、来日（黄檗宗を伝える）	

江戸時代

西暦	和暦	天皇	将軍	慈雲関連	一般事項
一六五七	明暦三	後西	徳川家綱		明暦の大火(江戸)
一六六五	寛文五	霊元		幕府、各宗共通の諸宗寺院法度を制定	
一六八二	天和二		徳川綱吉		井原西鶴『好色一代男』(浮世草子のはじめ)刊行
一六八五	貞享二				徳川綱吉、生類憐みの令(〜一七〇九)
一六八九	元禄二	東山			松尾芭蕉『奥の細道』の旅に出る
一六九二	元禄五			幕府、全国的な寺院本末帳の作成	
一六九七	元禄一〇			このころ、江戸三三観音霊場成立	
一七〇〇	元禄一三				朱子学さかん
一七〇三	元禄一六				近松門左衛門『曾根崎心中』初演
一七一六	享保元	中御門	徳川吉宗		享保の改革(〜一七四五)
一七一八	享保三			**慈雲誕生**	
一七二二	享保七			幕府、諸宗僧侶法度を制定	
一七三〇	享保一五			**慈雲、法楽寺(大阪府)の忍綱の門に入る**	
一七三二	享保一七				享保の大飢饉
一七五二	宝暦二	桃園	徳川家重	**慈雲『方服図儀』を著す**	
一七六六	明和三	後桜町	徳川家治	**慈雲、『梵学律梁』一〇〇〇巻を完成**	
一七七四	安永三	後桃園			前野良沢・杉田玄白ら『解体新書』刊行
一七八二	天明二	光格			天明の大飢饉(〜一七八七)
一七八七	天明七		徳川家斉		天明の打ち壊し。寛政の改革(〜一七九三)
一七九八	寛政一〇				このころ、滑稽本が流行 本居宣長『古事記伝』刊行
一八〇〇	寛政一二				寺子屋、歌舞伎さかん
一八〇四	文化元			**慈雲没(一七一八〜)**	
一八一四	文化一一				滝沢馬琴『南総里見八犬伝』刊行(〜一八四一)
一八二三	文政六	仁孝		このころ、おかげ参りが流行。巡礼さかん	このころ人情本が流行
一八二五	文政八				幕府、異国船打払令(無二念打払令)
一八三三	天保四				天保の大飢饉(〜一八三九) 安藤広重『東海道五十三次』刊行

時代	西暦	年号	天皇	将軍	宗教関係	一般事項
江戸時代	一八四一	天保一二	仁孝	徳川家慶		天保の改革(〜一八四三)
	一八四二	天保一三			縁日・出開帳さかん	
	一八五三	嘉永六	孝明	徳川家定		米使節ペリー浦賀に来航
	一八五四	安政元				日米和親条約
	一八五八	安政五		徳川家茂		日米修好通商条約
	一八六七	慶応三	明治	徳川慶喜		大政奉還、王政復古の大号令 このころ、京阪一帯に「ええじゃないか」起こる
明治時代	一八六八	明治元			神仏分離令(廃仏毀釈運動起こる)	明治維新

●参考文献一覧（順不同・敬称略）

『日本の仏教全宗派』大法輪閣
『日本の仏教を知る事典』奈良康明編　東京書籍
『仏教宗派の常識』山野上純夫ら共著　朱鷺書房
『名僧名言逸話集』松原哲明監修　講談社
『仏事のしきたり百科』太田治編　池田書店
『先祖をまつる』村山廣甫　ひかりのくに
『日本仏教の歴史・鎌倉時代』高木豊　佼成出版社
『日本仏教宗派のすべて』大法輪閣
『日本宗教史Ⅰ・Ⅱ』笠原一男編　山川出版社
『東洋思想がわかる事典』ひろさちや監修　日本実業出版社
『仏教早わかり事典』藤井正雄監修　日本文芸社
『日本の仏教』渡辺照宏　岩波書店
『仏教の事典』瀬戸内寂聴編著　三省堂
『仏教用語事典』大法輪閣
『日本人の仏教史』五来重　角川書店
『葬儀・戒名ここが知りたい』大法輪閣
『仏教早わかり百科』ひろさちや監修　主婦と生活社
『日本の仏教』梅原正紀　現代書館
『仏教行事散策』中村元　東書選書
『日本の寺院を知る事典』中村元　日本文芸社
『わかりやすいお経の本』花山勝友　オーエス出版社
『現代仏教情報大事典』名著普及会
『日本の仏教・鎌倉仏教』三山進編　新潮社
『日本の仏教・密教』関口正之編　新潮社
『高野山真言宗檀信徒必携』新居祐政　高野山真言宗教学部
『仏事のいとなみかたとその意味』真言宗智山派宗務庁
『四国遍路で生まれ変る』高田真快　立風書房
『真言宗』池口恵観監修　世界文化社
『真言宗のしきたりと心得』高野山真言宗仏教習俗研究会監修　池田書店
『真言宗』佐藤良盛　大法輪閣
『密教のすべて』大栗道榮　日本文芸社
『空海の心』花山勝友　廣済堂出版
『密教の本』学研
『真言宗』松長有慶編　小学館
『密教のこころ』読売新聞社
『空海と真言密教』読売新聞社
『皇室の御寺泉涌寺展』朝日新聞社
『空海の生涯』原作ひろさちや／漫画貝塚ひろし　すずき出版
『京都・宗祖の旅——空海』沢田ふじ子　淡交社
『聖宝』佐伯有清　吉川弘文館
『四国八十八ヵ所霊場めぐり』四国八十八ヵ所霊場会　講談社
『仏事の基礎知識』藤井正雄　講談社
『曼荼羅の見方』小峰彌彦　大法輪閣

●写真提供・取材協力一覧（順不同・敬称略）

埼玉・大智寺
千葉・新勝寺
京都・泉涌寺
京都・随心院
京都・神護寺
大阪・法楽寺
大阪・野中寺
大阪・高貴寺
奈良・川原寺（弘福寺）
奈良・長谷寺
和歌山・根来寺
徳島・大日寺
香川・善通寺
佐賀・誕生院
奈良県東京観光物産センター
和歌山県東京事務所
香川県東京観光物産センター
神奈川県立金沢文庫
東京国立博物館
奈良国立博物館
高野山真言宗宗務所
高野山霊宝館

STAFF

編集協力／大塚秀見（埼玉県坂戸市・大智寺副住職・埼玉大学非常勤講師）
漫画／多田一夫
イラストレーション／亀倉秀人・石鍋浩之
撮影／佐藤久・山本健雄
デザイン・図版／インターワークビジュアルセンター（ハロルド坂田）
編集制作／小松事務所（小松幸枝・小松卓郎）
制作協力／寺沢裕子・伊藤菜子・尾島由扶子・阪本一知・内田晃
※所属・役職等は発刊当時のものです。

総監修　藤井正雄（ふじい・まさお）
昭和９年東京都出身。平成30年没。
大正大学文学部哲学科宗教学卒。同大大学院博士課程修了。昭和４８年日本宗教学会賞受賞。日本生命倫理学会第６期代表理事・会長。
『仏事の基礎知識』（講談社）、『お経　浄土宗』（講談社）、『仏教再生への道すじ』（勉誠出版）、『戒名のはなし』（吉川弘文館）など著書多数。

わが家《や》の宗教《しゅうきょう》を知《し》るシリーズ
[新版《しんぱん》] うちのお寺《てら》は真言宗《しんごんしゅう》 *SHINGONSHU*

2024年 7月28日　第1刷発行

編著　小松事務所《こまつじむしょ》
発行者　島野浩二
発行所　株式会社双葉社
〒162-8540
東京都新宿区東五軒町3番28号
☎03-5261-4818（営業）
☎03-5261-4854（編集）
http://www.futabasha.co.jp/
（双葉社の書籍・コミック・ムックが買えます）
印刷所　中央精版印刷株式会社

落丁・乱丁の場合は送料双葉社負担でお取替えいたします。「製作部」宛てにお送りください。ただし、古書店で購入したものについてはお取り替えできません。
［電話］03-5261-4822（製作部）定価はカバーに表示してあります。

ISBN978-4-575-31897-5　C0014